KB059450

간신

간신
그들은 어떻게 나라를 망쳤는가

2017년 4월 25일 초판 1쇄 펴냄
2019년 6월 15일 초판 3쇄 펴냄

펴낸곳 도서출판 **삼인**

지은이 오창익·오항녕
펴낸이 신길순

등록 1996.9.16 제25100-2012-000046호
주소 03716 서울시 서대문구 성산로 312 북산빌딩 1층

전화 (02) 322-1845
팩스 (02) 322-1846
전자우편 saminbooks@naver.com

디자인 디자인 지폴리
인쇄 수이북스
제책 은정제책

ISBN 978-89-6436-127-6 03910

값 14,000원

간 奸
신 臣

그들은 어떻게
나라를 망쳤는가

오창익·오항녕 지음

삼인

우리 시대의 간신을 고발한다

왕조시대야 진작 끝났습니다. 1919년 3월 1일, 민주공화국을 위한 민중의 함성이 울려 퍼진 지도 100년 가까운 세월이 흘렀습니다. 그렇지만, 우리는 새삼스레 옛 중국과 한반도의 간신 이야기를 꺼내 책으로 냅니다. 그 까닭은 짐작하시는 것처럼 박근혜의 국정농단 때문입니다. 박근혜의 청와대, 외피는 민주공화국의 대통령 집무실이었지만, 그 속은 왕조시대의 구중궁궐을 쏙 빼닮았습니다. 아니, 어쩌면 왕조시대에도 미치지 못하는 한심한 일도 많았습니다. 청와대를 무대로 마치 양파 껍질처럼 까면 깔수록 믿기 어려운 사건들이 쏟아져 나왔습니다.

믿기 어려운 일들을 접하면서 우리는 그 옛날 아예 나라를 훔치거나, 군주에게 아첨하고 거짓말로 속이며 제 뱃속만 채우는 간신들, 상대를 무고誣告하여 헐뜯고 무거운 세금으로 백성을 고통스럽게 했던 간신들을 떠올렸습니다.

박근혜 국정농단 세력이 예전의 간신과 닮았다는 것은 쉽게 떠올릴 수 있었지만, 막상 그걸 책으로 엮어낸다는 것은 보통 일이 아니었습니다. 전적으로 역사학자 오항녕 선생님의 평소 공부 덕에 가능한 일이었습니다. 그 덕에 그동안 알지 못했던 간신들을 알게 되었고, 익히 알고 있던 간신들에 대해서는 보다 깊숙한 사정을 알게 되었습니다.

물론 대통령이 곧 왕은 아닙니다. '제왕적 대통령'이란 말도 쓰지만, 그건 왕과 닮았다는 것을 강조할 때 쓰는 비유일 뿐입니다. 하지만, 권력을 정점으로 한 관료들의 행태, 특히 권력과 가까운 자들이 보여주는 행태의 속성이나 그 본질은 왕의 시대나 대통령의 시대나 별로 변하지 않았습니다. 오항녕 선생님의 안내에 따라 여러 간신들을 만나면서 지금의 권력 주변 인사들을 떠올리는 건, 그래서 너무나 당연한 일입니다.

유감스럽게도 온갖 악행을 일삼던 간신들 중에는 제대로 된 심판을 받지 않은 사람들이 많습니다. 간신들이 군주의 비호 아래 권력과 부를 거머쥐고 천수를 누렸다는 불쾌하기 짝이 없는, 그러나 엄연한 현실도 존재합니다. 물론 간신이 당대에 제대로 심판받는 일도 적지 않았습니다. 이 책에는 두 가지 사례가 골고루 나옵니다.

그 차이가 뭘까요? 그건 전적으로 군주의 의지에 달려 있습니다. 군주가 깨어 있으면 간신이 생기지 않고, 혹시 간신이 있더라도 얼마든지 심판이 가능합니다. 그러나 군주가 자질이 부족하고 어리석으면 온통 간신의 세상이 됩니다.

오늘날 주권은 군주가 아니라 우리 시민에게 있습니다. 같은 이치로 우리 시민들이 얼마나 적극적으로 국정에 참여하는가, 그 이전에 얼마나 깨어 있는가가 오늘날 간신 문제를 풀어가는 핵심입니다. 지금 우리가 목도하는 국정농단 세력에 대한 단죄도 오로지 시민의 분노와 적극적인 저항 때문에 가능한 일이었습니다. 광장의 함성이 없었다면 여태

껏 변한 것은 아무것도 없었을 것입니다.

우리가 간신들을 만나려 하는 까닭이 바로 여기 있습니다. 알아야 바보를 면할 수 있고 알아야 똑똑해질 수 있습니다. 알아야 주인 노릇도 제대로 할 수 있고, 그래야 사람답게 살 수 있습니다. 이 책이 깨어 있으려는 시민들에게 조금이라도 도움이 되었으면 합니다.

이 책이 나올 때까지 필자들을 격려하며 출판작업을 이끌어주신 삼인출판사의 홍승권 부사장님과 여러 출판·인쇄 노동자들에게 감사드립니다. 출판계 상황이 좋지 않기에 더욱 마음을 담아 연대의 인사를 드립니다.

전문가 입장에서 비전문가와 호흡을 맞추는 게 쉽지 않았을 텐데 기꺼이 작업을 함께해준 오항녕 선생님에 대한 고마움은 이루 말할 수 없을 정도입니다. 고맙습니다.

간신들, 시민사회의 암癌

위대하다는 말밖에 할 말이 없습니다.

백만 이상의 시민이 모였는데 사고가 없었습니다.

광장에 나왔든 응원했든, 그렇게 이 땅의 시민들은 혼군昏君을 폐위
시켰습니다.

그리고 시민들은 알고 있는 듯합니다. 아직 할 일이 남았다는 것을.

그중 하나가 '간신들'의 처결이라고 생각합니다. 이미 어떤 간신들은
얼굴을 바꾸고 다시 미사여구로 민심을 현혹하고 있습니다.

간신은 '한 사람'이 아닙니다. 간신들은 사리사욕과 그것을 유지할
권력을 유지하는 '연줄'로 존재합니다. 그래서 간신은 항상 복수형인
'간신들'로 이루어진 '네트워크이자 관계이고, 세력이자 구조'이기도 합
니다. 그러므로 누구 하나를 처벌한다고 해서 뿌리가 뽑히는 것이 결코
아닙니다. 여론, 공론을 가장한 간신의 요설은 곧 언론-간신이고 감찰

을 동원한 책략은 곧 오늘날의 검찰-간신입니다. 사리사욕을 추구하는 재벌-간신도 있습니다. 이 책에서는 인물 중심으로 간신을 다루었기 때문에 혹여 '간신들'의 이러한 역사적 존재양태에 대해 독자들이 오해를 하지 않을까 우려되기도 합니다. 꼭 염두에 두고 읽어주시기 바랍니다.

간신에 대해서도 선입견이 있습니다. 보통 '간신 수염'이라고 하면 몇 가닥 안 되는 수염을 말합니다. 간신을 생각하면 '헤헤거리며' 아첨하는 모습을 떠올리기도 합니다. 그러면서 내시 못지않게 우습게 여깁니다. 그러나 사기꾼이 절대 사기꾼처럼 보이지 않듯이 간신은 절대 우리가 생각하는 간신처럼 보이지 않습니다. '간신들'은 아래와 같은 기본조건, 필수조건, 실천강령을 가지고 있습니다.

기본조건: 아주 똑똑하고 치밀하고 집요할 것.
필수조건: 절대 사리사욕처럼 안 보이는 사리사욕.
실천강령: 축재, 파당, 거짓말, 모함, 아첨, 협박.

"소인은 못 하는 짓이 없다" "소인을 바보라고 생각하는 것처럼 큰 오해는 없다. 군자보다 소인이 영악하다". 정확히 언제부터인지 모르지만 대략 10년 전쯤부터 소인-간신 등과 연관된 사실을 설명할 때면 하던 말입니다. 그러나 정작 왜 그런지는 애매한 상태로 남겨놓았고 역사학자답지 못하게 역사적 검증도 소홀히 했습니다. 결국 2016년을 기점으로 촉발된 국정농단, 즉 현대사를 통해서 정면으로 마주하게 되었습니다.

왕조 시대에는 간신을 구별하는 눈을 군주에게 요구했습니다.

민주시대에는 간신을 구별하는 눈은 시민들이 가져야 합니다.

그 눈을 갖는 데 조금이나마 도움이 되었으면 해서 이 책을 썼습니다.

이 책에서 소개하는 간신들의 역사는 『춘추春秋』『사기史記』를 비롯한 중국의 정사正史, 그리고 『고려사』『조선왕조실록』 등에서 누구나 살펴볼 수 있습니다. 이들 간신들에 대한 논평은 『독사관견讀史管見』『자치통감資治通鑑』『자치통감강목資治通鑑綱目』 등에 전해옵니다.

옛날에 '여섯 가지 종류의 해로운 신하(六邪臣)'이라 하여, 자리만 채우는 구신具臣, 아첨하는 유신諛臣, 간사한 간신奸臣, 남을 모함하는 참신讒臣, 나랏일을 훔치는 적신賊臣, 나라를 망하게 하는 망국신亡國臣이 있었습니다. 이 책도 우연히 여섯 장章으로 나뉘었지만, '육사신'과 꼭 일치하지는 않습니다. 간신의 분류와 선정은 『대학연의大學衍義』를 편찬한 진덕수眞德秀의 기준을 참고했습니다. 동료 학자들과 번역을 하면서 얻은 소득인데, 이 책은 곧 서울대출판문화원에서 간행될 것입니다.

인권연대 활동을 통해 현대 역사 속에 몸을 푹 담그고 있는 오창익 국장님이 이번 책의 파트너입니다. 이유는 간단합니다. '역사 속의 간신'에 대한 논의가 말 그대로 살아 있는 역사, '과거와 현재가 대화를 나누는 역사'가 되어야겠다고 생각했기 때문입니다. 이참에 역사학자도 과거에 묻혀 있지나 않은지 돌아볼 기회가 되었으니 이래저래 좋은 공부시간이었습니다. 이런 인연이 감사할 따름입니다.

차례

일러두기

1. 이 책의 맞춤법 및 표기법은 국립국어연구원의 '한글 맞춤법'을 기본으로 하되 중국인의 인지명 발음 표기는 신해혁명(1911년) 이전의 표기방식을 따랐습니다.

2. 이 책에 실린 도판들 가운데는 국립중앙박물관 소장 공공누리 제1유형의 작품들(송시열 초상, 기자헌 초상, 허균의 『홍길동전』)이 있고, 그 외에는 직접 찍거나 중국의 도감 등에서 찾아 보완하였습니다.

1장

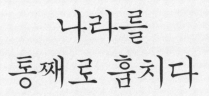

나라를
통째로 훔치다

오창익 본격적으로 이야기를 시작해보겠습니다. 이제 오항녕 선생님과 역사 속에 실제로 존재했던 간신들을 살펴볼 텐데요. 우선 간신이란 말이 한자로는 간신奸臣 또는 간신姦臣, 두 가지로 쓰이는데, 뭐로 쓰든 지금 시대에는 영 맞지 않는 고약한 글자입니다. 계집 녀女 변에 방패 간干 자를 붙이는 것도 마음에 들지 않지만, 계집 녀女 자가 셋이면 '간음姦淫하다' '간사奸邪하다'는 뜻이 되니 말입니다. 아주 오래전 일이라 어쩔 수 없긴 하지만 마음이 좋지 않은 것은 사실입니다. 한데 이 간신들도 몇 가지 유형으로 나눠볼 수 있을까요?

오항녕 간신에도 몇 가지 종류가 있지요. 목차에서 여섯 가지로 나누어보았습니다. 첫째, 나라를 훔치는 자, 둘째, 아첨으로 권력자의 사랑을 받는 자, 셋째, 거짓말로 세상을 속이는 자, 넷째, 청렴과는 담을 쌓은 자, 다섯째, 남을 무고하고 헐뜯어 자신의 이익을 챙기는 자, 끝으로 매우 중요한 여섯째, 백성들에게 세금을 걷는 데 혈안이 된 자들입니다. 당연히 겹치기도 하지요. 다방면에 능한 간신도 있고, 주특기가 하나인 간신도 있을 겁니다. 여럿이서 아예 제도, 시스템이 되어 작동하는 여론-간신, 감찰-간신들도 있습니다. 제일 먼저 살펴보고 싶은 것은 스케일이 큰 간신입니다. 나라를 통째로 들어먹는 유형이죠, '간웅奸雄'이랄 수 있는 사람들입니다.

오창익 '간웅'이란 말이 참 재미있네요. 마치 '성웅聖雄'처럼 도저히 함께할 수 없는 두 가지 개념이 붙어 있네요. 거룩한 사람이 영웅이 되기 어려운 것처럼 간신이 영웅이 될 수도 없을 텐데, 옛사람들은 그런 표현도 썼네요. 흔히 '수컷 웅雄'으로 새기는 '웅' 자가 단순히 사람을 일컫는 건 아니고 '뛰어나다, 우수하다, 빼어나다'는 뜻을 갖고 있으니, '간웅'이라면, 그야말로 간신의 영역에서는 가장 뛰어난 사람이겠네요.

오항녕 간웅이라면 먼저 떠오르는 인물이 누굴까요? 아마 위·촉·오 삼국시대의 조조曹操일 겁니다. 조조는 원래 후한後漢 말의 승상이었습니다. 인물평을 잘하기로 유명한 허소許劭의 평이 재미있어요. "세상이 잘 다스려지는 시대라면 능력 있는 신하가 될 것이고, 어지러운 세상에서는 간교한 영웅이 될 것이다(治世之能臣, 亂世之姦雄)"고 했죠. 그 평을 듣고는 조조가 껄껄 웃고 떠났다는 말이 전해지기도 합니다. 나중에 허소는 조조를 일컬어 '간웅', 곧 '간교한 영웅'이 아니라, 그냥 '영웅'이라고 평합니다.[1] 어떤 평가를 하던 위魏나라를 세운 사람이니 뛰어난 인물[雄]인 건 틀림없습니다.

오창익 조조처럼 아예 나라를 훔치고 새로운 나라를 세우면, 내용적으로는 간웅이지만 그냥 영웅 대접을 받기도 하죠. 새로운 나라를 세웠든, 아니면 그저 나라를 말아 먹었든 간에 나라를 훔칠 정도라면 아무리 뛰어난 사람이라도 개인의 역량만으로는 불가능하지 않을까요?

---

1 「허소열전許劭列傳」(『후한서後漢書』 권 98)에는 "그대는 맑고 태평한 시절에는 간사한 역적이고, 어지러운 세상에서는 영웅이다(君淸平之奸賊, 亂世之英雄)"라고 했다.

오항녕 그렇죠. 원래 간신이 군주가 있는 나라를 훔치려면 혼자 힘만으로는 불가능하고 궁궐 내부의 도움을 받는 건 물론, 좌우 신하들과 결탁을 해야만 가능합니다. 국정농단은 혼자서 할 수 있는 게 아닙니다.

조조 나라를 훔치고 새로운 나라를 세운 이는 간웅
奸雄이 아니라 그냥 영웅 대접을 받기도 한다.

오창익 갑자기 떠오르는 사람들이 여럿 있습니다. 박근혜의 국정농단도 최순실만의 작품이 아니라, 김기춘, 우병우, 조윤선, 안종복 등과 문고리 3인방, 미르와 K스포츠 재단 등 다양한 외곽 세력과 삼성 등의 재벌까지 두루 결탁한 가운데 자행되었죠. 역시 도둑질도 손발이 맞아야 하겠네요. 그래서 간신을 네트워크나 시스템으로 보아야 한다고 강조하신 거군요.

여불위
긴 안목으로 투자감을 물색하다

오창익 그럼, 나라를 훔친 사람 중에서 누구를 제일 먼저 이야기해볼까요?

오항녕 나라를 제대로 훔친 사람이라면 역시 여불위呂不韋를 빼놓을 수 없습니다.[2] 동주시대(춘추전국시대) 진秦나라 소왕(昭王 또는 昭襄王)의 뒤를 이은 효문왕孝文王이 태자였을 때, 아직은 안국군安國君으로 불릴 때였죠. 안국군에게는 아들이 20여 명 있었습니다. 하지만 그가 총애했던 화양부인華陽夫人과의 사이엔 아들이 없었습니다.

오창익 이야기는 이렇게 시작되는군요. 총애하는 여인과의 사이엔 아들이 없었다…….

---

2 「여불위열전呂不韋列傳」,『사기史記』 권 85.

18

오항녕 소왕에게는 자초子楚라는
아들도 있었는데 하희夏姬라는 부인
이 낳은 아들입니다. 소왕은 자초를
조趙나라에 인질로 보냈습니다.

오창익 인질로 보낼 정도면 아끼는
아들은 아니었겠네요.

오항녕 당시에도 큰 상인이었던 여
불위가 조나라의 도읍 한단邯鄲에
장사하러 왔다가 자초를 보게 됩니

여불위 자신의 아이를 잉태한 여인을 의도
적으로 장양왕에게 바치어, 제 아이로 하여
금 나라를 차지하게 하려 할 만큼 멀리 보
고 통이 큰 간신이었다.

다. 보자마자 "이자는 진지한 돈벌이감이니, 투자할 만하다"고 생각합
니다. 장사꾼 특유의 감이 발동한 거죠. 자초를 만나 안국군의 후사로
모시겠다고 제안하는 겁니다.

오창익 아들만 20여 명인 데다 다른 나라에 인질로 보낼 정도면 총애
를 받기는커녕 홀대받았던 사람인데, 뒤를 잇게 해주겠다면 상당히 확
률이 떨어지는 이야기 아닌가요?

오항녕 그렇지요. 위험이 없으면 수익도 없다No Risk, No Gain는 게, 큰
장사꾼들의 소신인가 봅니다. 그래서였을 거예요. 자초는 여불위의 말
을 듣고, "당신 계책대로 된다면 진나라를 그대와 나눠 가질 것"이라고
약속합니다. 여불위는 자초를 만나는 건 물론이고 아예 진나라로 들어
가 안국군과 화양부인을 만나 충성을 바칩니다. 특히 화양부인에게 정

성을 쏟는데, 곧바로 들이대는 방식이 아니라 자매에게 귀한 선물을 주고 환심을 사는 방식으로 아주 정교하게 작업을 진행하는 겁니다.

자초에게는 엄청난 정치자금을 제공하는데 빈객賓客을 모으기 위해 5백 금을 내어줍니다. 비록 인질로 남의 나라에 와 있지만, 엄청난 정치자금이 생기니까 자초 주변에 사람이 모이는 건 당연한 일입니다. 주변에 사람이 끊이지 않았죠.

화양부인에게는 주변에 많은 사람들이 모여들 정도로 자초의 능력이 뛰어나다는 이야기를 합니다. 천하에 참모들이 널려 있을 정도로 뛰어난 재목이라면서 말이지요. 여불위는 역시 대단한 선수였습니다. 화양부인이 낳은 아들도 아닌데 단지 뛰어나다는 이유만으로 그를 태자로 삼을 까닭이 없었죠. 그래서 감정을 건드립니다. "자초가 부인을 하늘로 섬기고 있습니다. 밤낮으로 울면서 태자와 부인을 그리워하고 있습니다." 여불위는 화양부인을 만날 때마다 같은 말을 반복합니다. 누구든 이런 이야기를 들으면 마음이 끌릴 수밖에 없죠. 직접 낳은 자식도 아닌데 자기를 하늘로 여기고 그리워한다는 데다 능력까지 출중하다면 도와주고 싶은 마음이 절로 생기기 마련입니다.

오창익 여불위는 일종의 전략가이기도 하네요. 그냥 돈만 싸들고 간다고 마음까지 얻을 수 있는 건 아닌데 상대방의 마음을 얻기 위해 상당히 조직적으로 움직이네요.

오항녕 자, 이렇게 밑밥을 깔아놓고는 화양부인 자매를 통해 화양부인을 설득합니다. 자초를 후사로 세우자는 겁니다. 효심이 깊은 자초가 후사를 잇게 되면 태자가 죽고 난 다음에도 지금의 지위를 안정적으로 계속 보장받을 수 있겠다는 생각도 했겠죠.

오창익　이것도 직접 화양부인을 설득하거나 태자인 안국군을 설득했다면 실패했을지도 모를 일입니다. 신뢰관계에 있는 사람을 통해 간접적으로 설득하면, 설득력이 더 커지기 마련이죠. 제정 러시아 막판에 라스푸틴(1872~1916)이 황태자의 혈우병을 치료하여 니콜라이 2세의 부인 알렉산드라 황후의 환심을 사고, 이를 바탕으로 국정 전반을 농단했던 것과 비슷하네요. 꿈에 어머니 육영수가 나타났다며 박근혜에게 접근하던 최태민과도 닮았고요.

　결국 안국군을 설득하기 위해 그가 총애하는 화양부인을 설득하기로 맘먹고, 그 이전에 화양부인의 자매부터 설득하는군요.

오항녕　여불위의 계략대로 화양부인은 안국군을 조르기 시작합니다. 화양부인이 자신이 낳은 아들도 아닌데 자초를 천거하는 데다 주변에 사람이 모일 정도로 능력까지 출중하다니, 마다할 수 없게 된 거죠. 결국 여불위의 계략대로 자초가 안국군의 후계를 잇게 됩니다.

　여불위는 여기서 멈추지 않습니다. 자초에 대해서도 이중삼중으로 작업을 합니다. 여불위는 춤을 잘 추는 미인을 데리고 살았는데, 어느 날 이 여인이 임신을 합니다. 그러자 자초를 초대해 술자리를 엽니다. 그러고는 그 여인에게 자초의 시중을 들게 합니다. 자초는 그 여인을 보자마자 마음에 들었고, 여불위에게 여인을 자기에게 달라고 합니다. 역사기록에는 "여불위는 화를 냈지만, 이미 자초를 위하여 재산을 탕진하다시피 한 것을 생각하여 결국 그 여자를 바쳤다"고 되어 있습니다.

　그 여인은 임신한 사실을 숨기고 있다가 열두 달 만에 아들을 낳습니다. 아기는 보통 열 달 만에 태어나는데, 좀 특이하죠? 아무튼 기록이 그렇게 전합니다. 아기의 이름은 정政이었는데, 바로 훗날의 진시황秦始皇입니다.

오창익 아무리 전국시대 이야기라지만 무섭다는 생각까지 듭니다. 자기가 아끼던 여인을 자초에게 바치는 것도 놀랍지만 이미 임신한 몸인지 알면서 그렇게 할 정도니, 여불위는 정말 집요한 사람이네요.

오항녕 소왕이 죽자, 안국군이 왕이 됩니다. 바로 효문왕입니다. 화양부인은 왕비가 됩니다. 하지만, 효문왕은 진나라 왕에 즉위한 지 얼마 되지 않아 죽게 됩니다. 여불위가 독살했다는 설이 떠돌 정도로 금세 죽습니다. 그러니 이젠 자초가 왕이 됩니다. 장양왕莊襄王입니다. 자초, 즉 장양왕은 여불위를 승상으로 삼고, 문신후文信侯에 봉합니다. 게다가 하남, 낙양 지역의 10만 호를 식읍食邑으로 줍니다. 식읍이란, 그 지역 백성들이 나라에 세금을 내는 대신, 식읍을 받은 신하에게 세금을 내고 노동력도 징발할 수 있게 내어준 땅입니다.

오창익 삼국통일에 큰 공을 세웠다고 김유신에게 식읍 5백 호를 주었다는 기록을 읽은 적이 있는데, 단박에 10만 호라니 엄청납니다. 장양왕이 된 자초는 여불위와의 약속을 제대로 지켰네요.

오항녕 그렇지만 장양왕 역시 금세 죽습니다. 즉위한 지 3년 만입니다. 그러니, 이젠 태자 정政이 왕이 됩니다. 아직 어렸습니다. 13세에 불과했으니까요. 왕으로 즉위한 정—나중에 진시황이 되죠—은 부왕 시

절 승상이었던 여불위를 더욱
높여 상국相國으로 삼고 작은아
버지라고 불렀습니다. 그러고는
본격적으로 여불위의 섭정이 시
작됩니다.

여불위呂不韋(?~B.C. 235)

중국 전국시대 말기 진나라의 간신.
자초를 우연히 보고 나서 그가 기화
(奇貨, 기묘한 보배)임을 첫눈에 간
파해 뛰어난 수완을 발휘해 장양왕으
로 만든다.

오창익 여불위가 단지 정치적
베팅을 잘하는 장사꾼만은 아니었던 것 같습니다. 당장 『여씨춘추呂氏
春秋』만 봐도 그렇지 않습니까.

오항녕 맞습니다. 그저 상인만은 아니었습니다. 여불위의 집에 드나
드는 식객이 3천여 명이 넘었다니까 엄청난 관계망 속에 살았던 사람
입니다. 뿐만 아니라, 『여씨춘추』는 이들에게 집필과 편찬을 맡겨 만든
책입니다. 천지만물과 고금 역사를 기록한 책인데 20만 자나 되는 방
대한 분량입니다. 여불위는 진나라 도읍 함양咸陽 도심에서 이 책을 펼
쳐놓고는 이 책에서 한 글자라도 빼거나 더할 수 있는 사람이 있다면
천금을 주겠다고 호언장담하기도 했답니다. 그만큼 책의 수준에 자신
이 있었다는 말이겠죠.

오창익 여불위는 영락없는 간신이지만 보통 수준을 훨씬 뛰어넘는 지
략을 갖췄을 뿐만 아니라, 교양을 갖춘 학자의 면모까지 지니고 있네
요. 원래 이런 정도의 성취는 3천여 명이나 되는 식객을 챙길 만큼의
재산이 있어야만 가능한 일이니 그리 곱게 보이지는 않네요. 여불위 덕
분에 한자 문화권에서는 좋은 고전을 얻게 되었지만, 영 씁쓸하군요.

오항녕 진나라 왕 정(훗날 진시황)이 아직 어렸을 때, 여불위는 여전히 왕비와 은밀한 관계를 지속합니다. 왕비는 일부러 장양왕(자초)과 짝을 지어준 바로 그 사람이죠. 그런데 정이 성장하면서, 여불위는 자신과 왕비의 관계가 탄로날까 봐 두려워합니다. 그래서 잔꾀를 또 부리는데, 노애嫪毐라는 자를 왕비의 애인으로 만들어줍니다. 노애를 환관인 것처럼 위장시켜 궁에 들여보낸 것입니다. 노애는 환관 행세를 하면서, 실제로는 왕비의 애인 노릇을 합니다.

그렇지만, 꼬리가 길면 잡히는 법, 정이 즉위한 지 9년째 되던 해에 고변이 들어옵니다. 노애가 환관이 아니었고, 왕비와 간통하였으며, 심지어 이 때문에 왕비와 노애 사이에는 아들도 있다는 것입니다. 물론 정은 노발대발합니다. 철저한 조사를 명령한 끝에 그 고변이 사실이라는 점이 밝혀집니다. 게다가 그 둘의 배후에 여불위가 있다는 것까지 밝혀집니다. 정은 노애를 죽이는 것은 물론, 삼족을 멸하고 재산도 몰수합니다. 문제는 여불위였습니다. 여불위의 비위가 밝혀졌지만 여불위를 당장 죽이지는 못합니다. 직전까지 실제로 나라를 다스렸던 권세가 만만치 않았기 때문입니다. 그저 해임하는 데 그칩니다.

여불위의 몰락이 이때 시작됩니다. 그렇지만 부자 망해도 3년은 간다고, 여불위의 재산은 여전했고 여불위의 집에는 여전히 많은 사람들이 드나들었습니다. 왕의 의심은 더 커집니다. 해서 왕은 여불위에게 편지를 보냅니다. "그대는 진나라에 어떤 공이 있기에 10만 호의 식읍을 가지고 있는가. 진나라와 무슨 친척 관계가 있다고 '작은아버지'라는 칭호를 갖고 있는가. 가족을 데리고 촉蜀 땅으로 가라"는 내용이었습니다. 촉은 살기 힘든 변방이었습니다. 사실상의 귀양살이를 명령한 겁니다. 여불위가 압박을 느낀 건 당연한 일입니다. 지금은 귀양살이를 명했지만, 곧 목숨을 빼앗길 거란 두려움이 생겼습니다. 여불위의 선택은 곧 스스로 목숨을 끊는 것이었습니다. 하지만 어떤 기록에는 주륙誅戮되었다고도 합니다.

오창익　파란만장한 삶을 살다 나라를 통째로 들어먹었던 여불위에 대한 후세의 평가는 어떤가요?

오항녕　나라를 빼앗아 영구집권을 꿈꿨던 여불위에 대한 사마천의 평가는 아주 간단합니다. "명성과는 달리 삶이 그리 볼 것은 없는 사람이란, 여불위 같은 자를 말하는 것이 아닐까." 한편 남송南宋에서 서산선생西山先生이라 불렸으며 『대학연의』를 쓴 진덕수는 "여불위는 정직한 대상인이 아니고 큰 도둑이다. 그가 자초를 보고는 '진기한 돈벌이감'이라고 말한 것은 자기가 자초에게 나라를 얻게 해줄 수 있고, 또 자초의 나라를 자기의 나라로 만들 수 있다고 생각한 것이다. 많은 정치자금을 손해 본 것은 가벼운 이익이 아니라 앞으로 이익이 이보다 백 배는 되리라 생각하였기 때문이다. 여자를 바친 것은 자기의 욕심을 버린 것이 아니라, 그의 욕심이 이보다 만 배는 되었다는 의미이다"라고 지적합니다. 그러고는 덧붙입니다. "역사기록에서는 자초가 여자를 달라고 하였을 때 여불위가 화를 냈고 어쩔 수 없어서 주었다고 하였지만, 여불위가 다른 여자를 내보내 자초에게 술을 따르게 하지 않고 임신한 여자로 하여금 자초에게 술을 따르게 하였으니, 본디 자초가 여자를 보면 맘에 들 것이고, 맘에 들면 달라고 하리라는 것을 알았던 것이다"라고 말이지요. '역사기록'이란 바로 사마천의 『사기』를 말합니다. 자초가 시중들던 여자를 달라고 하여 주면 훗날 나라를 차지하는 것은 자신의 아들이 될 것입니다. 그러므로 여자를 바친 것은 여불위가 바라던 바였지 강제가 아니었으며, 자초가 여자를 달라고 할 때 화를 낸 것은 거짓이지 사실이 아니었다는 말입니다. 여불위의 계책은 깊었고 멀리 내다보고 배치된 것이었으므로 자초만 눈치챌 수 없었던 것이 아니라 후세의 역사를 쓰는 사람, 즉 사마천도 오히려 살피지 못한 것으로 보았습니다.

심지어 진덕수는 자초의 아버지 안국공(효문왕)이 사흘 만에 죽고, 이어 즉위한 자초(장양왕)가 즉위한 지 3년 만에 죽었던 것도 우연이 아니라고 보았습니다. 여불위가 꾸민 일이라는 것입니다. 하지만 여기부터는 역사가가 판단할 영역은 아닙니다. 증거가 없으니까요. 아마 사마천도 이런 이유로 더는 서술 안 했던 것으로 보입니다. 아무튼 진시황부터는 '후진後秦'이라고 불러야 한다는 학자도 있었다고 합니다.

원래 진나라는 효공부터 소공에 이르기까지 나라의 세력이 날로 발전하였습니다. 주위의 전국戰國 여섯 나라가 공격하고 백만 대군이 쳐들어와도 이길 수 없던 나라였습니다. 그런데 여불위가 여자 하나를 놓고 꾸민 계략이 나라를 빼앗았습니다. 20년이 넘는 마스터플랜이었습니다.

오창익 보통 사람은 간신이 될 수 없다는 생각마저 듭니다. 수십 년을 내다보는 긴 안목을 지니고 치밀하게 움직인 사람이 여불위였습니다. 진시황에 대한 평가는 다양하겠지만, 그래도 여불위를 숙청한 다음 친정을 하면서 나라를 키웠고 자신도 황제로 등극하였다는 점을 생각하면, 진시황의 성취는 여불위라는 간신을 제거한 게 시작이라고 볼 수 있겠네요. 여불위는 앞서 살펴본 것처럼 『사기』 등의 역사책에 등장하는 인물이니, 이후 여러 사람들이 경계로 삼기도 했을 텐데 경계로 삼았다는 것과 별개로 여불위 같은 사람이라고 지칭되는 사람들 또한 적지 않았을 것 같습니다.

신돈
권력자의 정신을 뒤흔든 도사

오창익 우리 역사에서 여불위 같은 사람을 꼽는다면, 누가 있을까요?

오항녕 고려 공민왕恭愍王 때, 신돈辛旽이 비슷합니다.[3]

오창익 맞아요. 신돈이 몰락한 다음, 이인임李仁任이 신돈을 일컬어 '여불위'라고 했죠. 물론, 그런 평가는 자기 권력을 정당화하기 위해 이미 몰락한 정적을 규정했던 것이었지만, 영 틀린 평가는 아니었군요.

오항녕 신돈의 어머니는 계성현桂城縣(지금의 경상남도 창녕군 계성면) 옥천사玉川寺의 종이었다고 합니다. 신돈은 어려서 승려가 되었고 원래 법명은 편조遍照였습니다. 종의 자식으로 태어난 신돈이 어떻게 고려

---

3 「반역열전反逆列傳 신돈」, 『고려사』 권 13.

정계에까지 진출하고 무소불위의 권력까지 휘두를 수 있었는지에 대해서는 일화가 하나 전해집니다.

공민왕이 꿈을 꾸었는데, 누군가 칼로 자신을 해치려 할 때 어떤 스님이 구해주었다고 합니다. 비록 꿈속이었지만 스님이 자기 목숨을 구해주었던 거죠. 마침 그 무렵 김원명金元命이란 신하가 신돈을 공민왕에게 소개했는데, 그 생김새가 꿈속에 나온 스님과 무척 닮았답니다. 정말 꿈같은 이야기죠. 신기한 생각이 들었고 이런저런 이야기를 나눠보니 신돈이 무척 총명했고 또 말도 잘했다고 합니다. 공민왕은 신돈을 도道를 깨우친 사람으로 여겼다고 합니다.

오창익 그런데 기록에 보면, 신돈은 도를 깨우치기는커녕 아예 글도 모르는 문맹이었다는데 어떻게 왕의 신임을 받을 수 있었죠? 공민왕이 그렇게 협수룩했던 건가요?

오항녕 비단 왕일지라도 한 사람을 속이는 게 그렇게 어려운 일은 아니었나 봅니다. 게다가 꿈속에서 자기 목숨을 구해준 사람이라고 여겼으니 어지간하면 무조건 믿게 되었겠죠. 신돈은 원래 개경 시내를 돌아다니며 과부들이나 희롱하던 사람인데, 공민왕을 만날 때면 여름이나 겨울이나 할 것 없이 늘 허름한 장삼 한 벌만을 입고 다녔다고 합니다. 해지고 찢어진 옷만 입고 다니니 무언가 세속을 초연한 듯 달리 보였겠지요.

신돈辛旽(?~1371)

자는 요공耀空. 법명은 편조遍照. 호는 청한거사淸閑居士. 본래 천민 출신의 고려 말 승려였으나 공민왕에게 신임을 받고 권력을 장악한다.

오창익 왕이야 그렇다 치더라도, 신돈 비슷한 사람이 나온 꿈을 꾼 적도 없었던 다른 신하들이 경계하지 않았나요? 아무리 깨달은 사람 비슷하게 꾸미고 다닌다고 모두를 속일 수는 없을 텐데요.

오항녕 이를테면, 이승경李承慶이란 신하가 "나라를 어지럽힐 자는 반드시 이 중이리라"라고 경계하기도 했죠. 이승경은 홍건적을 평정하기 위해 도원수가 되었던 조정의 중신이니 상당한 발언권이 있었지만 공민왕은 그의 말을 듣지 않았습니다. 정세운鄭世雲도 그랬습니다. 그도 홍건적을 쫓아내는 데 큰 공을 세운 사람이었습니다. 정세운은 아예 신돈을 '요승妖僧'이라 여기고 직접 없애려고도 했고 왕에게도 신돈을 피하라고 간언했지만, 왕은 듣지 않았습니다. 이승경과 정세운이 죽은 다음, 신돈은 궁궐을 드나들며 권세를 부리기 시작합니다. 공민왕은 청한거사淸閑居士라는 호를 내리고 사부師傅라 칭하면서 나랏일을 자문 받았습니다. 신돈에게 인물을 천거해달라고도 했습니다. 그렇지만 신돈이 천거한 인물들은 능력이 있는 사람이기보다는 자신과 가까운, 자신이 통제할 수 있는 사람들이었지요.

오창익 박근혜 역시 최순실의 천거를 받아 문화체육관광부 장관 등을 임명했는데, 나중에 알고 보니까 죄다 주변 사람들이었죠. 최순실의 측근 차은택은 스스로 창조경제추진단장과 문화창조융합본부장이 되었고, 차은택의 대학 은사인 홍익대 김종덕 교수는 문화체육관광부 장관에, 광고업계 선배인 송성각은 한국콘텐츠진흥원장, 외삼촌 김상률은 청와대 교육문화수석에 앉혔습니다. 대학원 은사 김형수는 미르 재단 이사장에 임명하는 식이죠. 뭐든 좋은 자리가 있으면 자신과 자기 주변부터 챙기는 게 간신들의 공통된 특징이네요.

오항녕 그렇게 신돈이 인사 전횡을 일삼는데도 공민왕은 신돈을 진평후眞平侯에 봉했습니다. 그리고 '수정이순논도섭리보세공신守正履順論道變理保世功臣 벽상삼한삼중대광壁上三韓三重大匡 영도첨의사사사領都僉議使司事 판중방감찰사사判重房監察司事 취성부원군鷲城府院君 제조승록사사提調僧錄司事 겸 판서운관사判書雲觀事'라는 긴 이름의 관작을 제수했습니다. 글자 수가 몇 자인지 세어보세요. 모두 50글자예요. 엄청나지요. 이때 비로소 '신돈辛旽'으로 이름을 고쳐 부르기 시작했던 겁니다.

오창익 역사는 신돈을 개혁가로도 기억하지 않나요? 그저 요승의 면모만 있는 게 아니라 공민왕의 개혁 작업을 주도했던 인물…….

오항녕 물론 초기 신돈의 면모는 그랬습니다. 고려 권문세족들을 도모하고 개혁을 추동하는 모습을 보였습니다. 개혁은 기득권층이 스스로 할 수 있는 게 아니죠. 특히 원나라 지배시기를 거치면서 형성된 세력을 제어하고 개혁을 추진하기 위해서는 기득권과 일정한 거리에 있던 새로운 인물이 필요했던 것이고, 신돈이 그때 등장한 것입니다. 그렇지만 이 대목에 대해서도 고민이 필요합니다. 과연 신돈 한 사람을 데려왔다고 개혁이 되느냐, 이게 진짜 역사의 실제였나 하는 점은 좀 더 많은 연구가 필요합니다.

아무튼 개혁을 성사시키겠다는 공민왕의 급한 마음이 판단을 흐리게 했던 것 같습니다. 신돈이 욕심도 없어 보이고 한미한 집안 출신이니 대안세력으로 보았던 거죠. 공민왕의 이런 판단에는 신돈의 술수도 큰 역할을 합니다. 공민왕이 신돈을 부르는데도 신돈은 거듭 거절을 합니다. 공민왕의 스카우트 요청을 넙죽 받으면 속 보인다는 거죠. 공민왕이 거듭해서 요청하니까 그때 못 이기는 척 수락합니다.

오창익 자리를 준다고 해도 덜컥 받지는 않겠다? 고사하는 척하면서 자기 몸값을 불리는 술책입니다.

오항녕 그래요. 신돈의 내심은 달랐습니다. 스스로 성인聖人이라고 여겼죠. 하지만 말로만 성인이지 실제 행실은 그렇지 않았습니다. 과부가 있는 집에 머물 때는 대체로 간통을 했다고 합니다. 정치권력을 장악하고 권세를 부리기 시작하자 탐욕과 음탕함이 심해졌고 뇌물도 좋아했답니다. 집에 있을 때는 술과 고기를 먹고 음악과 여자를 마음대로 하면서도, 왕만 만나면 고상한 말을 하면서 채소만 먹었지요.

　이달충李達衷이라는 분이 여러 사람이 앉은 자리에서 신돈에게 "사람들이 공公은 주색酒色이 과도하다고들 한다"고 지적했더니, 신돈은 언짢아하며 그를 파직시켰습니다. 신돈이 전민변정도감田民辨整都監을 통해 농민들이 빼앗긴 토지를 되찾아주려 했다는 등의 활동에 대해서는 이미 연구가 나와 있으니 길게 말씀드리지는 않겠습니다. 실제로 권문세족에게 빼앗은 토지를 원래 주인에게 돌려주는 정책을 펼쳤고, 이 때문에 백성의 지지를 받은 적도 있었습니다. 공민왕 15년에 풍년이 들자, 이는 신돈의 정치가 훌륭하기 때문이라는 칭송도 있었습니다. 하지만 그 속은 뇌물, 청탁, 온갖 불륜 등으로 썩어가고 있었습니다. 신돈의 비행이 그칠 줄 모르자 사헌부에서 신돈을 처형하고 그 당파를 귀양 보내고 가산을 몰수해야 한다고 공민왕에게 요청하기까지 했습니다. 결국 신돈은 공민왕에 의해 유배 보내졌다가 이틀 만에 죽임당합니다.

오창익   신돈이 나름 개혁을 펼친다고 가장했지만 주색만 탐하다가 스스로 파멸의 길로 들어섰는데, 신돈이 나라를 훔쳤다는 이야기는 어떻게 나온 건가요?

오항녕   신돈에게도 바로, 여불위의 경우처럼 나라를 훔쳤다는 혐의가 있습니다. 신돈의 첩인 반야般若가 모니노牟尼奴를 낳았는데, 공민왕은 모니노를 자기 자식이라 여겼고, 모니노가 바로 우왕禑王이 되었다는 말입니다.

이성계가 위화도 회군 이후 정권을 장악했을 때, '가짜를 폐위하고, 진짜를 세운다(廢假立眞)'며 우왕이 공민왕의 아들이 아니라 신돈의 아들이라고, 우왕과 그의 아들 창왕을 차례로 폐위시킨 다음, 공양왕을 즉위시킨 명분으로 내세운 근거도 여기서 나왔습니다.

여불위의 경우든 신돈의 경우든, 내밀한 상황을 정확히 아는 것은 어려울 것입니다. DNA 감식 결과가 있는 것도 아닌데, 어떻게 진시황이 여불위의 아들이고 우왕이 신돈의 아들인지 확실하게 알 수 있겠습니까. 그럼에도 불구하고 이런 기록이 남아 있고 또 지금까지도 설득력을 갖게 되는 건, 그들이 보여준 여러 행태들과 연관되어 있습니다. 여불위나 신돈은 충분히 그러고도 남을 사람이라고 판단된다는 거죠. 밝혀진 행실만 봐도 충분히 나라를 훔칠 만한 사람들이라는 겁니다.

여불위나 신돈이, 단지 나라를 훔쳤다, 정확히 표현한다면 왕실의 핏줄을 훔쳤다는 소문만으로 비판받는 건 아닙니다. 다음에 말씀드릴 여러 유형의 간신들이 보여주는 모습을 두루 갖추고 있기 때문에 비난을 받는 겁니다.

03

왕망
스스로 천자의 지위에 오르다

오항녕 이번엔 중국 전한과 후한을 가르는 시기, 신新나라를 세웠던 왕망의 사례를 살펴보도록 하겠습니다.

제대로 나라를 훔쳤던 사람이 바로 한나라 왕망王莽입니다.[4] 왕망은 한 원제漢元帝의 황후인 효원황후孝元皇后의 조카지요. 황후의 조카다 보니 왕망의 형제들은 황후의 권세에 편승해서 사치스럽게 지냈죠. 요즘으로 치면 고급 자동차인 수레와 말, 음악과 여자, 놀이와 사냥을 하며 지냈고 거드름을 피우고 살았지만, 왕망만은 사뭇 달랐습니다. 절제했고 공손했으며

왕망 겉모습은 겸손하고 반듯하게 유지하되, 제 손에 피 한 방울 안 묻히고 측근들의 손으로 국정 전반을 장악하고 정적들을 숙청했다.

---

4 「왕망전王莽傳」, 『한서漢書』 권 99.

또 검소했습니다.

오창익 나라를 제대로 훔친 사람이 성품 좋은 사람이었다니, 좀 의아하네요.

오항녕 의아함은 차차 풀릴 겁니다. 일단, 당시 시대상황을 이해하기 위해 전한에서 후한에 이르는 계보를 한번 살펴보겠습니다.

원제元帝(B.C. 49~B.C. 33) 성제成帝(B.C. 33~B.C. 7) 애제哀帝(B.C. 7~B.C. 1) 평제平帝(B.C. 1~A.D. 5) 유자 영孺子嬰(5~8) 신나라新 (8~23) 회양왕淮陽王(23~25) 광무제光武帝(25~57).

왕망을 발탁한 것은 전한의 성제成帝였습니다. 발탁된 다음에도 왕망은 늘 신중했고 또 겸손했습니다. 직위가 올라갈수록 더욱 겸허한 태도였습니다. 수레와 말, 가죽옷 등을 남들에게 나눠주고 빈객을 정성껏 접대했고 명사들을 도왔습니다. 그러니 교유하는 장군과 재상, 경대부卿大夫가 매우 많았다고 합니다.

성제의 뒤를 이은 애제哀帝가 죽었을 때, 후사가 없었습니다. 태황태후원제의 황후인 효원황후가 왕망을 불러 대사마에 임명하는 한편, 중산왕中山王을 맞아 애제의 후사로 삼았는데 이 사람이 평제平帝이고 당시 나이 9세였습니다.

오창익 그렇다면 왕 구실을 제대로 할 수 없었겠네요, 아직 어리니까요.

오항녕 효원황후가 조정에 나와 섭정을 하며 정치는 왕망에게 맡겼습니다. 이때 조정에서 함께 일하던 사람이 대사도大司徒 공광孔光이란 이름 있는 학자였습니다. 공광은 공자孔子의 14대 손이라고 하는데, 가문 배경이 좋았지요. 왕망은 공광을 열심히 섬겼습니다. 공광의 사위 견한甄邯을 시중으로 삼기도 했습니다. 그런데 공광은, 가문의 명성과 달리 소인배였습니다. 자신과 처자식을 보호하기 위해 직언을 하지 않았고 왕망의 전횡도 묵인했습니다. 결과적으로 한나라 왕실을 갉아먹고 아첨하는 기풍을 만연시켰다는 평가를 받는 인물이었습니다.[5] 왕망 입장에서 보면 가문도 좋고 유명한 사람이었지만, 쉽게 통제할 수 있는 사람이었던 셈입니다.

왕망이 정권을 잡게 되자 본색을 드러내는데 애제의 외척이나 대신들 중에서 평소 고깝게 보았던 사람들을 숙청하기 시작합니다. 그런데 이런 사람들을 고변할 때는 자신이 직접 나서지 않습니다. 견한을 시켜 장인인 공광에게 가져다주도록 하는 겁니다. 공광은 소심한 사람이라 견한을 통해 들어온 보고들을 상주上奏하지 않을 수 없었죠. 섭정하고 있던 태후는 왕망에게 의견을 묻고 왕망은 관련 기관들의 상주 보고들을 재결해주어야 한다고 아룁니다. 한마디로, 제 손에는 피 한 방울 묻히지 않고 정적들을 숙청했던 것입니다. 왕망은 자신을 따르고 아부하는 자들은 발탁하였지만 자신을 거스르거나 한을 품은 자들은 주륙해 버렸습니다.

이런 과정을 통해 왕망은 완벽하게 국정 전반을 장악합니다. 왕순王舜과 왕읍王邑을 심복으로 삼고 견풍甄豊과 견한에게는 정적의 처벌을 주

---

5 「공광전孔光傳」, 『한서』 권 81.

관하도록 했고 평안平晏은 기밀
을 지휘하였고 유흠劉歆은 문장
文章을 맡았으며 손건孫建은 호
위장수로 삼았습니다.

오창익 지금 기준으로 이야기
하면, 대통령 비서실장, 법무부,
검찰, 경찰, 국가정보원에다 문화체육관광부와 공영방송, 게다가 수도
경비사령부까지 장악했다고 할 수 있겠네요. 옛날 전한 시대야 지금처
럼 국가기관들이 복잡하지 않았을 테니 딱 맞는 비유를 할 수는 없겠
지만, 아무튼 국정 전반을, 힘을 쓸 수 있는 모든 기관을 장악했다고 볼
수 있겠습니다.

오항녕 그렇겠군요. 왕망은 그런 와중에도 겉모습만은 반듯했습니다.
언제나 겸손한 태도로 일관했지요. 누군가를 쳐내고 싶다면 직접적으
로 그런 뜻을 밝히는 법이 없었고 다만 분위기를 은밀하게 내보이는 정
도였습니다. 그러면 그의 뜻을 따를 만반의 준비가 되어 있는 그의 수
하들이 알아서 움직이는 방식이었습니다. 왕망의 패거리들이 왕망의
뜻을 좇아 태후에게 상주하면 왕망은 어떤 결론을 내기보다는 머리를
조아리고 눈물을 흘리기도 했으며 사안에 대한 결정을 미루고 물러나
기만 했습니다. 위로는 태후를 미혹시키고 아래로는 뭇사람들을 현혹
시키려는 속셈이었지요. 하고자 하는 일이 있으면 은밀하게 뜻을 내비
치고 바라는 바를 이루게 되면 눈물까지 흘리며 굳이 사양하는, 영악한
그리고 간사한 인간이었습니다.

오창익　이런 정도로 수준 높은 간신이라면 아무리 어진 임금이어도 살피기 어렵겠습니다. 게다가 황제는 어리고, 왕망은 섭정을 하는 태후의 조카이니 정말 쉽지 않았겠습니다. 지금도 그런 식의 이미지 정치, 눈속임 정치가 판을 치는데 2천 년 전에는 오죽했을까 싶습니다.

오항녕　그렇지요. 그런 자들을 검증하거나 그 속셈을 드러낼 수 있는 수단이 적었으니까요. 왕망의 술수를 하나 볼까요? 왕망이 익주益州라는 지역에 지역 변방에 있는 오랑캐들에게 넌지시 말해 흰 꿩을 바치게 합니다. 흰 꿩은 중국에서 상서로운 동물로 여겨졌습니다. 이를 꿩 '치雉' 자를 써서 '월상치越裳雉'라고 하는데, 월상은 베트남 지역으로 추정됩니다. 왕망은 태후에게 아뢴 다음, 흰 꿩을 종묘에 제사 음식으로 올렸습니다. 그러자 미리 왕망의 사주를 받은 신하들이 상주하길, "왕망의 공덕은 주周나라 성왕成王 때 흰 꿩을 바친 상서祥瑞를 이루었으니, 안한공安漢公이란 호를 하사해야 합니다"라고 했습니다. '안한공', 곧 '한나라를 안정시킨 공이 있는 사람'이란 뜻입니다.

　왕망은 으레 그랬던 것처럼 고사합니다. 하지만 태후는 다시 왕망에게 상을 내리려고 합니다. 이번에도 왕망이 굳이 사양합니다. 그러자 신하들이 나서서 상은 제때 내려야 한다고들 합니다. 그러자 이번에는 태후가 조칙詔勅을 내려 왕망에게 안한공이란 봉호를 내려주는 것은 물론, 식읍도 2만 8천 호를 주고 태부太傅로 삼았습니다. 태부, 곧 큰 스승은 황제를 선도하는 직분을 수행하는 사람입니다. 황제의 스승이 된 것입니다. 왕망은 이젠 명령이니까 신하된 도리로 어쩔 수 없이 따른다면서도 안한공이란 봉호만 받고 다른 작호와 읍지는 반환합니다. 영리한 술책입니다.

오창익 그렇게 영리하게 굴면서, 결국 이루고 싶은 꿈은 뭐였나요? 큰 수익을 보장하는 식읍을 반려한 것은 보통의 결단이 아닙니다. 당장을 위한 처신은 아닌 것으로 보이는데 왕망의 다음 목표랄까 하는 게 있지 않았을까요?

오항녕 결국 왕망은 자기 맘대로 정권을 장악하고 싶어 했습니다. 마침 섭정을 하던 태후가 정치에 싫증을 내기 시작합니다. 그러자 이번에도 왕망은 넌지시 신하들을 부추겨 태후에게 상주하게 합니다. "태후께서 직접 소소한 사안까지 살피셔서는 안 됩니다." 그러자 태후는 제후를 봉하거나 관직이나 작위를 주는 일만 직접 보고하고 나머지 일들은 왕망에게 결재를 받으라고 명합니다. 그러니 왕망의 권력은 거의 황제 수준과 맞먹게 됩니다.

간신들이 이렇습니다. 나라를 빼앗을 때는 먼저 자기가 맘대로 할 수 있는 조건들을 만들어갑니다. 자신을 견제할 상대를 미리 없애는 일도 합니다. 그러기 위해 없는 사실을 거짓으로 꾸며 남을 함정에 빠뜨리는 일도 하고 근거 없는 비방도 합니다. 왕망이 국정 전반을 장악하는 데 있어 핵심은, 신하들을 통해 태후에게 상주하게 했던 "직접 소소한 일까지 살피셔서는 안 됩니다"라는 말에 있습니다. 뭐 그런 소소한 일까지 직접 챙기냐는 말을 통해 국정 전반에서 서서히 멀어지게 하는 겁니다. 국정에서 멀어진 만큼 정치에 대한 관심, 나아가 백성들에 대한 관심이 소홀해지는 건 당연합니다. 그저 의전에만 신경 쓰게 되는 겁니다. 이렇게 소홀해질 때, 그 틈을 이용해 국정농단이 시작되는 겁니다.

오창익 어린 왕을 대신해서 국정 경험이 없는 태후가 섭정을 하는 상황도 비정상적인데 태후마저 국정에서 손을 놓아버리니, 그렇게 생긴 권력의 공백은 바로 왕망을 위한 판이 되었습니다. 그런데 모든 권력이 황제에게 집중된 전한시대야 그렇다 쳐도, 민주공화국에서 선출된 대통령에게서 전한 말기에 보았던 것과 너무도 흡사한 모습을 보게 되는 지금의 현실을 어떻게 설명해야 할지 모르겠습니다.

이건 꼭 대통령만의 문제가 아니라 시민들의 문제이기도 합니다. 대통령을 잘못 뽑은 탓도 있지만 너무도 많은 사람들이 자신은 정치에 관심이 없다고들 합니다. 정치가 정치꾼들에 의해 오염되었기에 쳐다보기도 싫다는 거죠. 그럴 때, 왕망 같은 사람이 파고 들어갈 틈이 생기는 겁니다. 그래도 우리에게는 촛불집회에 참여하는 깨어 있는 시민들이 있어서 조금은 안도할 수 있지만 여전히 많은 사람들이 정치는 정치인들만의 것으로 여기고 있는 것 같습니다.

오항녕　외교는 어떨까요? 개헌 논의가 나오거나 거국중립내각 이야기가 나올 때마다 내치와 외치를 구분해서 말하는 사람들이 많습니다. 물론, 내치와 외치는 다른 영역입니다. 그렇지만 정책적으로는 결코 분리될 수 없습니다. 떼려야 뗄 수 없는 겁니다.

왕망은, 중국은 이미 자기 뜻대로 평정되었지만 사방 오랑캐는 여전히 다른 마음을 가지고 있다고 생각했습니다. 왕망은 흉노의 선우單于에게 사신을 보냅니다. 선우는 흉노를 이끄는 지도자의 명칭입니다. 금과 비단 등 많은 뇌물을 주면서 구슬리는 겁니다. 중국 조정에 상서를 보내달라는 거였습니다. 이를테면 "중국에서는 이름을 두 글자만 써도 비웃는다고 들었습니다. 때문에 저의 '낭지아사囊知牙斯'라는 이름을 지知로 고쳐, 중국 제도를 따르고자 합니다"라는 식의 서한을 보내도록 한 것입니다. 뇌물을 잔뜩 주고 편지 한 통 얻어내는 회유책인 것입니다.

오창익　이른바 외치를 통해 내치를 도모하는 술책이네요. 뭐라 하지도 않는 상황에서 흉노가 스스로 중국의 풍습을 따르겠다니, 태후 입장에서는 태평성대가 따로 없다고 여겼을 것 같습니다.

오항녕　왕망은, 태후에게 아첨하며 섬기는 데서 멈추지 않았습니다. 태후 곁에 있는 첩이나 시중드는 사람들에게까지 만반의 대책을 세워둡니다. 왕망은 자기 딸을 황제의 배필로 삼으려는 술책도 꾸밉니다. 자신의 딸이 황후가 되면 자기 권력이 더욱 공고화된다고 여긴 겁니다. 장안의 처자들 중에서 후궁을 간택하라고 청하고는 자기 딸도 슬쩍 후보에 끼워넣기로 한 것입니다. 그런데 후궁 후보로 선발된 사람 중에는 유독 왕씨 성을 가진 여자가 많았다고 합니다. 왕씨가 많으니 자기 딸이 묻힐까 걱정이 되자 왕망은 태후에게 "제가 덕이 없어 여식의 재주가 낮으니, 여러 여자들과 더불어 간택되어서는 안 됩니다"고 아룁니다.

　매번 이렇게 속마음과 다른 말을 하는 겁니다. 그런데 태후가 듣기에는 지극한 마음으로 여겨집니다. 그래서 왕씨는 황후의 친정이니 왕씨 중에서는 간택하지 말라는 명령을 내립니다. 그러자 기다렸다는 듯이 여러 곳에서 동시에 상서가 올라옵니다. 높은 벼슬은 물론, 하급 관리나 유생들까지도 함께 나서 안한공 왕망의 딸을 후궁 간택에서 제외하는 것은 부당하다고 주장합니다. 언론을 동원하는 것이지요. 이런 과정을 거쳐서 결국 왕망의 딸이 황후가 됩니다.

오창익　간교한 술책인데 왕망의 측근들은 물론 하급 관리나 유생들까지 나서서 왕망의 술책대로 움직였다니 대단합니다. 이미 왕망이 국정 전반을 장악하고 있는 상황인데 여기에다 더해 황후의 아버지까지 되었으니 그 위세가 엄청났겠습니다. 가히 필적할 만한 상대가 없었겠네요.

오항녕 그렇지만 당장 권력이 눈앞에 보인다고, 손에 잡힐 것 같다고 덥석 쥐는 법은 없었습니다. 미꾸라지처럼 잘 빠져나가는 모습으로 일관했습니다. 간사하고 위선적이었지만 당장 보기에는 청렴하고 아무런 욕심이 없는 사람처럼 행세했습니다. 그러고는, 어쩔 수 없이 받아들이지 않으면 안 되는 상황을 만들어놓고 하나씩 권력을 장악해 들어갔습니다.

왕망 입장에서는 이제 거칠 게 없었습니다. 자신은 섭정을 이끌며 국정 전반을 장악했고, 딸은 황제의 배필이 되었으니 이젠 나라를 빼앗기 위한 술책을 쓰기 시작합니다. 이젠 나라를 손에 쥐는 데 걸림돌도 없는 상황이었습니다. 나중에 조조가 후한을 빼앗을 때도 후한 최후의 황제 헌제獻帝의 비인 복후伏后를 죽이고 자기 딸을 황후로 세운 적이 있습니다. 왕망이나 조조나 대개 비슷한 부류라고 할 것입니다.

수隋나라 초대 황제인 양견楊堅(문황제)도 자기 딸을 황제의 배필로 삼고 섭정으로 실권을 장악했다가 마침내 나라를 빼앗았습니다. 대개 비슷한 부류들입니다.

오창익 조금씩 권력을 키우는데 단박에 일을 벌이는 게 아니군요. 절대 권력인 황제의 피붙이가 되고 어린 나이의 황제가 등극하거나 하면 섭정을 통해 실권을 장악해 들어가면서 마침내 나라를 송두리째 빼앗으니, 이런 방식의 나라 훔치기가 반복되었다는 건 어쩌면 그만큼 전형적인 방법일 수도 있겠습니다.

오항녕 여론을 조작하는 것도 그렇습니다. 왕망이 풍속을 시찰하는 사신 8명을 각지에 파견한 적이 있습니다. 이들이 임무를 마치고 돌아온 다음 거짓 보고를 하는데 각 제후국에서 노래를 지어 왕망에 대한 공덕을 송축한 것이 모두 3만 글자나 된다고 하였습니다.

오창익 어째, 풍속을 시찰하는 게 목적이 아니라 자기가 얼마나 훌륭한지를 거국적으로 알아보라는 지시라도 받은 것 같습니다. 일종의 분위기 조성용이네요

오항녕 평제平帝가 죽자, 후사를 이어야 했는데, 왕망은 원제元帝의 아버지 선제宣帝의 고손자 중에서 가장 나이 어린 영嬰을 선택하였습니다. 당시 나이가 겨우 두 살이었습니다. 왕망이 섭정을 계속할 수 있는 기반을 또다시 마련한 겁니다. 그러나 왕망의 욕망은 여기서 멈추지 않았습니다.

이 무렵 사효謝囂라는 자가 보고하기를, 무공현武功縣 현장縣長이었던 맹통孟通이 우물을 파다가 흰 돌을 얻었는데 거기에 붉은 글씨로 '안한공 왕망을 황제로 명하노라'라고 적혀 있었다고 했습니다. 왕망은 이번에도 직접 태후에게 보고하지 않고 여러 신하들에게 시켜 태후에게 아뢰게 하였습니다. "왕망은 다른 뜻이 있는 것이 아니라, 단지 섭정을 하여 그 권한을 무겁게 함으로써 천하를 복종시키려는 것뿐입니다."

태후는 섭정을 허락했습니다. 옛날 주공周公의 고사를 떠올렸기 때

문입니다. 주공이 어린 성왕成王이 장성할 때까지 잘 보필했다는 고사입니다. 왕망은 섭정을 빌미로 즉위했고, 이듬해에는 연호도 거섭居攝이라고 고쳤으며 어린 영을 황태자로 세우고 유자孺子라고 불렀습니다. '유자'라는 말은 '젖먹이 어린아이'란 뜻입니다. 그래서 지금도 중국 연표에는 이 시기를 '유자 영'이라고 부릅니다. 왕망은 뿐만 아니라 영의 아버지를 사칭하고 스스로 천자의 지위에까지 오릅니다. 완벽하게 천하를 평정한 겁니다. 그러고는 나라 이름을 '신新'이라 불렀던 것입니다.

오창익 드디어 완벽하게 나라를 훔쳤군요! 목적달성을 위해 조금씩 챙겨나갔고 조급하게 굴지 않으며 주변 여건을 만들어나간 결과였습니다. 아무튼 그 집념 하나만큼은 높이 사줘야 할 것 같습니다. 그렇다면 왕망에 대한 후세의 평가는 어떻습니까?

오항녕 『한서漢書』를 편찬했던 반고班固가 이 사건을 두고 이런 평가를 합니다.

> "왕망은 처음 외척에서 일어나서 몸을 낮추고 힘써 행하여 명예를 얻었다. 재상의 지위에 오르게 되자 성제와 애제 시대에 나라를 위해 부지런히 수고하여 하는 일마다 칭찬을 받았다. 이 어찌 '겉으로는 인仁을 가장하지만 행동은 그릇되다'는 경우가 아니겠는가? 왕망이 어질지 않았던 데다 말 잘하고 간사한 성질을 가졌고, 더구나 네 명의 숙부가 역대로 누리던 권력을 등에 업었다. 한나라가 쇠미해져 나라의 정통에 세 번 끊어지던 때를 만나, 태후가 오래 살아 그를 종주宗主로 삼았기 때문에 그의 간특함을 마음대로 부려서 나라를 찬탈하는 화란禍亂을 일으켰던 것

이다. 그가 황위를 훔쳐 즉위하고 의거할 바가 아닌 곳에 처하였으니, 전복될 형세가 하夏나라의 걸왕桀王이나 은殷나라의 주왕紂王보다 위험하였는데도, 왕망은 태평하게도 스스로 순舜 임금이 다시 나타났다고 생각하였다. 이윽고 방자하기 시작하여 위세와 기만을 부리고 하늘에 닿도록 백성을 학대하였으며 흉악하기 그지없어 해독이 온 중국에 넘치고 혼란이 오랑캐에게까지 이어졌다. 역사서에 기록이 남고부터 난신적자나 무도한 인간 중에 그 끼친 재앙이 왕망보다 심한 자는 없었다."

정확한 지적이지요.

오창익 중국에서는 나라를 망친 대표적인 왕을 하나라 걸왕과 은나라 주왕으로 꼽습니다. 하나라 걸왕은 주지육림酒池肉林을 실제로 실현했던, 곧 술로 못을 만들고 고기로 숲을 만들어 궁녀들과 함께 놀았던 왕이었고 은나라 주왕도 후궁 달기妲己와 함께 3천 명이 넘는 사람들이 주지육림에서 함께 놀게 했던 왕이었죠. 그런데 반고는 왕망이 걸왕이나 주왕보다 더 위험했다고 지적하고 있군요.

오항녕 반고는 평론에서 왕망 사건의 핵심을 꿰뚫고 있습니다. 만약 성제成帝가 외척에게 정치를 맡기지 않았다면, 만약 효원황후가 외척에게 사사롭게 권력을 주지 않았다면, 왕망이 아무리 자기 재주만 믿고 권모술수를 부리며 힘을 다하여 국정을 농단하려고 해도 어찌 나쁜 짓을 할 수 있었을까요?
　뒷날 조조와 사마의司馬懿가 비슷했습니다. 조조가 한나라를 찬탈할 때는 역적을 토벌한다는 명분으로 군사권력을 독점했고, 사마의가 위나라를 찬탈할 때는 유언을 받 든다는 이유를 명분으로 내세 웠습니다. 각각 명분만 다를 뿐, 나라를 훔친 건 똑같았습니 다. 둘 다 간신임이 분명하지만 군주가 서리를 밟았을 때 경계 했더라면, 즉 서리가 내리면 곧 추운 겨울이 온다는 뜻을 알아 차릴 수 있었다면, 서리가 오 는 것을 새로운 일의 조짐으로 여길 수 있었다면, 화禍를 미리

사마의 조조는 역적을 토벌한다는 명분으로, 사마 의는 유언을 받든다는 명분으로 나라를 훔쳤다.

피할 수 있었을 겁니다. 그랬다면 그들은 그나마 유능한 신하에 그쳤을 겁니다.

오창익 지금은 주권재민主權在民의 시대입니다. 왕이 왕 노릇을 제대 로 못해서 국정농단이 일어나고 마침내 간신이 나라를 통째로 빼앗아 버리는 일까지 일어났다는 교훈은, 시민이 주권자 노릇을 제대로 못했 기에 국정농단이 일어나고 잘못하면 나라까지 망할 수 있다는 교훈으 로 여기면 되겠습니다. 왕망이나 조조, 또 사마의 같은 사람은 그래도 개인적 역량은 출중해 보이는데, 우리는 기본적으로 수준 낮은 엉터리 같은 사람에게 국정농단을 당했으니 오히려 더 부끄럽습니다. 박근혜- 최순실의 국정농단도 따지고 보면 주권자인 시민들이 제대로 역할을 하지 못해서 일어난 일입니다. 서리가 내리는 것과 같은 조짐은 진작부 터 여러 곳에서 확인할 수 있었습니다. 정윤회 문건 유출 파동도 분명

한 신호였고, 그 이전에 박근혜라는 정치인이 보여주었던 모습이 그랬고, 그가 아버지와 어머니의 유산을 등에 업고 하는 정치라는 것이 또한 그랬습니다. 서리가 내리는데도 겨울이 곧 닥친다고 깨닫지 못하는 어리석은 일이 다시는 되풀이되지 않았으면 좋겠습니다.

2장

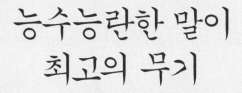

능수능란한 말이
최고의 무기

조고
저건 사슴이 아니라 말이다

오창익 첫 번째 장에서는 여불위, 신돈, 그리고 왕망에 대해 살펴보았습니다. 나라를 훔친 통 큰 간신들이었습니다. 이제 두 번째 장에서는 군주에게 아첨을 잘해서 사랑받았던 간신들 이야기를 풀어갈 텐데, 어떤 사람부터 살펴볼까요?

오항녕 우리에게 익숙한 고사성어부터 시작하죠. 바로 지록위마指鹿爲馬라는 유명한 고사의 주인공, 진나라의 환관 조고趙高입니다.

오창익 사슴을 일컬어 말이라고 했다는 유명한 이야기로 널리 알려진 사람입니다. 중국의 고사에서 비롯된 말이지만, 지금 우리들은 지록위마를 "윗사람을 농락하여 권세를 제 마음대로 휘두르는 짓"이라고 새기고 있습니다. 사전에도 뜻풀이가 그렇게 되어 있습니다. 하나의 사건과 하나의 말이 완전히 새로운 뜻을 갖게 될 정도로 유명한, 그리고 희한

한 사건인 셈입니다.

오항녕 사슴을 가리켜 말이라고 했다는 건 그만큼 위세가 강했다는 말입니다. 많은 분들이 이 정도까지는 대략 알고 계실 텐데, 과연 어떻게 해서 그 기세등등한 진나라의 황실에서 이런 일이 가능했을까요? 그 과정을 한번 추적해보겠습니다.

오창익 그 말이 나온 건, 진시황이 죽고 난 다음에 황제가 된 이세二世 때의 일이죠?

오항녕 예, 이세는 진시황의 아들이었습니다. 이세가 즉위한 뒤, 환관인 조고를 낭중령郎中令으로 삼았습니다. 낭중령이란 대궐의 출입을 통제하는 자리였습니다.

오창익 조고가 대궐 출입을 통제하는 자리를 맡았다는 것은, 박근혜 정권의 행태에 빗댄다면 문고리 권력을 장악했다는 뜻과 같습니다. 관원이나 백성과의 소통이 없는 권력은, 그 문고리를 누가 잡고 흔드는가에 향배가 달려 있습니다. 박근혜의 청와대도 문고리 4인방이니 3인방이니 하는 사람들이 권력을 농단했는데, 문고리를 잡고 있는 조고가 문을 열어주지 않으면 구중궁궐에 혼자 있는 황제는 어떤 대신도 쉽게 만날 수 없었겠네요.

오항녕 조고는 항상 황제 이세의 시중을 들면서 일을 제멋대로 처리했습니다.[1] 조고의 전횡은 사실 진시황 때부터 시작되었습니다. 진시황이 갑자기 죽었을 때, 조고는 부새령符璽令과 중거부령中車府令이란 직책을 맡고 있었습니다. 각각 황제의 옥새를 관리하고 황제의 마차를 관리하는 직책이었으니 그때도 이미 최측근이었던 셈입니다. 조고는 진시황이 죽자, 승상 이사李斯와 짜고 진시황의 가짜 조서를 만들어 진시황의 큰아들 부소扶疏를 죽이고, 황제의 자질이 한참 부족하고 우둔한 호해胡亥를 황제로 즉위시킵니다. 이 사람이 이세입니다. 이사는 원래 여불위의 빈객이었다가 여불위의 추천으로 관직에 들어온 다음 승상까지 오른 인물입니다.

오창익 지난번 총선 때 김무성 새누리당 대표가 당대표 직인을 갖고 부산으로 내려가서 일종의 농성투쟁을 벌인 적이 있었습니다. 박근혜 대통령이 친박을 넘어 진박 인사들을 공천하기 위해 압박해 들어오자, 일종의 옥새玉璽투쟁을 한 겁니다. 지금도 권력을 휘두르고 권세를 부리고 또 권리행사를 위해서 도장이 중요한 역할을 하는데, 진나라 시절엔 더 했을 겁니다. 게다가 왕이 갑자기 죽어서 후사를 도모할 기회조차 없었을 테니, 환관에 불과하지만 조고는 새로운 세상이 열렸다고 여겼겠습니다.

오항녕 어느 날 황제 이세가 조고를 불러 이렇게 말합니다. "사람이 이 세상에 산다는 것은 마치 여섯 마리 천리마가 끄는 마차를 타고 작은 틈새를 지나가듯 휙 지나간다. 나는 눈과 귀가 좋아하는 일은 모두

---

1 「진시황본기秦始皇本紀」, 『사기』 권 6; 「이사열전李斯列傳」, 『사기』 권 87.

하고, 마음이 즐거워하는 일은 다하면서 천수를 누리고 싶다. 그래도 되겠는가?" 길지도 않은 인생이니 정치엔 관심을 두지 않고 그저 맘 편하게 놀면서 지내겠다는 말입니다. 이제 조고가 답할 차례입니다.

"그런 삶은 현명한 군주가 할 수 있는 일이고, 혼란한 군주에게는 금하는 것입니다." 참 묘한 답변이지요. 정치에 소홀하고 그저 놀면서 지내는 게 현명한 군주라는 겁니다. 조고의 말이 이어집니다. "지금 사구沙丘에서의 모의에 대해 여러 공자公子와 대신들이 모두 의심하고 있습니다." 사구砂丘는 천하를 순시하다가 진시황이 병에 걸려 갑자기 죽은 곳입니다. 큰아들 부소가 아니라 이세가 즉위한 데 대해 진시황의 조서가 위조되었다는 의심이 당시에도 있었다는 이야기입니다. "하지만, 여러 공자는 모두 황제의 형이고, 대신 또한 돌아가신 황제가 임명하였습니다. 지금 폐하께서 즉위하셨지만, 공자와 대신들이 모두 불만을 갖고 승복하지 않고 있으니 변란이 있을까 걱정됩니다. 폐하께서 어떻게 이런 즐거움을 누리시겠습니까?"

오창익 원하는 대로 놀면서 지내는 건 좋지만, 그게 조고의 말처럼 '현명한 군주'가 하는 행동은 실제로 아니라는 겁니다. 이세에게 급한 것은 먼저 정통성 시비부터 잠재우고 권력 기반부터 안정화시키는 것이라는 지적입니다. 이런 일은 정통성에 대해 시비를 거는 사람들을 제거하고 변란의 위험을 선제적으로 없애야 한다는 이야기이기도 합니다. 벌써부터 피 냄새가 풍깁니다.

오항녕 그렇지요. 당연히 이세가 조고에게, 그럼 어떻게 해야 하는지 묻습니다. 어리석은 군주는 자질이 부족하니까 의심도 많고 또 권력욕

도 강하기 마련입니다. 조고가
말합니다.

"법을 엄격하게 적용하고 형
벌을 각박하게 해야 합니다. 죄
를 범한 자는 서로 연좌하여 죽
이고, 가족들도 관청의 노비로
거두게 해야 합니다. 대신大臣을
없애고 골육骨肉을 멀리해야 합

니다. 가난한 자를 부유하게 하고 천한 자를 귀하게 하십시오. 돌아가
신 황제의 옛 신하들을 모두 제거하고 폐하께서 친히 믿는 자들을 관직
에 두십시오. 이렇게 하면 폐해가 제거되고 간사한 모의를 막을 수 있
으니, 폐하께서 잠자리를 편히 하고 마음대로 총애하고 즐길 수 있을
겁니다."

이세는 조고의 말이 옳다고 여겼습니다. 이세는 법률을 정비해 황실
의 공자들이나 신하들이 죄를 지으면 그 처리를 조고에게 맡겼습니다.
조고는 이들을 엄하게 처벌했습니다. 이세의 정통성에 의문을 품었던
진나라 장수 몽염蒙恬을 진작 제거했던 이들은 몽염의 동생이자 대신이
었던 몽의蒙毅도 죽이는 등 숙청 작업을 진행합니다. 공자 12명도 죽여
서 도읍인 함양에 효시하였으며 재산도 몰수하였습니다.

오창익 몽염·몽의 형제는 진나라 건국부터 흉노족 토벌이나 만리장성
축조 등 황실 입장에서는 공이 많은 사람들인데도 그냥 죽여버렸군요.
자질이 부족한 군주가 흔히 쓰는 수법이 가혹한 형벌을 통한 정적 숙청
등 공포정치인데, 요즘 한국의 현실도 크게 다르지 않은 것 같습니다.

한국의 인구는 4천9백만 명 정도이고, 일본의 인구는 1억2천7백만 명쯤 됩니다. 일본의 인구가 훨씬 더 많습니다. 2.6배나 많죠. 그런데 놀라운 건, 한국이 일본보다 더 많은 사람을 감옥에 가두고 있다는 겁니다. 영국에서 활동하는 국제감옥연구센터란 기관의 웹사이트(www.prisonstudies.org)를 보면 각국의 교도소 수용 인원을 알 수 있는데, 2016년 말 기준으로 한국은 57,669명인 데 반해, 일본은 56,522명입니다. 엄청난 인구 차이에도 불구하고 한국이 일본보다 교도소 수용자 숫자가 많다는 것은, 범죄자들을 그만큼 더 가혹하게 처벌한다는 뜻이겠지요.

더군다나 한국의 교도소 수용자들을 보면, 지난 5년 동안 살인, 강도, 절도 등의 범죄 때문에 갇힌 사람들은 모두 줄었습니다. 늘어난 것은 생계형 경제사범들이었습니다. 이 믿을 수 없는 통계는 박근혜라는, 역사적으로 유례를 찾아보기 힘든 자질 없는 대통령과 관련이 있습니다. 불과 집권 4년 만에 교도소 수용자 숫자가 1만 명이 늘었습니다. 20% 이상 급증한 것입니다.

오항녕 구체적인 통계로 말씀해주시니까 알게 되었지만, 정말 믿을 수 없는 이야기네요. 한국이 일본보다 교도소 수용자 숫자가 더 많다는 것도 그렇고, 불과 4년 사이에 1만 명 가까운 수용자가 늘었다는 것도 놀랍네요. '범죄와의 전쟁'이란 선전은, 결국 정권의 무능과 무대책에 대한 책임을 시민에게 전가하는 것임을 알려주는 증거이기도 합니다.

오창익 박근혜가 대선 후보 토론을 하면서, 꼭 단죄해야 할 범죄로 가정폭력, 성폭력, 학교폭력을 이야기하다가 잠시 머뭇거렸습니다. 그러고는 불쑥 불량식품을 꺼냅니다. 뭐 특별한 분석도 없었고 그냥 자기 머리에서 떠오르는 대로 이야기한 것입니다. 그게 박근혜의 말이었는지, 아니면 최순실이 해준 이야기를 떠올렸던 것인지, 그도 아니면 누군가 측근이 했던 말인지는 모르겠습니다. 다만, 대선 후보 토론과정에서 별 맥락 없이 그냥 툭 던진 말이었지만, 박근혜가 대통령이 된 다음에는 이게 '4대악'으로 정리되고 또한 범정부 차원에서 '4대악 척결'을 위해 여러 호들갑을 떨었습니다. 학교폭력, 성폭력, 가정폭력, 불량식품 등, 어법에도 맞지 않고 한국적 치안 현실을 반영하는 것도 아닌 이상한 조합을, 그저 대통령이 한마디했다는 이유만으로 온통 '4대악'에만 몰두하고 있는 경찰과 검찰을 보면, 도대체 저런 한심한 인사들을 먹여살리기 위해 세금을 내야 하나 싶습니다.

진나라의 경우도 그렇습니다. 이렇게 법령은 매섭고 형벌이 갈수록 무서워지면, 사람들이 견딜 수 없게 됩니다. 견딜 수 없는 백성들은 '도적 떼'로 내몰리게 됩니다.

오항녕 네, 백성들만이 아니라 큰 공이 있던 장수들이나 공자들까지 자결을 명령받거나 죽임을 당하니 신하들은 각자 살 궁리를 해야 했습니다. 이게 단순히 충성만 다짐한다고 되는 일은 아니어서 앉아서 죽음을 기다리느니 한번 엎어보자고 생각하는 사람들도 꽤 있습니다. 반란을 꾀하려는 자들이었습니다. 초楚나라 지역 변방에서 군대생활을 하던 진승陳勝, 오광吳廣 등이 난리를 일으켜 산동山東에서 봉기한 것도 이 무렵입니다. 안팎의 위협이 끊이지 않자, 승상 이사李斯는 여러 차례 노선 수정을 요구하며 이의를 제기하였습니다. 그렇지만, 이세는 듣지 않았습니다.

이때 이사의 아들 이유李由가 삼천三川이란 지역의 수령이었습니다. 그런데 도둑 떼가 노략질을 하면서 이 지역을 지나갔는데도 막지 못했던 일이 있었습니다. 황제의 사신이 삼천을 오가며 조사를 했고 이사도 문책했습니다. 아비가 삼공三公의 지위에 있는데 어떻게 아들이 수령으로 있는 지역까지 도둑질을 당하도록 방치했냐는 겁니다. 이사는 자기 지위를 빼앗길까 봐 두려웠습니다. 어쩔 줄 몰라 전전긍긍했지요. 결국 이세에게 아부하며 살길을 찾고자 합니다. 용서를 구하며 다음과 같은 글을 씁니다.

"현명한 군주란 반드시 감독하고 책임을 물을 수 있는 존재입니다. 감독하고 책임을 물을 수 있으면, 신하가 감히 힘을 다하여 군주를 따르지 않을 수 없을 것입니다. 신불해申不害[2]가 말하길, '천하를 차지하고도 마음대로 못하는 자는 천하가 단지 거추장스러운 질곡일 뿐이다'라고 하였는데, 다른 말이 아닙니다. 도리어 천하의 백성들 때문에 요堯 임금이나 우禹 임금처럼 힘들고 고되게 살 수밖에 없는 겁니다. 오직 밝은 군주만이 가벼운 죄를 무겁게 감독할 수 있습니다. 가벼운 죄도 오히려 감독을 심하게 하는데, 하물며 무거운 죄야 말할 필요가 없을 겁니다. 이래야 백성들이 함부로 죄를 범하지 못하게 되는 것입니다."

조고가 주장한 것처럼 엄한 형벌로 백성을 무섭게 다스려야 한다는 말입니다. 이사의 말이 이어집니다.

---

2 전국시대 한나라의 재상이며 사상가.

"또한 검소하고 절개가 있으며, 어질고 의로운 사람이 조정에 있으면 마음대로 놀 수 있는 즐거움은 끝장입니다. 간쟁하고 따지는 사람이 곁에 있으면 제멋대로 방만한 행동을 할 생각을 굽혀야 합니다. 열사烈士가 죽음으로 절개를 지키는 행실이 세상에 드러나면 음란한 즐거움에 탐닉하는 풍조가 사라집니다."

오창익　아무리 이사가 곤궁한 처지라 하여도 이사가 황제에게 하는 말을 듣자니, 귀를 의심하게 되는군요. 우리가 흔히 상식적으로 생각하는, 신하가 왕에게 해야 할 이야기를 온통 거꾸로 이야기하고 있네요. 검소하고 절개 있고 어질고 의로운 사람을 가까이 두라는 게 아니라 멀리하라는 건데, 정말 '대단한' 사람이네요. 염치없는 사람입니다.

오항녕　그렇지만 심각할 정도로 자질이 부족했던 이세는 이 말을 듣고 기뻐했지요. 자기가 듣고 싶었던 이야기니까요. 이세는 꼭 이사의 말 때문은 아니겠지만 더욱 엄한 형벌을 시행했습니다. 백성들을 혹독하게 다루며 세금을 악독하게 거두는 자를 양리良吏, 곧 좋은 관리라고 불렀습니다. 억울한 사람을 많이 죽이는 자는 충신忠臣이라고 했습니다. 그러니 백성의 삶은 처참했지요. 길에 다니는 사람 중에 육형肉刑을 당한 사람들이 반半이었습니다.

오창익　육형이라면, 신체 절단형이니 지금은 상상도 할 수 없는 형벌입니다. 하긴, 형벌이란 말을 쓸 때의 형刑 자가 칼 '도刀' 자를 함께 쓰는 것처럼 형벌 자체가 무서운 것입니다만, 이건 진짜로 몸에 칼을 대는 형벌이니 끔찍한 형벌입니다. 길거리를 다니는 사람의 절반이 육형을 당한 사람들이었다니, 정말 살벌합니다. 육형 중에서도 허리를 자르는 요참腰斬이야 목숨을 빼앗는 형벌이니 거리를 다닐 수 없겠지만, 사마천이 당한 것처럼 남성의 성기를 자르는 궁형宮刑, 한쪽 다리를 자르는 월형刖刑, 코를 베는 비형劓刑 등을 당한 사람이 그렇게 많았다니 이세 치하의 진나라가 얼마나 공포스러웠을까요.

오항녕 죽은 사람의 시신들이 날마다 저잣거리에 쌓였답니다. 이런 어지러운 상황을 활용해 조고는 사사로운 원한이 있거나 거치적거리는 사람들을 많이 죽였습니다. 조고는 폭압정치와 전횡을 일삼으면서도 누군가 황제 이세에게 사실대로 아뢰어 자신의 지위가 흔들리게 될까 두려워합니다. 그럴수록 핵심은 이세를 정치에서 떼어놓는 것이라 여깁니다. 조고는 이세에게 별의별 이야기를 다하는데, 세상이 천자天子를 귀히 여기는 이유는 신하들조차 그 음성만 들을 수 있고 얼굴을 뵐 수 없기 때문이다, 폐하께서 아직 춘추가 어리셔서 모든 일에 다 통달하지 못하셨는데 조정에 앉아서 정무를 보면서 신하를 견책하고 등용할 때 만약 부당한 일이 생기면 대신들에게 흠이 잡힐 것이라는 등의 이야기들을 늘어놓는 것입니다. 이세는 조고의 이런 말을 듣고 아예 궁궐에서 나오지 않았고 일처리는 모두 조고가 결정했습니다. 누군가와 꼭 닮았지요.

오창익 국정농단과 전횡이 본격화되겠습니다. 그건 그렇고, 승상 이사는 어떻게 되었나요?

오항녕 언젠가 조고는 승상 이사가 자신을 비판하는 상소를 올리려 한다는 이야기를 듣습니다. 이럴 때 어떻게 했을까요?

오창익 당장 이사를 찾아가서 따져야겠지요. 우리는 지금의 황제를 함께 옹위한 사람들인데 어떻게 내 뒤통수를 치냐고 항의도 해야겠죠. 그게 아니라도 이세에게 달려가 변명을 해야겠죠.

오항녕 보통은 그렇게 할 겁니다. 그러나 보통의 경우처럼만 한다면 그건 일종의 B급 간신일 겁니다. 조고는 수완이 다른 사람이었습니다. 먼저 이사를 만나 전혀 다른 엉뚱한 이야기를 합니다. "함곡관函谷關(지금의 하남성河南省 신안현新安縣 동쪽에 있는 관문) 북쪽에서 도둑들이 대대적으로 일어나는데도 지금 주상께서는 백성들을 부역에 더 징발하고, 아방궁阿房宮이나 짓고, 개나 말 같은 쓸데없는 것들을 모으고 있습니다. 제가 간언하고 싶지만 저는 지위가 미천한 환관에 불과합니다. 이런 일은 마땅히 승상께서 하실 일인데 승상께서는 어찌하여 황제께 간언하지 않으십니까?"

우리만 조고가 어떤 사람인지 알고 있는 게 아닙니다. 승상 이사도 조고가 어떤 사람인지 알고 있었습니다. '이자가 왜 이러나' 하는 경계심이 들었겠지요. 그런데 조고의 말이 틀린 것은 아니었습니다. 이사로서는 미심쩍은 일이었지만 모처럼 옳은 말인 데다 조고 자신은 낮추고 승상을 인정하며 권하는 말이기에 뭐라 딱히 할 이야기가 없었습니다.

이사는 황제께 그런 말씀을 드리려고 한 지 오래되었지만 황제가 조정에 나오지 않고 깊은 궁궐에만 계시기 때문에 만나려고 해도 만날 기회가 없었다고 합니다. 그러자 조고가 바로 치고 들어옵니다. 이사가 간언할 의향이 있다면 황제가 한가한 틈을 엿보다가 알려주겠다고 제안한 것입니다.

오창익 어째, 뭔가 이상하게 돌아갑니다. 자신의 지위를 빼앗을지도 모르는 상소를 준비하는 사람인데, 거꾸로 황제를 만날 기회를 주겠다는 게 언뜻 이해되지 않습니다.

오항녕 조고의 수완이 어떤 것인지 좀 더 말씀드리겠습니다. 어느 날 황제 이세가 여자들과 잔치를 벌이며 신나게 놀고 있을 때였습니다. 이때 조고가 승상 이사에게 사람을 보냅니다. 마침 황제가 한가하니 아뢸 말씀이 있다면 지금이 기회라고 빨리 들어오라는 것입니다. 그런데 평소에도 국정에 관심이 없던 이세입니다. 여자들까지 불러다 한창 놀고 있는데, 승상 이사가 아뢸 말씀이 있다고 만나자고 하니 만나줄 까닭이 없겠지요. 당연히 만나주지 않았습니다.

　거기서 멈추면 조고가 아닙니다. 다음에 잔치가 열리자 또 이사를 부릅니다. 역시 황제는 승상 이사를 만나주지 않습니다. 이런 일이 세 번이나 반복되었습니다. 이세가 화를 내는 게 당연하겠죠.

오창익 한가한 날도 많은데 그런 때는 나를 찾지 않다가, 꼭 내가 잔치를 벌이면 그때마다 승상이 와서 만나자고 한다, 이렇게 생각하겠지요. 내가 어리다고 깔보는 건가 싶기도 했을 것이고요.

오항녕 때가 무르익은 겁니다. 이 틈을 타서 조고가 황제에게 아룁니다. 진시황의 조칙을 위조하여 이세를 즉위시켰던 사구에서의 모의에 승상 이사도 끼어 있었다. 그런데 당신은 황제가 되셨으나 승상은 진시황 때도 승상이었으니 그 신분이 더 귀해지지 않았다. 이사는 진나라를 나눠서 자신도 왕이 되기를 바라는 것 같다고 말합니다. 거기에다, 이사의 아들 이유가 자신이 수령으로 있던 지역에서 도적들이 그냥 지나갈 수 있게 했다는 이야기도 슬쩍 끼워 넣습니다. 이유가 수령으로 있는 삼천은 초나라 지역을 기반으로 한 도적 진승陳勝이 기승을 부리는 지역과 바로 옆이라는 말도 합니다. 폐하는 궁궐 안에만 계시지만, 승상 이사는 궁궐 밖에서의 권세가 폐하보다 훨씬 무겁고 크다는 이야기도 합니다. 한 가지 카드만 쓰는 게 아니라, 이중삼중으로 이사를 못마땅하게 여기고 의심할 만한 단서를 배치해놓은 것입니다.

오창익　이쯤 되면, 아무리 자기가 황제가 되는 데 공이 큰 사람이라도 의심하지 않을 수 없겠네요. 게다가 이세처럼 자질이 부족하고 정통성 시비 때문에 콤플렉스를 갖고 있는 사람이라면 말할 것도 없겠습니다.

오항녕　조고의 말을 듣고 이세는 사신을 보내 삼천 수령 이유가 도적과 내통한 실상을 조사하게 합니다. 이제는 거꾸로 이사가 급해졌지요. 황제를 찾아와 전후 사정을 설명하려고 했는데, 이때는 하필이면 이세가 감천궁甘泉宮에서 한창 배우들의 놀이와 씨름을 구경하고 있을 때였습니다. 이사는 황제를 만날 수 없게 되자 글을 써서 황제에게 보냅니다. 조고가 사악한 뜻을 품고 위험한 반역을 벌이려고 하니 황제께서 당장 조치를 취해야 한다는 내용이었습니다.

　그렇지만 판은 이미 기울었습니다. 황제는 이사보다 조고를 믿고 있었습니다. 이사가 승상이라는 권력을 이용해 조고를 죽일까 두려워하기도 했습니다. 그래서 조고를 불러, 이사가 상소문을 올린 것을 알려줍니다. 그러자 조고는 "이사가 우려하는 사람은 오직 저 조고뿐입니다. 제가 죽어버리면, 승상은 곧 전항田恒이 한 짓을 할 것입니다."

전항은 춘추시대 제齊나라 때 나라를 훔친 인물입니다.[3] 여불위 못지않은 간신입니다. 제나라 경공景公 때의 대부大夫 전걸田乞의 아들입니다. 전항은 백성들에게 세금을 거둘 때는 작은 말로 받고, 곡식을 백성들에게 나눠줄 때는 큰 말로 했답니다. 백성들에게 덕을 베풀었던 것이죠. 그래서 백성의 마음을 얻었습니다. 전항은 임금 간공簡公을 시해했습니다. 그러고는 간공의 아우를 왕으로 세웠는데, 이 사람이 평공平公입니다. 전항 역시 간신이라 듣기 좋은 말로 평공을 미혹시켰습니다. "덕을 베푸는 것은 사람들이 바라는 것이니 임금께서 하시고, 형벌은 사람들이 싫어하는 것이니 신이 행하겠습니다." 마치 자신이 궂은일을 도맡아 하겠다는 것처럼 들리지만, 실제로는 왕을 정치에서 멀어지게 하려는 술책이었습니다. 5년쯤 지나자, 전항의 봉읍封邑이 임금 평공의 식읍食邑보다 컸다고 합니다.

오창익 왕이 전항에게 내린 땅이 왕의 땅보다 컸다는 말이네요. 이런 술책이야말로 조고 자신의 술책인데, 조고는 낯빛 하나 바꾸지 않고 자기 이야기를 남의 이야기처럼 하네요. 역시 수준 높은 간신입니다.

오항녕 황제 이세는 조고에게 이사의 상소 내용을 알려주고는 이사를 조사하라고 조고에게 내어줍니다. 조고는 낭중령이란 직위를 갖고 있었는데 직위와 상관없이 조고에게 감찰 업무를 시킨 겁니다. 조고는 이사와 그의 아들 이유가 황제를 배신하고 모반했다는 혐의를 만들기 위해 모진 고문을 합니다. 기록에 따르면 천여 번 매질을 했다고 합니다.

---

3 「전경중완세가田敬仲完世家」, 『사기』 권 46.

이사는 고통을 견디지 못하고 거짓 자복을 합니다.

오창익 고문을 이길 사람은 아무도 없습니다. 박정희, 전두환, 그리고 최근에는 이명박과 박근혜에 이르기까지, 숱한 조작 간첩사건이 일어나는데, 간첩으로 조작된 모든 사람들이 스스로 간첩이라고 허위 진술했습니다. 북한에 가본 적도 없는 사람이, 심지어 이장형 씨처럼 한국전쟁 참전용사로 금성무공훈장까지 받았고 전역한 다음에는 예비군 중대장으로 복무했던 사람마저 간첩으로 둔갑시킵니다. 이장형 씨도 다른 사람들처럼 스스로 간첩이라고 자술서를 씁니다. 이런 불가능해 보이는 일이 가능한 까닭이 바로, 고문입니다. 사람의 정신은 어쩌면 크고 작은 고통도 견딜 수 있을지 모르나, 사람의 몸은 고통에 굴복할 수밖에 없습니다. 육체는 유한하기 때문입니다. 이사도 마찬가지죠. 천여 번이 넘는 매질을 견딜 수 있는 사람은 없습니다.

오항녕 사납고 악독한 조고의 짓이 여기서 멈춘 게 아닙니다. 이사가 억울함을 알리기 위해 황제에게 상소문을 올렸지만 전달되지 않았습니다. 조고의 통제를 받는 옥리가 없애버린 것입니다. 더 심한 짓도 합니다.
  조고는 자신의 빈객 10여 명을 심문관인 어사御史 등으로 위장시켜 이사를 심문하게 합니다. 이사가 억울함을 토로하며 무죄를 호소하면, 그때마다 심한 매질을 합니다. 10여 명이 번갈아가며 그런 짓을 벌입니다. 그러니 사실대로 억울함을 이야기하면, 매를 맞을 게 뻔하다는 걸 몸으로 알게 된 것입니다. 나중에 황제가 진짜 어사를 보내 이사를 조사하였는데 이사는 겁을 내고는 자기가 죄를 지었다고 허위 진술을 합니다. 없는 죄를 스스로 인정해버린 것입니다.

승상 이사가 자신의 죄를 자백했다는 보고를 받자, 황제 이세는 "조고가 없었다면 하마터면 승상에게 속을 뻔하였다"라며 크게 기뻐합니다. 이세 2년(B.C. 209), 이사는 다섯 가지 육형을 모두 당합니다. 마지막 육형은 함양 저잣거리에서 허리를 잘리는 요참이었습니다. 이사를 죽인 다음, 이세는 조고를 중승상中丞相으로 삼았습니다. 원래는 이사가 맡았던 승상이란 자리에 앉히며 조고를 위해 직위를 근사하게 만든 것입니다.

오창익　이제 조고는 문고리 권력이 아니라 명실상부한 권력자가 되었네요. 쿠데타를 함께 모의했던 이사마저 제거해버렸고 황제는 형편없는 사람이니, 이젠 진나라가 조고의 손아귀에 들어온 셈입니다.

오항녕　그렇습니다. 크든 작든, 나랏일은 모두 조고가 결정했습니다. 그러나 사람의 욕심은 끝이 없었습니다. 조고는 아예 판을 엎어버리고 싶어 했습니다. 그러나 반란을 일으킨다고 해도 신하들이 얼마나 따를지 알 수 없었습니다. 겉으로는 자신에게 머리를 조아리고 있는 신하들이지만, 속마음은 알 수 없어 내심 두려웠던 겁니다. 그래서 신하들을 검증해보고 싶었습니다. 유명한 '지록위마指鹿爲馬' 이야기는 바로 여기서 시작됩니다.
　하루는 조고가 사슴을 끌고 와서 황제에게 바치며 말합니다. "말[馬]입니다." 그러니 황제가 웃으며, "승상이 잘못이오. 사슴을 보고 말이라니요?"라고 합니다. 황제는 조고가 그저 농담을 하는 줄 알았던 겁니다. 그런데 신하들의 반응이 좀 이상했습니다. 황제가 좌우의 신하들에게 저 짐승이 뭐냐고 물었더니 대답이 제각각이었습니다. 당연히 사슴이라고 대답한 신하도 있었지만 어떤 신하는 아예 대답하지 않기도 했고 또 다른 신하는 말이라며 조고에게 아부했습니다. 조고는 사슴을 보고 사슴이라고 했던 사람들을 그냥 두지 않았습니다. 이런 웃지 못 할 일을 거치면서 신하들은 더욱 조고를 두려워하게 되었습니다.

오창익　황제가 사슴을 일컬어 사슴이라고 부르는데도 많은 신하들이 아예 입을 닫아버리거나 사슴을 말이라고 불렀다니, 조고의 위세가 황제를 능가했네요. 원래 승상이란 자리가 일인지하一人之下 만인지상萬人之上이라지만, 실제로는 일인지하一人之下란 말을 뺀 그저 만인지상萬人之上의 자리를 차지했네요. 그런데 달도 차면 기우는 법인데 만인지상의 조고는 어찌 되나요?

오항녕　조고도 곧 최후를 맞습니다. 황제가 국정을 돌보지 않고 환관이 전권을 행사하는 나라가 온전할 까닭이 없습니다. 진시황이 세운 천하통일국가는 바로 다음 세대에 붕괴 조짐을 보입니다. 도처에서 도둑이 들끓고 연燕·조趙·제齊·초楚·한韓·위魏 들이 모두 왕으로 일어섰습니다. 스스로 황제가 되고 싶었던 조고였지만 나라를 제대로 다스리지 못했고 나라의 운명이 기우는 상황을 감당할 깜냥은 못 되었습니다.
　거대한 제국은 붕괴되기 시작했고 진나라의 위세는 겨우 도읍 함양 부근에만 미칠 정도였습니다. 조고에게는 나라를 지키는 것보다 자신의 안위를 지키는 게 급선무였습니다. 황제 이세에게 문책을 받아 쫓겨날 게 두려웠던 조고는 마침내 이세를 제거하기로 합니다. 자신의 사위를 시켜 군사로 궁궐을 포위하게 하고는 황제에게는 대규모 도적 떼가 침입했다며 황제를 겁박하여 자결하도록 합니다.

황제가 죽자, 조고 자신이 황제가 되려고 합니다. 이미 나라의 운명이 기운 상황이었지만 그렇다고 신하들이 조고의 뜻을 따르진 않았습니다. 할 수 없이 이세의 아들—어떤 기록에는 조카라고도 나옵니다—자영子嬰을 황제로 삼습니다. 자영은 즉위하자마자 계책을 세워 조고를 혼자 궁으로 들어오게 한 다음, 직접 칼로 찔러 죽입니다. 자영이 즉위한 지 석 달 만에 유방의 군대가 진나라 도읍까지 쳐들어왔고 자영은 항우에게 죽임당했습니다. 진나라도 함께 멸망했습니다.

오창익 진시황이 죽은 게 기원전 210년이고, 이세 황제가 죽은 게 기원전 207년입니다. 자영이 진왕秦王으로 즉위한 뒤 유방에게 항복한 게 겨우 36일 만입니다. 흉노족을 내쫓고 전국을 통일했으며 만리장성을 축조하고 아방궁을 만드는 등의 대단한 위세를 보인 게 바로 진나라였습니다. 진시황릉 병마용갱兵馬俑坑만 보더라도 그 위세가 얼마나 대단했는지 알 수 있습니다. 그런 나라가 불과 3년 만에 이렇게 단박에 망했다는 게 믿기지 않습니다. 간신 조고와 진시황의 열여덟 번째 아들이면서도 간신들의 농간으로 황제에 오른 이세의 무능이 빚은 참극입니다. 나라를 경영하는 데 지도자가 얼마나 중요한지, 진나라 황실의 비참한 최후를 통해 다시금 확인하게 됩니다. 그렇지만 왕조시대야 그저 핏줄에 따라 지도자가 정해지는 법이라 무능한 왕의 출현을 어쩔 수 없다 쳐도 우리는 지도자를 선출하는 민주공화국인데도 나라 꼴이 엉망이니 부끄럽고 한심합니다.

02
_____

홍공과 석현
능변가 환관들의 농단

오항녕 조고는 본래 환관이었습니다. 그를 십상시, 곧 중국 후한 말 영제靈帝 때에 정권을 잡아 국정을 농락한 10여 명의 환관들보다도 간 신의 첫머리에 올린 까닭은, 그의 전횡이 십상시 수준을 훌쩍 넘어서기 때문입니다. 진덕수도 그렇게 지적했습니다.

　지금부터 살펴볼 홍공弘恭과 석현石顯도 이와 비슷합니다.[4] 한나라 때 황제의 조칙을 입안·기초하는 등의 역할을 맡는 중서성中書省의 책 임자인 중서령中書令을 지낸 홍공, 역시 황제의 문서를 담당하는 복야僕 射를 지낸 석현은 한나라 선제宣帝 때부터 오랫동안 국가 기밀을 담당 하였고 문서나 법령에 밝고 능숙한 사람들이었습니다.

　원제元帝가 즉위했지만 질환이 많아서 석현에게 일을 맡겼습니다. 그

---

4 「영행전佞幸傳」, 『한서』 권 93. '영행'이란, 말재주로 총애를 받으며 국정을 멋대로 했던 자들을 가리킨다.

렇지만 석현은 궁중에서만 일하는 환관이라 밖에서 당파를 만드는 법도 없고 일처리도 치밀하여 믿을 만했다고 합니다. 황제의 신임이 석현에게만 쏠렸는데도 일처리가 정확해 여러 신

하들도 석현을 공경하며 섬겼다고 합니다.

하지만 석현은 본디 교활한 인물이었습니다. 일을 익히는 속도도 빨랐고 말씀드린 것처럼 일처리도 정확했답니다. 깊은 속내로는 나라를 훔치고 싶은 적심賊心을 품고 늘 궤변을 일삼아 다른 사람들을 중상하였습니다. 자신을 거스르는 사람, 자신에게 원한을 품은 사람, 하다못해 크고 작은 원망을 갖고 눈이라도 흘기는 사람이 있으면 반드시 엄하게 처벌했습니다. 그렇지만 그런 일보다 훨씬 더 능한 것은 군주의 속마음을 잘 살피는 것이었습니다.

오창익 간신의 가장 중요한 자질이 바로 군주의 의도를 잘 살피는 것입니다. 앞서 여불위, 조고의 경우도 그랬습니다. 앞에서 머리 숙여 충성하는 체하는 것도 중요하지만 군주가 뭘 원하는지를 알아내는 능력이 바로 간신의 가장 중요한 자질입니다. 단순히 비위를 맞추는 것 이상의 안목이 필요한 대목이죠.

오항녕 바로 그렇습니다. 소인이 군주에게 총애받고 권세를 훔칠 때는 반드시 군주의 의도를 엿보고 영합하여야 합니다. 군주도 사람인지라, 사람마다 호오好惡가 갈리기도 하고 희노喜怒를 맞추는 것도 쉽지

않기에 지속적으로 살펴보지 않으면 판단이 쉽지 않습니다. 아첨도 쉬운 일이 아닙니다. 간신들은 이런 걸 잘 알고 있는 사람들입니다.

석현石顯(?~B.C. 23)

중국 한나라의 간신. 홍공과 함께 교활한 혀와 교묘한 눈속임으로 권력을 지키고 이간질로 조정의 기강을 뒤흔들었다.

맹상군孟嘗君으로 알려진 전문田文이 제나라 군주를 섬길 때 일이었습니다. 군주에게는 총애하는 여자가 일곱 명이 있었답니다.[5] 누구를 부인으로 세울지 알 수 없는 일이었습니다. 누구를 부인으로 삼으라고 말하기도 어려운 노릇이었습니다. 누군지 알 수만 있다면 줄을 댈 수도 있을 텐데 답답한 노릇이었죠. 이때 맹상군은 군주에게 귀걸이 일곱 개를 바쳤는데, 그중 하나를 특별히 아름답게 만들었습니다. 일종의 명품을 하나 슬쩍 끼워넣은 것이죠. 다음 날 그 명품 귀걸이를 하고 있는 여자를 확인하고는, 군주에게 그 여자를 부인으로 삼아야 한다고 청했다고 합니다. 오 국장님이라면 이렇게 할 수 있겠어요?

오창익 갑자기 제게 그런 질문을 하시니 뭐라 답해야 할지 모르겠습니다. 그런 일이 성격에도 맞지 않지만 무엇보다 그렇게 잔머리 굴릴 능력도 못 됩니다.

오항녕 석현이 전권을 휘두르던 당시에 외척으로는 시중 사고史高, 태자 태부 소망지蕭望之, 소부少傅 주감周堪 등이 있었습니다. 이들은 모

---

5 「맹상군열전孟嘗君列傳」, 『사기』 권 75.

두 진나라 황제 선제宣帝의 유언을 받들어 정치를 보좌하고 있었습니다. 소망지와 주감은 진나라 황제 원제의 사부였기에 황제를 자주 찾아 어지러운 세상을 다스리는 방법에 대해 설명하고 군주가 할 일을 아룁니다. 소망지는 학문이 깊고 행실이 훌륭한 유향劉向을 천거하여 시중 김창金敞과 함께 좌우에서 보좌하게 했습니다.

소망지와 주감, 유향과 김창이 황제를 바른 길로 인도하려고 애썼던 것입니다. 황제는 이들에게 좋은 영향을 많이 받았습니다. 신하들의 진언을 주의 깊게 들었고 또 받아들였습니다. 하지만 사고는 그저 자리만 차지하고 있던 사람이었습니다. 황제를 바른 길로 이끌고자 노력했던 소망지와는 틈이 생길 수밖에 없었습니다. 그 틈을 노린 사람이 바로 석현입니다. 석현은 사고와 한몸이 되어 소망지 등을 배척하려 했습니다. 소인이 군자를 밀어내려고 하면 항상 권력이 있는 사람과 굳게 결탁하고 자신의 지원군으로 삼곤 합니다.

오창익　무능한 사람, 제 욕심만 차리는 사람, 공직을 맡기에 부적절한 사람들은 대체로 그렇게 패거리를 만들어 다니는 걸 좋아합니다. 검찰총장이 되는 사람들 중에 사법연수원 동기들 사이에서 연수원 때부터 "저 사람은 총장감, 총장 재목"이라고 불렸던 사람은 거의 없답니다. 지도자가 될 만한 인물, 춘추전국시대 제나라로 치면 군자라 불릴 만한 사람들은 누군가의 음해를 받기 쉽습니다. 또 소인배처럼 패거리를 짓고 그저 제 욕심이나 좇으며 사는 사람이 훨씬 더 출세할 가능성이 높다는 겁니다. 예전에도 그랬고, 지금도 그런 일이 많다고, 앞으로도 그렇게 살 수는 없는 일입니다. 세상을 바꿔서 군자가 대접받는 세상, 지도자가 될 만한 인물이 책임 있는 자리를 맡을 방도를 부지런히 찾아봐야죠.

오항녕 그런 게 역사를 공부하면서 얻는 소득입니다. 역사란 게, 단순히 죽은 사람들과의 대화에서 멈추는 게 아니라, 어쩌면 우리의 미래를 위해 옛사람들과 나누는 대화이기도 하니까요. 다시 소망지 시대로 돌아가보죠.

소망지는 홍공과 석현이 권력을 함부로 휘두르는 걸 경계했습니다. 중서령을 맡고 있는 환관을 파면해야 한다고 건의합니다. 그러니 홍공과 석현 입장에서는 소망지가 거슬렸겠지요. 가만있을 사람들이 아닙니다. 홍공과 석현은 곧바로 역공을 취합니다. 황제에게 상소를 올려 거꾸로 말합니다. 소망지와 주감, 유향 등이 붕당을 이뤄 서로 밀고 당겨주면서 천거하고 권세를 독단하고 있으니 불충이라고 비난합니다.

오창익 그렇다면 황제 입장에서는 둘 중의 하나를 고를 수밖에 없었겠군요. 양측의 입장이 팽팽히 맞서고 있으니 말입니다. 둘은 자신들의 목숨, 나아가 나라의 명운까지를 함께 걸고 결코 물러설 수 없는 싸움을 시작한 것이고요.

오항녕 맞습니다. 홍공과 석현이 올린 상소문 중에는 '정위廷尉를 불러라'라는 말이 들어 있었습니다. 정위는 형벌을 관장하는 관직입니다. 황제가 즉위한 지 얼마 되지 않아 국정 파악도 제대로 못할 때였습니다. '정위를 부른다'는 말은 곧, 하옥시킨다는 뜻인 걸 모르고 그냥 정위라는 관직을 맡고 있는 사람을 부른다는 뜻으로 이해했던 것입니다. 그래서 홍공과 석현의 상소를 승인하였던 것입니다. 뒷날 황제가 주감 등을 불렀는데 옥에 갇혀 있다는 보고를 듣게 됩니다. 황제가 크게 놀라 묻습니다. "정위에게 심문을 받도록 하는 게 아니었느냐?"

오창익 신하들의 상소문이 뜻하는 게 뭔지도 몰랐다니, 정말 자질 없는 군주입니다. 잘 모르면 주변에 물어봐서라도 정확한 뜻이 집행될 수 있도록 해야 하는데, 그런 걸 살피지도 않다니요. 지도자가 모든 실무를 다 꿰고 있지 못할 수도 있습니다. 나라살림이 복잡하거나 예로부터 내려온 것들이 많으면 그럴 수도 있습니다. 그렇더라도 자기의 판단이나 명령이 어떤 결과를 가져오는지에 대한 심사숙고는 게을리하지 말아야 하는 법인데요. 모르면 물어보고, 그 결정이 어떤 결과를 가져올지에 대해서도 늘 신경써야 합니다. 현대사회에서도 관료들이 실무를 챙기면서 대통령이나 장관에게는 늘 좋은 말만 하는 경우가 많습니다. 1997년에는 그러다 IMF 외환위기를 맞아 나라가 결딴날 뻔했습니다. 실제로 숱한 사람들이 정리해고를 당해 길거리로 쫓겨났고 재기의 기회도 없이 좌절한 자영업자도 많았습니다. 늘 의심하고 그 결과에 대해서도 염려해야 하는 게 지도자의 덕목인데, 원제는 크게 부족한 군주였습니다. 그래도 나중에라도 챙겼으니 다행이라 할까요.

오항녕 황제는 당연히 상소문을 올린 홍공과 석현을 문책했습니다. 그러자 이들은 모두 머리를 조아리며 사죄했습니다. 황제는 즉시 소망지를 석방해 정무를 돌보게 하라고 하였습니다. 그러자 홍공과 석현은 시중이었던 외척 사고를 시켜 황제에게 건의하게 합니다.

"황제께서 새로 즉위하셨으나 아직 덕을 베푸심이 천하에 들리지 않으니, 먼저 사부 소망지를 검증하셔야 합니다. 이미 아홉 명의 경卿과 대부大夫를 옥에 보냈으니, 의당 그에 따라 결단해야 합니다."

황제 입장에서는 선택의 폭이 좁아진 겁니다. 소망지의 죄는 사면했지만, 주감 등은 모두 면직시켰고 서인庶人으로 삼았습니다.

당송팔대가唐宋八大家의 한 사람인 송나라 때의 구양수歐陽脩는 이렇게 말합니다.

"예로부터 소인이 충량忠良한 사람을 헐뜯고 해칠 때 그것을 알아보는 방법은 멀리 있지 않다. 선량한 사람을 모함하고자 하면 패거리를 짓는다고 지목하고, 대신을 흔들고자 하면 반드시 권세를 독점한다고 무함한다. 그 이유는? 선한 사람 하나를 제거해도 선한 사람이 여전히 많이 남아 있으면 소인의 이익이 되지 못한다. 모두 제거하려다 보면 선한 사람은 원래 잘못이 적어서 한두 가지 흠을 찾기가 어렵다. 아예 패거리라고 지목하면 한꺼번에 쫓아낼 수 있다. 대신의 경우, 이미 군주가 알아주고 대우하여 신임을 받았으니 다른 일로는 흔들 수가 없다. 오직 권세를 독점하는 것만이 군주가 싫어하는 것이기 때문에 반드시 이런 말을 해야 상대를 꺾을 수 있다."**6**

구양수의 말처럼, 홍공과 석현은 집요했습니다.

오창익 무함誣陷은 모함謀陷과는 다른 말입니다. 무함은 없는 사실을 거짓으로 꾸며 남을 함정에 빠뜨리는 것이고, 모함은 나쁜 꾀를 써서 남을 어려움에 빠뜨리는 것입니다. 우리는 흔히 섞어 쓰지만, 옛분들은 이런 구별에 철저했습니다.

그런데 이 말씀을 들으니 갑자기 종북從北 타령이 생각납니다. 종북이란 북한을 추종한다는 것인데, 상식적으로 생각해봐도 우리 시민들

---

6 「구양수전歐陽脩傳」, 『송사宋史』 권 319.

중에서 북한을 따를 사람은 없습니다. 말로야 사회주의를 한다면서 3대에 걸친 세습을 하는 왕조 국가 아닙니까. 게다가 고모부가 박수를 치긴 했는데 건성으로 쳤다며 죽여버리질 않나, 친형도 죽여버릴 수 있는 야만스러운 독재자의 나라를 누가 따르겠습니까. 누구도 북한에 가서 살고 싶은 마음도 없고 또 북한을 따르고 싶은 마음도 없을 겁니다.

오항녕 그런데도 남한에선 여전히 북한을 추종하는 세력 어쩌고 하는 이야기들이 쏟아져 나오고 있습니다. 심지어 광화문 촛불마저도 북한의 지령에 의한 것이라느니 북한을 추종하는 세력들이 모였다느니 하는 말도 안 되는 험담을 퍼뜨립니다. 자기 정권이나 자기 이익에 비판적인 사람들, 또는 자기편이 아닌 사람들을 죄다 종북 패거리로 몰아버리는 방식 말입니다. 패싸움 프레임인데, 이런 방식은 감추고 싶은 것이 있을 때 등장하기도 합니다.

오창익 통합진보당 해산 같은 문제도 마찬가지구요. 한둘의 일탈이 있으면 그걸 놓치지 않고 공격하되 한둘만 공격하는 게 아니라, 전체를 싸잡아 공격하는 방식이죠. 헌정사 최초의 정당 해산은 상당한 무리였습니다. 현실적으로는 불가능한 일이라고 보았지만 박근혜-김기춘-황교안으로 이어지는 공안 라인이 이걸 해낸 거지요. 정당은 시민의 지지를 통해 결성되고 그 진퇴도 오로지 주권자인 시민들의 손에 달려 있습니다. 지지를 받으면 국회의원도 배출하고 원내교섭단체도 되고 나아가 집권에도 성공할 수 있겠지만, 시민의 지지를 받지 못하면 그냥 명맥을 유지하는 것조차 힘들게 됩니다. 그러니 이런 문제야말로 그들이 입만 벌리면 이야기하곤 하던 '시장원리'에 맡겼어야 합니다. 헌법 재판관들의 판단이 아니라 시민들의 판단에 따라 통합진보당의 진퇴가 결정되었어야 합니다.

오항녕 동감입니다. 우리 시민들이 종북-프레임 때문인지 방관한 책임도 느낍니다. 다행히도 한나라 때는 황제가 이내 조칙을 내려 소망지, 주감, 유향을 조정으로 불렀습니다. 다시 중용한 것입니다. 황제는 자신의 스승이며 강직했던 소망지를 나라를 이끌 재목으로 보았기에 재상으로 삼으려 했지만, 홍공과 석현 등이 가만있지 않았습니다.

이때 문제가 생깁니다. 유향이 그의 외가 친척을 시켜 당시에 지진이 났다고 아룁니다. 변고지요. 지진이 일어난 것은 홍공과 석현 때문이니 홍공과 석현을 물러나게 하고 선한 사람을 엄폐한 잘못을 처벌해야 한다는 것이었습니다. 상서가 올라가자 홍공과 석현은 유향이 한 일이라고 판단하여 황제에게 이런 상소문을 올린 간사한 자를 조사해달라고 요청합니다. 실제로 조사해보니 상소문의 배후가 유향이었던 게 확인되었습니다. 이 일로 유향은 옥에 갇혔고 면직되어 서인庶人이 되었습니다.

뿐만 아니라, 소망지의 아들 소급蕭伋도 상소문을 올립니다. 예전에 소망지가 붕당을 이뤄 권세를 독점했다는 혐의를 둘러싼 사건에 대해 다시 살펴줄 것을 요청하는 상소였습니다. 황제는 담당 관리를 시켜 재조사를 명합니다. 그러나 홍공 등이 가만있지 않습니다. 이들은 황제에게 아뢰기를 "소망지가 아들을 시켜 상소문을 올린 것은 대신의 체통을 잃은 것이고, 공경스럽지 못한 일이니 잡아들여야 합니다"라고 합니다.

여기서 중요한 건 홍공과 석현이 소망지의 인물됨을 익히 알고 있었다는 것입니다. 소망지는 절개가 높은 사람이어서 굴욕을 감수하지 않을 사람이었습니다. 미리 한 자락 깔고 들어간 셈이죠.

황제는 소망지가 평소 강직하였는데 어찌 옥에 가두란 말이냐며 되묻습니다. 그러자 석현은 소망지의 가벼운 죄를 다루는 것인데 걱정할 게 없다고 보고합니다. 황제가 마침내 소망지를 잡아들일 것을 허락합니다.

석현은 즉시 형벌을 집행하는 집금오執金吾를 불러 수레와 말로 소망지의 집을 포위하게 시킵니다. 심문도 받기 전에 공개적으로 망신을 주겠다는 속셈입니다. 소망지의 집을 포위하면서 압박한 상태에서 집금오가 소망지를 불렀더니, 소망지는 굴욕을 참을 수 없다며 독약을 마시고 자살합니다.

오창익 요즘으로 치면 언론플레이를 한 것이군요. 판결이 어떻게 나든 수사단계에서 미리 피의사실을 공표해서 망신을 주는 것과 비슷합니다. 수사기관이 판단해서 어떤 사람을 범인으로 지목하는 것보다 훨씬 중요한 것은 재판을 통해 그 사람이 진짜 범인인지를 가려내는 일입니다. 그렇지만 한국 언론은 재판보다는 수사과정에 더 많은 관심을 갖고 있습니다. 누군가를 잡기 위해 끌어내고 불러오는 게 전부가 아닙니다. 그 사람이 범인이라는 것은 수사기관의 주장에 불과한 것이니 진짜 범인인지 아닌지를 공정한 재판을 통해 가려내는 게 중요합니다. 그런데 재판도 열리기 전에 포토라인에 세우고, 수갑을 채운 상태에서 수백 대의 카메라 앞에 세우는 것만으로도 그 사람에 대한 실질적인 단죄가 다 끝나버리는 경우가 있습니다. 특히 그 사람이 자신의 명예를 지키기 위해 노력했던 사람이라면 더욱 그렇습니다. 그래서 아예 우리『형법』에서는 '피의사실공표'(제126조)를 범죄로 처벌하고 있습니다. 피의사실을 공표하는 주체와 수사의 주체가 같은 경우가 많아서 실제로 처벌받는 경우는 드물지만, 소망지 이야기가 피의사실공표가 왜 범죄인지를 알려주는 중요한 사례입니다.

오항녕 이땅의 언론-간신에 대해 설명해주셨군요. 아무튼 황제는 이 소식을 듣고 크게 놀랍니다. 자신이 어진 스승을 죽였다고 자책합니다. 당연히 석현을 불러 문책합니다. 그러자 석현 등은 모두 관을 벗어 황제에게 엎드려 사죄합니다. 그렇지만 사죄를 하면 무엇 하겠습니까. 이미 소망지는 이 세상 사람이 아닌데요.

황제도 책임을 피할 수 없습니다. 원제가 보통 수준의 군주였어도, 석현 등의 농간을 알아채고 죄를 물었어야 했습니다. 소망지는 어진 군자였을 뿐만 아니라 자신의 스승이 아니었습니까? 석현 등의 간신들은 그저 관을 벗고 사죄하는 시늉만 하고 있는데 황제는 죄를 묻지도 않고 그저 자책만 했습니다. 음식을 물리치고 눈물만 흘릴 뿐이었습니다. 석현은 당장은 황제 앞에서 소망지의 죽음에 대해 두려워하며 사죄하는 시늉을 보였지만, 글쎄요. 속으로는 아마 비웃었을 겁니다. 사마광司馬光이 "소인은 재주를 믿고 나쁜 짓을 하고, 나쁜 짓 또한 못하는 것이 없다"[7]고 말했던 게 결코 우연이 아닙니다.

오창익 절개 있는 사람들의 선택이 좀 답답할 때도 있습니다. 모욕을 당하느니 차라리 목숨마저 내버릴 수 있으니까요. 좀 답답해 보이기도 하지만 어쩌면 그게 절개의 핵심일지도 모릅니다. 석현 등은 그런 점을

---

7 「주기周記」, 『자치통감』 권 1.

잘 간파하여 소망지를 결국 죽음으로 내모는 데 성공했지만, 교수님 말씀처럼 간신이 나쁘다는 것도 문제지만, 황제가 이런 정황을 제대로 살피지 못하는 것이 어쩌면 더 큰 문제입니다. 스승의 죽음을 슬퍼하는 마음이 진정이라면 잘못을 제대로 바로잡아야 하고 또 다시는 이런 잘못을 되풀이하지 않도록 간신들을 확실히 내쳤어야 합니다.

오항녕　석현의 면모를 하나 더 볼까요? 이제 소망지까지 제거했으니 석현의 위세가 날로 커졌습니다. 여러 신하들이 석현을 두려워했고 그 앞에선 발걸음조차 매우 조심하였습니다. 대신들이 환관 앞에서 조신하게 구는 모습이 우습지만, 현실이 그랬습니다. 석현에게 빌붙는 자들은 모두 총애를 받고 그에 맞는 직위도 얻었습니다.

오창익　석현은 권력을 쥐고 맘껏 권세를 부리게 되었지만, 한편으론 불안하기도 했을 듯합니다. 자기 권력이란 게 황제에게서 비롯된 것이니, 어느 날 갑자기 황제가 주변 사람들의 말을 듣고 자기를 내칠까 두렵지 않았을까요?

오항녕　그래서 석현은 자기 권력을 보다 안정화시킬 방안이 있을까 골몰하게 됩니다. 황제에게 보다 확실한 언질을 받을 방도를 궁리했습니다.

언젠가 석현이 황제의 명을 받아 궁궐 밖으로 사람들을 징발하러 간 적이 있었습니다. 석현이 임무를 수행하러 떠나기 전에 황제에게 "나중에 해가 떨어지면 궁궐 문이 닫힐까 걱정입니다. 황제의 조칙을 받든 관리에게는 궁궐 문을 열어주도록 해주십시오"라고 아뢰니, 황제는 그리 하라고 허락합니다. 그러자 임무 수행을 위해 궁궐 밖으로 나갔던 석현은 일부러 밤이 되어서야 돌아옵니다. 황제의 명령처럼 조칙을 받든 관리라며 궁궐 문을 열고 들어온 것입니다.

이를 목격한 사람들이 있었습니다. 황제의 안전을 우려해 궁궐 문을 야간에 함부로 열어서는 안 된다는 충정에서 상소를 올린 것입니다. 석현이 마음대로 황제의 조서를 고쳐 궁궐 문을 열었다는 내용의 상소입니다. 황제는 상소를 보고 석현에게 웃으면서 그 상소문을 보여줍니다. 그러자 석현은 갑자기 흐느끼며 이렇게 말합니다.

> "폐하께서 소신을 지나치게 사사로이 대하시어 정사를 맡기시니, 아랫사람들이 질투하여 신을 모함하고, 해치려고 하지 않는 이가 없습니다. 대개 상황이 이와 같기 때문에 오직 눈 밝은 군주만이 알아줄 뿐입니다. 어리석은 신은 미천하여 이 한 몸으로 모든 사람들을 기쁘게 할 수 없습니다. 신은 나라의 추기樞機를 다루는 직임을 돌려주고 후궁을 청소하는 직임을 받아 죽어도 한이 없었으면 합니다. 오직 폐하께서 불쌍히 여기시고 재결하시어, 이렇게 소신을 온전히 살려주셨습니다."

오창익   정말 절묘한 신의 한 수네요. 추기라면, 천주교의 추기경樞機卿과 같은 단어 아닙니까. 말뜻은 중추中樞가 되는 기관, 국가 등의 중심이 되는 중요한 일이나 기관 또는 사람이니, 중요한 일은 이제 하지 않고, 후궁 청소나 하면서 살겠다는 뜻이로군요. 황제의 마음을 어떻게 움직여야 할지를 잘 아는 사람입니다. 황제의 명을 받아 황제를 위해 일하다 모함을 받았지만, 그 모함을 탓하지 않고 오로지 자신의 부덕을 탓하면서 후궁 청소라도 하면서 황제께 충성을 다하겠다는 신하를 좋아하지 않을 사람이 누가 있겠습니까. 게다가 자질이 부족한 황제라면 더 말할 게 없겠습니다.

앞에서 좋은 말을 하는 사람들은 대개 경계해야 합니다. 그게 진심이어도, 그 말에 혹하지 않고 자신의 부족한 점을 살펴야 합니다. 앞에서야 누구든 일부러 좋은 말을 만들어하기도 합니다. 중요한 건, 앞이 아니라 뒤에서 좋은 말을 하는가에 달려 있습니다. 황제는 다만 앞에서 좋은 말만 하는 환관을 제대로 알아보지 못한 책임에서 자유롭지 못할 겁니다.

박근혜 씨가 탄핵 재판과 특검 수사가 진행되는 와중에 뜬금없이 〈정규재 TV〉가 하는 인터넷 방송과 인터뷰를 했던 것도 한나라 원제와 비슷한 심리였을 겁니다. 한겨레·경향은 물론, 조·중·동에다 종편까지 죄다 자기를 공격한다고 느끼고 있을 것인데, 그래도 〈정규재 TV〉는 바른(?) 말을 한다고 여겼겠지요. 앞에서 좋은 말을 해주는 몇 안 되는 매체였을 테니까요. 그런데 그런 선택이 얼마나 우스꽝스러운 일인지는 정작 본인만 모른다는 겁니다.

오항녕 눈이 있으되, 보지 못하는 것이지요. 석현은 황제의 눈을 완전히 가렸지요. 그런 능력은 보통 사람과 사뭇 달랐습니다. 이 말을 들은 황제는 석현을 가엾게 여기고, 여러 번 위로했고, 격려했습니다. 상을 후하게 주기도 했고요. 석현은 황제에게 받은 상은 물론, 부당하게 받은 뇌물까지 합해 나날이 재산을 불려갔습니다.

주이
군주가 듣고 싶은 말을 하다

오항녕 '군주가 듣고 싶은 말을 하다'라고 제목을 달고 보니, 너무도 딱 맞는 사례가 우리 눈앞에 있습니다.

오창익 무엇을 두고 하는 말씀인지요?

오항녕 얼마 전 탄핵이 인용되었을 때, 박근혜 당시 대통령은 탄핵이 기각될 거라고 굳게 믿고 있었다고 하지요? 그래서 삼성동 본래 집으로 출발도 늦었고요?

오창익 그런 말이 있었지요. 청와대에서 탄핵 기각 축하파티에 쓸 5단짜리 케이크를 준비했다는 소문도 돌았더랬습니다.

오항녕 박근혜를 위시한 청와대 참모들의 그런 판단이 참 흥미로워요. 비서관들이 SNS를 분석해보니, '탄핵인용'보다 '탄핵기각'이라는 말이 많이 쓰인다고 해서 기각을 예상했다고 하는 말도 있는데, 모르지요. 다만 변호인단은 계속 기각을 자신했을 가능성이 큽니다. 물론 기각을 자신해야 박근혜가 변호인으로 계약을 했겠지요. 또 헌법재판소 탄핵심판 과정에서 보여준 행태처럼 법도 상식도 없는 막무가내식 '판단 아닌 판단'이 눈을 흐리게 했다고 봅니다.

오창익 헌법재판소의 인적 구성과 과거 행적도 그런 판단을 가능하게 했을 겁니다. 또 참모들이나 변호인단이 그렇게 탄핵 기각을 주장했더라도 박근혜 자신의 판단 능력에도 심각한 문제점이 있다고 생각합니다. 신문도 있고 그렇게 즐겨본다는 텔레비전도 있는데, 조금만 눈과 귀를 열었다면 여론의 향방을 알 수 있었겠지요. 이런 점에서 간신은 분명 어리석은 임금이 자초하는 것은 분명합니다. 결국 청와대는 어리석은 대통령 박근혜와 그가 듣고 싶은 말을 하는 간신들, 그러니까 변호인이나 비서관들로 세팅되어 있었던 대표적인 사례일 겁니다. 다시 역사 속의 사례로 가볼까요?

오항녕 네, 그럴까요. 남북조시대 양나라의 초대 황제였던 무제武帝 때 활동했던 주이朱异는 재주와 문장이 뛰어난 사람이었습니다. 이를 이용해 황제의 총애를 얻었습니다.[8] 황제의 의도를 잘 파악했고 아첨도 잘했습니다. 주이는 황제의 총애를 바탕으로 30년 동안 국정을 장악해 권세를 부렸습니다. 뇌물을 잘 받아 챙겼고 국정을 농단했습니다. 여기

---

8 「주이열전朱异列傳」,『남사南史』권 62.

저기서 원망하는 소리도 많이 들렸지만 뇌물을 갖다 바치는 사람도 많았습니다. 그는 당대에 최고의 호사를 누리며 살았는데 그의 정원과 저택, 음식과 여자, 음악과 노리개까지 모두 당대에 가장 성대한 것들이었습니다. 그가 집에 머물 땐, 뇌물을 바치고 안면이라도 트려고 오는 사람들이 갖고 온 말과 수레가 문전성시를 이뤘답니다.

태자를 가르치는 시독侍讀 업무를 보던 서리徐摛란 사람이 있었는데, 그는 황제를 만날 때마다 명민한 응대로 양 무제의 환심을 샀다고 합니다. 양 무제의 총애와 대우가 날로 융성해졌습니다. 이런 일이 생기면 간신은 싫어합니다. 자기가 황제의 총애를 독점해야 권세를 유지할 수 있는데 새로운 사람이 끼어들면 손해가 이만저만이 아니라고 여깁니다.

주이는 서리를 내칠 기회만 엿보다가, 어느 날 황제에게 말합니다. 서리는 나이도 많고 본인도 자연생활을 좋아해서 한 고을을 맡아 다스리면서 수양을 하고 싶어 한다고 아뢴 것입니다. 황제는 서리를 총애하고 있었기에 늙은 신하에게 부담만 주고 싶지는 않았고 정말로 아꼈기 때문에 비록 늙은 나이라도 하고 싶은 일을 할 수 있도록 배려해주고 싶었습니다. 서리를 신안 태수新安太守로 임명한 것입니다.

오창익 황제의 총애를 받는 자를 내치기 위해 마치 서리를 생각해주는 척하면서 내치는 거네요. 그런데 이상한 일입니다. 황제가 서리의 재주를 귀하게 여기고 총애했다면 다만 한번쯤이라도 불러서 의향을 물었어야 하는 거 아닌가요? 그랬다면 주이의 거짓말이 단박에 들통났을 텐데요.

오항녕 그래서 주이가 진짜 간신인 겁니다. 주이는 황제가 자기를 믿

고 있기에 서리를 불러다 묻지
도 않을 것이란 걸 알고 있었던
것입니다. 상대를 속이기 위해
서는 상대에 대해 주도면밀하게
관찰하여 어떤 신호에 어떻게
반응할 것인가를 잘 알고 있어

주이朱异(?~?)

남북조시대 양 무제 때의 간신. 총명
하여 왕의 의중을 잘 간파하고 농간에
능해 30여 년 넘게 국정을 장악했다.

야 합니다. 주이가 그랬습니다. 예리한 사람이었습니다. 비슷한 사례가
있습니다.

동위東魏의 하남河南 태수였던 후경侯景은 동위의 승상이었던 고징高
澄과 사이가 좋지 않았습니다. 후경이 하남 지역을 근거로 반란을 일으
켰다가 일이 잘 풀리지 않자 하남 땅을 바치겠다며 양나라에 찾아와 속
국으로 삼아줄 것을 청한 일이 있었습니다. 아주 중요한 외교 사안이 생
긴 겁니다. 황제가 신하들을 불러 조정에서 이 문제를 논의했는데 모두
들 당치 않다고 했습니다. 양나라에 무슨 문제가 있는 것도 아닌데 괜히
동위 땅을 복속시켰다가 공연한 분란만 일으킬 거란 걱정이었습니다.

그 전에 황제는 꿈을 꾸었는데, 중원中原의 수령들이 모두 자기 땅을
자신에게 바치며 항복하는 내용이었습니다. 아침에 일어나서 주이에게
꿈 이야기를 해주니 주이는, 그건 우주가 하나로 합쳐질 조짐이라고 아
첨했습니다. 그런데 꿈에서처럼 후경의 사신이 와서 후경이 거느린 하
남 13주가 자신의 속국이 되고자 한다니 신기하게 여긴 것입니다. 하
지만 쉽게 마음을 정하진 못했습니다. 실제로 득이 될 게 별로 없었고
앞으로 분쟁에 휘말릴 가능성도 높았기 때문입니다. 이럴 때, 간신이라
면 어떻게 해야 할까요?

오창익　황제가 하고 싶은 것이 뭔지를 파악하고 챙겨야겠죠.

오항녕　그렇습니다. 군주의 의중을 알아차리는 게 중요합니다. 알았다면 곧바로 실행에 들어가야죠. 주이의 말을 들어보시죠.

　　"황제께서 즉위하신 다음에, 황제의 어질고 밝은 지혜가 빛나고, 이 때문에 남북이 우러러 귀의하였으나, 바로 기회가 없어서 그 마음을 진달하기 어려웠습니다. 지금 후경이 위나라 영토의 반을 나누어 가지고 온다고 하니, 자연 하늘이 그 충정을 인도하고 사람들이 그 계획에 찬동하지 않았다면 어떻게 이렇게 되었겠습니까? 만일 거절하고 받아들이지 않는다면 장차 귀의하려는 자들의 희망을 끊어버릴까 두렵습니다."

오창익　후경의 투항을 받아들이라는 거네요. 황제가 고민하고 있지만 그래도 원하는 게 뭔지를 알아차리고 황제의 고민을 덜어주고 있네요.

오항녕　비슷한 일이 또 있습니다. 동위東魏의 승상 고징이 여러 번 사신을 보냈습니다. 우호관계를 회복하자는 노력의 일환이었습니다. 양 무제는 자신의 조카 소연명蕭淵明, 흔히 봉호인 정양후貞陽侯로 불리던 사람인데, 그로 하여금 투항해온 후경과 함께 북벌에 나서게 해 동위東魏를 공격하게 했는데, 소연명이 패배하고 포로가 되었습

양 무제 나라를 망쳐놓은 간신 주이가 죽었을 때 애통해했다.

니다. 고징은 이 소연명을 양나라로 돌려보내겠다고 합니다.

소연명도 양 무제에게 사람을 보내 보고를 했는데 황제는 자신의 명령을 수행하다 포로가 된 조카의 처지를 생각하며 눈물을 흘리며 신하들과 대책을 논의했습니다.

이럴 때가 바로 간신이 득세할 때입니다. 주이가 나서 말하길 "전란을 그치고 백성들을 쉬게 하는 데는 화친이 상책입니다"라고 합니다. 그런데 이 말은 동위가 둘로 갈라져 고징과 후경이 대립하고 있는 상황에서 양나라는 이미 후경이 다스리는 지역을 속국으로 삼았고 후경과 함께 전쟁도 벌였는데, 다시 고징과 손을 잡으란 말이었습니다.

오창익 물론, 전쟁을 멈추고 평화롭게 사는 게 좋은 일이고 군주라면 당연한 선택입니다. 하지만 동위의 사정이 둘로 갈라진 상황에서 이쪽과 편이 되었다가 갑자기 이쪽은 등지고 저쪽 편이 된다면, 그건 지혜로운 등거리 외교가 되기보다는 한쪽 편의 원망을 사는 일이 될 텐데요.

오항녕 맞습니다. 언뜻 보기엔 좋은 전략 같지만, 결국 더 큰 분란을 가져올 방책이었습니다. 당시의 조정도 물론 그런 판단을 했습니다. 사농경司農卿 부기傅岐는 "고징이 무엇 때문에 화친하자고 하겠습니까? 그건 우리와 후경 사이를 이간질시키려는 것입니다. 그래서 포로로 잡힌 정양후 소연명을 시켜 대놓고 사신을 보냈고, 이로써 후경이 의심할 만한 일을 만든 겁니다. 후경이 불안해지면 반드시 화란禍亂을 일으킬 겁니다. 우리가 고징과 우호를 맺으면, 그런 계략에 빠지는 것입니다"라며 강력히 반대했습니다.

하지만, 황제는 조카도 구하고 싶고 더 이상 전쟁을 하고 싶지도 않

있습니다. 이 점을 주이가 잘 간파했습니다. 주이는 고징과 화친해야 한다고 고집했습니다. 황제는 당연한 것처럼 주이의 말을 따랐습니다.

고징이 양나라에 공을 들이고 있을 때, 후경은 금 3백 냥을 주이에게 보냅니다. 황제에게 자기 입장을 잘 설명해달라는 것이었습니다. 그렇지만 주이는 금만 받아 챙기고는 후경의 요청을 황제에게 보고도 하지 않습니다.

오창익 금은 자기가 챙기더라도 정보는 제대로 보고를 했어야 했는데, 주이는 그러지 않았네요. 군주에게 제대로 보고가 올라가지 않는다면, 군주를 망치고 나아가 나라도 망치는 일인데, 주이가 결국 모두를 망치는 방향으로 가네요.

오항녕 후경 입장에서는 양나라에서 아무런 답변도 주지 않자, 반란을 일으킬 계획을 세웁니다. 이러다 양나라와 고징 사이에서 자기가 죽을 수 있겠단 판단인 거죠. 이런 움직임을 파악한 파양왕鄱陽王 소범蕭範은 후경이 모반할 것이란 보고를 올립니다. 하지만 양 무제는 변방의 일은 주이에게 맡겼고 주이의 말만 믿었습니다. 소범의 보고와 주이의 보고가 달랐기 때문에 그럴 리 없다고 여겼습니다. 주이는 다시는 소범의 보고를 황제에게 전달하지 않았습니다. 이렇게 정보를 차단하는 게 간신들이 보여주는 일관된 행동입니다.

마침내 후경은 반란을 일으킵니다. 주이 등을 주륙한다는 명분을 내세웠습니다. 주이가 임금의 귀를 막고 전횡을 일삼고 있었으니, 주이를 핑계로 삼은 것이었습니다. 후경의 군대가 쳐들어오자, 조정에서는 모두 주이 때문이라고 했습니다. 그 와중에 주이는 병을 얻어 죽어버립니다. 그런데도 황제는 몹시 애통해하면서 주이를 상서우복야尚書右僕射에 추증하였습니다.

오창익　그렇다면 양 무제가 나라를 망친 겁니다. 그저 자기가 듣고 싶은 말만 해주는 사람만 귀하게 여기고 사태를 파악할 생각조차 않고 있으니 그렇습니다. 나라를 다 망쳐놓은 주이가 죽었는데도 애통해하는 모습이 이해되지 않습니다. 주이를 그렇게까지 신뢰하는 까닭이 궁금합니다. 역시 군주의 자질이 문제겠지요.

오항녕　기회는 여러 번 있었지만 양 무제 스스로 그 기회들을 내팽개친 겁니다. 주이는 황제의 의중을 잘 살폈고 아첨을 잘해서 총애를 얻었습니다. 국가의 대사를 다룰 때도 옳고 그름이나 유불리를 따지지 않고 오로지 황제의 뜻만 엿보았습니다. 황제 입장에서는 언제나 자기편이 되어주는 동지라 여겼던 것입니다. 어리석은 일입니다.

후경이 항복하겠다고 했을 때도, 아무런 대책도 없이 그저 황제의 마음에 드는 것만 생각했습니다. 황제가 꿈 이야기를 하는 것도 중원中原 땅을 얻고자 하는 뜻이라는 것을 알아차리고는 후경을 받아들이라고 권했던 것입니다.

주이는 원래 지식인인 유생儒生이었습니다. 무식한 사람이 아니었습니다. 그런데도 이렇게 망가진 것은 단지 부귀영화를 누리고 싶었기 때문입니다. 뇌물을 거둬들이며 열심히 부를 쌓았고 나중에는 이것을 잃을까 전전긍긍했습니다. 오로지 황제의 의중만 쳐다보았고 나라나 백성은 전혀 생각하지 않았습니다.

오창익 무식한 사람보다 많이 배웠다는 사람들이 어쩌면 더 위험합니다. 이번 국정농단 사태에서도 김기춘이나 우병우, 조윤선 같은 사람들은 한결같이 '스펙'이 좋은 사람들이었습니다. 사법시험에 합격한 정도가 아니라, 어린 나이에 소년 등과했다거나 하는 전설을 한두 개쯤 갖고 있는 사람들이었습니다. 박근혜의 수족으로 일했던 안종범 등은 대학교수 출신이었습니다. 그런 사람들이 권

이완용 한반도 역사상 최악의 간신이었던 이완용은 머리가 뛰어나고 근대적 지식인의 면모를 갖춘 사람이었다.

력에 빠지면 더 위험합니다. 큰 도둑이 될 수 있기 때문입니다. 주이도 공부한 사람이고 더군다나 말재주가 좋은 사람이니 어수룩한 황제에겐 통했을 겁니다.

　대한제국을 말아 먹은 이완용李完用도 그런 사람이었습니다. 이완용은 한반도 역사상 가장 악질적인 간신이었습니다만, 공부 잘했고 늘 노력하는 사람이었습니다. 글씨도 잘 썼습니다. 독립문을 비롯해 곳곳에 이완용의 글씨가 남아 있습니다. 성품도 모나지 않았다고 합니다. 당시로서는 매우 드물게 영어도 할 수 있었던 사람이고, 시류에 따라 친미파에서 친러파, 마침내 친일파까지 두루 섭렵한 사람이었습니다.

오항녕 이 책을 관통하는 문제의식이 그것입니다. 간신은 결코 바보가 아닙니다. 양 무제는 끝내 어리석음에서 벗어나지 못했습니다. 나라가 다 망하게 된 상황인데도 주이의 죽음만 애달프게 생각했습니다. 군주 입장에서 신하가 간사한지 아니면 정직한지를 살피려면, 두 가지 방

법이 있습니다. 그 신하가 내놓은 계책이 결국 누구를 위한 것인지를 살피는 것입니다. 나라와 백성을 위한 것이라면 바른 사람이고, 반대라면 간사한 사람인 것입니다. 처신도 그렇습니다. 의리를 따르고 이익을 따르지 않으면 바른 사람이며, 반대라면 간사한 사람입니다.

주이는 국정을 운영하는 자리에 있으면서도 오로지 군주에게만 아첨하고 사리사욕만을 위해 재물만 쫓았습니다. 주이의 죄가 무거운데도 양 무제는 전혀 살피지 않았습니다. 변란이 일어나 나라가 망한 것도 그러니 당연한 일입니다.

한명회와 임사홍
찬탈과 폭정, 민심은 안다

오창익 춘추전국시대, 남북조시대 등 옛 중국의 간신들을 살펴보았
으니, 이제 우리 땅 한반도에서 활약했던 간신도 살펴보았으면 합니다.
실제로 얼마나 대단한 간신이었는지 모르겠지만, 흔히 사극 등을 통해
우리에게 익숙한 간신은 바로 한명회입니다. 드라마에서 워낙 많이 다
룬 인물이라 친숙합니다.

오항녕 맞습니다. 한명회韓明澮는 원래 궁지기였습니다. 단종 즉위년
(1452), 한명회는 권람權擥에게 이런 말을 합니다. 권람은 누구나 알 만
한 수양대군首陽大君의 측근이었습니다. "임금은 어리고, 나라는 뒤숭숭
한데, 대신들이 권력을 마음대로 하여 무뢰한 자들에게까지 함부로 관
직을 주는 일이 많다. 이들이 요직을 나눠 가지며 온갖 시행과 조처가
꺼리는 바가 없어서, 나랏일이 거의 날마다 잘못되어가고 있다."
　여기에, 세종의 셋째 아들이며 수양대군의 동생인 안평대군安平大君

이 대신들과 결탁해, 자기 이름을 떨치고 소인배들을 불러모아서 흉모를 꾸미고 있다는 말도 덧붙입니다. 여기서 멈추면 간신의 반열에 오를 수 없죠. 수양대군에 대해서는 영명하고 강단이 있으며 정직하고 사심이 없다고 했습니다. 권람은 즉시 한명회의

말을 수양대군에게 전했고, 이 말을 들은 수양대군은 한명회를 귀하게 여깁니다. 이것이 수양대군의 권력 찬탈의 시작이었습니다.[9]

오창익 수양대군이 갑자기 한명회의 말을 듣고 조카의 보위를 빼앗을 생각을 했던 건 아닐 겁니다. 그런 마음이 저 깊숙한 곳에 있었는데, 주이가 양 무제에게 그랬던 것처럼 수양대군의 마음을 한명회가 알아차린 거겠죠. 아무튼 수양대군 입장에서는 자기 마음을 알아주는 사람이 있으니 든든했겠고 일을 도모해야겠다는 생각을 굳혀갔겠네요.

오항녕 그게 합당한 추론이겠지요. 한명회가 권람을 통해 수양대군에게 줄을 댄 지 1년 뒤, 단종 원년(1453, 계유년)에 수양대군은 세종의 총애를 받았던 김종서金宗瑞와 황보인皇甫仁은 물론 안평대군까지 살해하는데 이 사건을 계유정난癸酉靖難이라고 부릅니다. 조선 후기에 가서는 이 사건을 두고 '정난靖難'이라 부르지 않고 '사화士禍'라고 부르기도 합니다.

---

9 『단종실록』 즉위년 7월 23일.

오창익 정난靖難이란 병란兵亂을 가라앉혀서 나라를 평안하게 한다는 뜻이니까 수양대군의 입장을 반영한 것이지만, 사화士禍는 사림士林이 훈구파에게 숙청당하는 정치적 투쟁을 일컫는 말입니다. 같은 사건인데도 이렇게 누구의 관점으로 보느냐에 따라 명칭부터가 달라집니다.

오항녕 맞습니다. 이미 수양대군은 계유정난 이전부터 국정의 실권을 장악하고 있었습니다. 계유정난 이후에는 말할 것도 없죠. 결국 단종은 수양대군에게 왕위를 넘겨주는데 선양禪讓할 때의 교서敎書를 보면 선위의 이유를 다음과 같이 설명하고 있습니다.

> "내가 어린 나이로 즉위하여 깊은 궁궐에 있으면서 안팎의 일들을 모르는 것이 많았다. 그래서 흉도들의 반란을 초래하였고 국가에 변란이 잦았다. 숙부 수양대군이 충성스러운 마음으로 나를 도와 어려움을 극복하였다. 그러나 흉도들이 사라지지 않고 있으니 이는 내가 진정시킬 수 있는 일이 아니다. 종묘사직의 책임이 숙부에게 있다. 덕망으로 국가에 공이 있어 천명과 인심이 귀의하고 있다. 이에 무거운 짐을 벗어 숙부에게 준다."[10]

오창익 왕 자리를 내어주는 까닭치고는 너무 약하다는 생각이 듭니다. 어린 나이야 객관적인 사실이지만 이 문제는 세월만 흐르면 해결할 수 있는 것이고, 앞서 변란이 잦을 때 그랬다는 것처럼 수양대군이 왕을 도와 어려움을 극복할 수 있게 하면 그만 아닙니까. 그것도 왕이 장성할 때까지만 한시적으로 도우면 됩니다. 왕의 자리까지 내놓는다는

---

10 『세조실록』 원년 10월 13일.

건 말로는 내놓는다고는 해도, 실제로는 빼앗기는 것이라는 걸 너무 쉽게 알려주고 있습니다.

오항녕 수양대군은 당시 영의정이었습니다. 조선시대에 종친宗親은 관직에 나갈 수 없었습니다. 종친부에서 그저 명예직만 주었을 뿐입니다. 그런데도 수양대군은 스스로 영의정은 물론, 이조판서와 병조판서까지 겸직했습니다. 왕이 있으되 실제 권력이 어디 있는지를 보여주는 극단적인 파행이었습니다. 이 교서는 수양대군을 비롯한 여러 신하들이 세종의 여섯째 아들 금성대군錦城大君이 모반을 저질렀다고 단종에게 보고한 이후에 나타나는 기사에 들어 있습니다.

말씀하신 것처럼 단종에서 세조로 선위하는 명분이 아무래도 약했습니다. 당시에 '황표정사黃標政事'라는 말이 돌았다고 합니다. 왕이 힘이 없어서 인사권도 제대로 행사하지 못했고, 의정부에서 낙점을 받을 인물에 노란 표식을 했다는 겁니다. 왕은 나이가 어리고 종친이 좌지우지하는 의정부는 힘이 세니까 생긴 일입니다만, 그렇다 쳐도 그게 선양해야 할 이유는 아닙니다. 여러 가지 변고가 있다 해도, 그것도 왕이 해결할 문제이지 왕위를 넘길 문제는 아닙니다. 실록은 단종이 세조에게 왕위를 넘겨주었다고 선위禪位라고 쓰고 있지만, 실제로는 세조가 빼앗은 것입니다.

오창익 아무리 수양대군에게 쿠데타를 통해 왕위를 찬탈하고 싶은 생각이 있더라도 수양대군을 뒷받침해줄 세력이 있어야 가능한 일인데, 그건 한명회, 정인지 등이 가세하면서 가능해진 것이죠. 그래도 수양대군에게는 망설임이 없었을까요. 형님인 문종 생각도 날 텐데, 그래야 사람이랄 수 있잖아요.

오항녕 수양대군이 야심은 많았지만 쿠데타를 망설였던 건 분명합니다. 망설이고 있을 때, 한명회가 이렇게 말합니다. "주군께서는 종실의 둘째 아들로서 사직을 위하여 난적亂賊을 치는 것이니, 이는 명분도 바르고 사리에 맞는 바, 성공하지 못할 리가 만무합니다. 옛말에 결단해야 할 때 바로 결단하지 못하면 도리어 그 재앙을 입는다고 하였으니, 주군께서는 잘 생각해보십시오."

앞서 살펴보았던 여러 간신들과 비슷합니다. 자기가 섬기는 사람의 의중, 속뜻과 야심을 좇는 태도입니다. 물론, 주군에게 아첨을 잘해야 하지만, 이것만으로는 부족합니다. 주군의 뜻에 야합하고 아첨하지만 그게 야합과 아첨으로 보여서는 안 됩니다. 뭔가 명분이 있어 보여야 하고, 비장하면 더 좋습니다.

오창익 그래야 자기 최면을 확실하게 걸 수 있을 테니까요. 박정희 일당이 5·16군사쿠데타를 일으킬 때나 전두환 일당이 12·12군사쿠데타를 일으킬 때도, 비록 자기들끼리만 공유한 수준이지만 나름 비장한 무엇도 있었고, 명분 비슷한 것도 내세웠습니다. 박정희는 '국가 재건'을, 전두환은 '국가 보위'를 명분으로 내세웠습니다. 그러나 쿠데타 세력이 내세운 명분 따위가 헌정질서를 파괴하고 인명을 살상하는 범죄를 가려주는 건 아닙니다. 물론 간신들이 이런 것까지 살피지는 않을 겁니다만.

오항녕 수양대군은 왕이 된 다음에, "한명회는 나의 자방子房이다"라고 했답니다. 한 고조를 도와 한나라를 일으켰던 장량張良의 자字가 자방입니다. 흔히 장자방張子房이라고 부릅니다. 공로가 큰 1급 참모라는 뜻입니다. 당연히 한명회는 공신功臣으로 책봉되었습니다. 뿐만 아니라, 한명회의 셋째 딸은 장순왕후章順王后로 세조를 이어 왕위에 오른 예종의 왕후입니다. 넷째 딸은 공혜왕후恭惠王后로 예종의 뒤를 이어 왕위에 오른 성종의 왕후입니다. 공신인 데다 딸 둘이 연이어 왕비가 되었으니 그 권세가 어떠했겠습니까. 실록에 나오는 말을 소개합니다.

"권세가 극성을 이루어 빌붙는 자가 많았고, 빈객이 문에 가득하였는데 응접을 게을리하지 않았다. 당대의 재상들이 그의 문하에서 많이 나왔으며, 조정 관원으로 한명회의 수레를 모는 채찍을 잡는 자까지 있었다. 성격이 번잡한 것을 좋아하고 과장하기를 좋아했으며, 재물을 탐하고 여색을 즐겨서 토지와 노비, 보물 등의 뇌물이 잇달았다. 만년에 권세가 떠나자 빈객들이 오지 않으니 적막하다고 탄식하곤 하였다. 여러 번 간관諫官의 탄핵을 받기도 했으나, 소박하고 솔직하여 다른 뜻이 없었기 때문에 그 훈명勳名을 보전할 수 있었다."[11]

아무리 세조와 한명회 등이 권력을 잡았다고 해도 민심은 그들이 어린 왕의 왕위를 빼앗았다는 것을 잊지 않았습니다. 기개 있는 충신들이 수양대군에 의해 죽임을 당했고 살아남은 사람들도 칩거하거나 방랑하면서 정권에 참여하지 않는 저항을 벌였습니다. 매월당梅月堂 김시습金時習 같은 사람이 대표적이었습니다. 이들은 그냥 칩거만 한 것이 아니라 열심히 학문을 닦고 후학을 양성했습니다. 이 사람들이 뒷날 조선사

---

11 『성종실록』 18년 11월 14일.

회의 새로운 주역으로 등장하는데, 이들이 바로 사림土林입니다.

오창익 절치부심의 세월이었겠습니다. 쿠데타에 반대해 목숨을 내버린 선비들도 있었지만 차마 죽지 못했거나 간발의 차이로 죽음을 모면해서 살아남은 사람들의 슬픔이 있었을 것입니다. 흉포한 권력이 기승을 부리면 이런 슬픈 사람들이 생기기 마련입니다. 그렇지만 이들이 결코 포기하지 않고 선비로서의 도리를 지키며 학문과 후학 양성을 열심히 했다는 것은 정말 다행스러운 일이었습니다. 훗날을 도모할 수 있는 역량을 키우는 일이니까요. 이들이 뒷날 매우 활발하게 정치참여도 하는 한편, 학문적 성과들을 쌓아 올렸던 노력들이 조선을 5백여 년이나 지탱하게 했던 또 하나의 힘이었던 것 같습니다.

오항녕 대표적인 예가 남효온南孝溫(1454~1492)입니다. 성종 9년(1478), 그는 소릉昭陵 복위 상소를 올립니다. 소릉은 문종의 왕후이며 단종의 어머니인 현덕왕후顯德王后의 능호陵號입니다. 단종을 낳다가 세상을 떠난 사람입니다. 그런데 현덕왕후의 아버지 권자신權自身이 세조 2년에 성삼문 등의 상왕복위 운동에 참여했다가 거열형車裂刑을 당했습니다. 그러

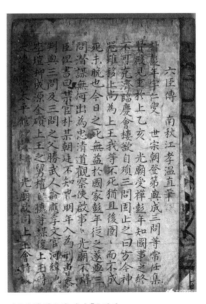

남효온의 사육신 전기 『육신전』.

자 세조는 자신의 형수였던 현덕왕후를 폐하는 악업을 저지릅니다. 현덕왕후의 묘를 옮겨 절대 묏자리로 쓸 수 없는 곳, 어느 강가에 묘를 씁니다. 현덕왕후의 묘는 물살에 쓸려가버리게 되었습니다.

남효온은 사육신의 전기, 즉 『여섯 충신의 전기(六臣傳)』를 쓴 사람입니다. 강직한 사람이었지만 정작 이 책은 사육신을 충신으로 다뤘다며 금서가 됩니다. 또한 사림에서 존경받던 김종직金宗直의 문인이기도 했습니다.

하지만, 남효온의 상소는 도승지 임사홍과 영의정 정창손鄭昌孫에 의해 중간에서 차단됩니다. 성종은 읽어보지도 못합니다. 정창손은 사육신 사건의 밀고자였던 김질金礩의 장인인데, 여러 차례 공신 책봉을 받아 승승장구하다 마침내 영의정의 자리까지 이른 사람입니다. 하지만 역사는 돌고 도는 것인가요? 이 사건으로부터 20여 년 뒤인 연산군 10년(1504)에 일어난 갑자사화甲子士禍 때 부관참시剖棺斬屍를 당합니다. 이미 죽은 시체지만, 관을 꺼내 목을 치는 형벌을 당한 겁니다. 이때 함께 부관참시를 당한 사람이 누군지 아시나요?

오창익 한명회죠. 한명회는 살아서는 부귀영달을 누리지만 죽은 다음엔 부관참시도 당했고, 또 이후 역사에 빠짐없이 간신으로 등장합니다. 이게 참으로 바람직한 삶인지 모르겠습니다. 자식에게 부끄럽지 않은 부모가 되는 것, 후손들에게 떳떳한 조상이 되는 것이 그렇게 가벼운 것인가도 모르겠습니다. 얼핏 보면 한명회는 모든 걸 다 얻은 것처럼 보이기도 하지만, 막상 역사란 긴 안목으로 보면 아무것도 얻은 게 없는 초라한 삶을 살았던 것 같습니다.

오항녕 유례를 찾아보기 힘든 폭군 연산군의 등장도 사실은 세조의 왕위 찬탈에서 배태된 것입니다. 멀쩡한 정권을 쿠데타로 빼앗은 사람들, 정통성 없는 정권의 담당자들이 바른 일을 할 리가 없습니다. 잘못된 풍토가 만연해지는 겁니다. 그런 풍토에서 성장한 사람들 역시 제대로 정치를 할 리가 없습니다. 보고 배울 것, 따를 것이 없을 테니까요.

임사홍은 쿠데타 1세대가 낳은 2세대 간신입니다. 정창손은 갑자사화 때 2세대 간신들의 부추김을 받은 연산군에 의해 죽은 뒤에도 수모를 당한 것입니다. 인과응보입니다.

임사홍의 아들 임광재任光載와 임숭재任崇載는 각각 예종과 성종의 사위였습니다. 한명회의 두 딸이 예종과 성종의 왕비였으니, 한명회와 임사홍은 사돈 간입니다. 임사홍은 도승지에 올라 유자광柳子光과 파당을 이뤄 전횡을 부렸고, 연산군 4년(1498) 무오사화戊午士禍 때는 신진 사림들을 김일손金馹孫의 사초史草 사건에 얽어 숙청하였습니다. 무오사화는 이극돈李克墩 등이 자신의 비위를 있는 그대로 기록했던 사관史官 김일손 등에게 보복하기 위해 김종직의 조의제문弔義祭文(의제를 조문하는 글)이 단종을 애도하는 글이라고 몰아 모반죄로 엮으면서 일어난 사건이었습니다. 연산군 폭정의 전환점이었습니다.

오창익 수양대군이 일으킨 계유정난 또는 계유사화라는 참변이 있었고 그게 당대의 참변으로 멈추지 않고, 제2, 제3의 사건으로 이어지고 또한 당대를 넘어 2세, 3세까지 이어지고 있습니다.

오항녕　폐비廢妃 윤씨尹氏를 빌미로 일으킨 갑자사화는 훨씬 더 참혹했습니다. 윤씨는 성종의 왕후였다가 폐위된 사람입니다. 연산군에게는 생모지요. 폐비 윤씨가 사약을 먹고 죽을 때 흘린 피가 묻은 적삼을 윤씨의 어머니가 연산군에게 보여주어서, 어머니의 원수를 갚겠다는 차원에서 일어난 사건으로 갑자사화를 해석하는 사람들도 있습니다. 동시에 연산군이 그럴 수밖에 없었다는 일종의 연민을 들먹이기도 합니다. 그러나 연산군은 피 묻은 적삼을 보기 전부터 이미 폭군이 되어 있었습니다.

오창익　적삼 때문에 폭군이 된 게 아니라 이미 폭군이었는데 마침 적삼을 보고 그 광기가 한껏 발산된 것뿐이지요?

오항녕　갑자사화를 일으킨 직접적인 계기는 임사홍과 그 아들 임숭재가 만듭니다. 임사홍은 신수근愼守勤, 유자광柳子光의 주선으로 연산군과 그의 외할머니 고령군부인 신 씨를 만나게 합니다. 외할머니와 만나면서 어머니인 폐비 윤 씨의 피 묻은 적삼을 보았답니다.

　아이러니하게도 임사홍과 둘째 아들 임숭재가 갑자사화를 벌이는 동안, 셋째 아들 임희재任熙載는 바로 이 갑자사화에서 능지처사를 당합니다. 아버지와 형이 일으킨 사화로 희생되는 것입니다. 이는 임사홍이 작정하고 아들을 죽이고 아들의 죽음을 발판 삼아 연산군의 신임을 얻고자 한 패륜悖倫이었습니다. 임희재는 아버지 임사홍과 형 임숭재의 희생양이었습니다.

　임희재는 임사홍의 세 아들 중에서 가장 총명했다고 합니다. 그런데 임희재가 죽임을 당하는 날에도 임사홍은 마치 아무 일도 없던 것처럼 집에서 연회를 베풀고 술과 음식을 먹으며 풍악까지 울렸다고 합니다. 연산군이 사람을 시켜 이를 엿보고는 임사홍에 대한 총애가 더 커졌답니다. 이 사건을 두고 어떤 사람이 이런 시를 썼습니다.

작은 소인 숭재, 큰 소인 사홍이여　　小任崇載大任洪

천고의 간흉으로 이들 으뜸이로다!　千古姦兇是最雄

하늘의 도 돌고 돌아 응보 있으리니　天道好還應有報

너희들 뼈 또한 바람에 날려지리라　從知汝骨亦飄風

오창익　간신이 되기 위해 왕의 의중을 파악하고 왕이 원하는 대로 움직이는 것에서 멈추는 게 아니라 임사홍은 아예 아들의 목숨까지 빼앗아 왕의 신임을 샀습니다. 흔히 권력은 부자간에도 나눌 수 없다며 권력의 비정함을 이야기하지만 아무리 권력이 좋아도, 이런 패륜은 정말이지 찾아보기 힘든 일입니다. 가히 조선 최악의 간신이라 불러도 서운하지 않을 사람입니다.

오항녕　군주에게 아첨하고 비위를 맞추고 이를 통해 국정을 농단하는 것을 제대로 식별하기 위해서는 안목이 필요합니다. 관포지교管鮑之交로 유명한 관중管仲의 사례가 하나의 답을 주고 있습니다. 제齊나라 환공 말기에 관중이 병이 들자, 환공은 관중의 뒤를 이어 재상이 될 만한 사람에 대해 물었습니다.[12]

---

12 『춘추좌씨전』 민공 17년; 「제태공세가齊太公世家」, 『사기』 권 32.

제 환공: "신하들 중에서 누가 재상이 될 만한가?"

관중: "신하를 아는 사람으로는 임금만 한 사람이 없습니다."

매우 노련한 대응입니다. 자신이 직접 말하지 않고, 환공이 스스로 말하게 합니다.

제 환공: "역아易牙는 어떠한가?"

관중: "자식을 죽여 임금에게 맞추었으니, 인정이 아닙니다. 안 됩니다."

제 환공 천하에 맹위를 떨친 군주였으나 만년에 역아, 수조, 개방과 같은 간신을 가까이해 굶어 죽었다.

역아는 요리를 잘하는 사람이었습니다. 환공이 입맛을 잃었다고 하자, 자기 아들을 삶아서 바친 사람입니다. 엽기적이죠? 간신은 이렇게 못 하는 짓이 없습니다. 환공에게는 자식보다 자신을 더 위하는 사람으로 여겨졌을 겁니다. 그러니 역아의 이름을 들먹이는 겁니다. 계속 보실까요?

제 환공: "개방開方은 어떠한가?"

관중: "15년 동안 부모를 찾지 않으며, 임금에게 맞추었으니 인정이 아닙니다. 가까이 두기 어렵습니다."

제 환공: "수조竪刁는 어떠한가?"

관중: "후궁들의 관리를 위해 스스로 거세해 임금에게 맞추었으니, 인정이 아닙니다. 친하기 어렵습니다."

역아 제 환공이 입맛을 잃었다고 하자 자기 자식을 삶아 요리를 해 바쳐 왕의 마음을 사로잡았다.

그러나 관중이 죽자 환공은 여기서 말한 역아, 개방, 수조를 모두 중용했습니다. 관중의 말을 듣지 않은 것입니다. 세 사람은 권력을 독차지했습니다. 이제 환공까지 죽자 역아는 관리들을 죽이고 공자公子 무궤無詭를 왕으로 세웠습니다.

송나라가 제나라에 쳐들어 온 일이 있었는데, 제나라 사람들은 무궤를 죽이고 효공孝公을 왕으로 세웠습니다. 다시 효공이 죽자 동생 반潘이 개방開方의 지원을 받아 효공의 아들을 죽이고 왕이 되었습니다. 정리하기 어려울 정도로 죽이고 죽는 일이 반복되었고, 왕 자리는 이 사람 저 사람의 차지가 되었습니다. 정신없이 어지러운 형국이었습니다. 이런 상황이니 민생을 돌보는 정치가 있었을 리 없습니다.

환공에게 경고했던 관중은 인정人情이라는 상식을 알고 있었습니다. 역아가 자기 아들을 죽여가면서까지 왕의 비위를 맞췄으니 환공은 기뻐했습니다. 자기 아들조차 자기에게 바친 사람이라고 충성심을 높이 샀던 것입니다.

오창익 인정이란 게, 어려운 게 아니라 상식적인 것입니다. 그러니 인정이란, 자기 자신을 사랑하는 것부터 시작해야 합니다. 자기 몸을 아끼지 않거나 자기 가족을 사랑하지 않고 아비와 자식을 아끼지 않는 사람이 피붙이도 아닌 임금을 아낀다는 것은 있을 수 없는 일입니다. 자기 자신이나 가족을 사랑하지 않는 사람이 조국을 사랑하는 것도 이상한 일입니다. 전체주의 사회에서는 선공후사先公後私, 멸사봉공滅私奉公 따위를 강조하지만, 사실 이건 모두 인정에서 벗어난 일입니다.

자기 자식을 사랑하지 않고 심지어 죽이면서 남을 사랑한다는 것은 성립될 수 없는 거짓이었는데, 어리석은 환공이 이를 몰랐던 것입니다. 관중이 환공에게 경고하고자 했던 것이 바로 이것입니다. 우리가 상식으로 아는 인정도 이렇습니다. 마땅히 후하게 해야 할 사람에게 박하게 대하는 사람은, 그 자체로 그저 박한 사람인 것입니다.

오항녕 그런 박한 사람들이 자식도 죽이고 부모도 배반하면서까지 간신 노릇을 하는 겁니다. 간신이 되어 임금의 마음만 좇고 비위를 맞춘 것은 오로지 자기들 욕심을 채우기 위해서였을 뿐입니다. 관중의 사례에서 보듯, 또 임사홍의 사례에서 보듯, 아첨을 가려내는 아주 확실한 기준 하나를 얻었습니다. 상식적인 인정에 부합하지 않는 충성은 그저 간신들의 아첨일 뿐이라는 것입니다.

3장

세상 전체를 속이는
대담한 거짓말

배온
군주의 속뜻을 장악하다

오항녕 중국 남북조 시대의 북제北齊 말에 '어룡魚龍'이니 '산거山車'니 하는 등의 놀이가 있었는데, 이를 산악散樂이라고 불렀답니다. 수나라 문제文帝가 황제의 자리를 물려받은 뒤 우홍牛弘에게 명하여 음악을 제정하게 하면서 정성正聲, 즉 마치 클래식만 음악이고 다른 장르는 음악이 아닌 것처럼 여겨서 모두 내쳐버렸습니다. 그런데 문제의 아들 양제煬帝는 돌궐의 계민가한啓民可汗이 조회하러 왔을 때, 클래식만이 아니라 다채로운 음악으로 수나라의 문화역량을 과시하고 싶었습니다.

이를 알아챈 음악을 담당하는 관리인 태상소경太常少卿 배온裴蘊이 비위를 맞추려고 이렇게 아뢰었습니다. "천하의 주周·제齊·양梁·진陳의 음악가의 자제는 모두 악호樂戶로 삼고, 6품 이하 서인庶人까지 음악을 잘하는 사람은 모두 태상시太常寺에 직속시켜주십시오."

오창익 악호가 무엇인가요?

오항녕 악호는 음악과 가무에 종사하는 사람이고 태상시는 음악과 가무를 담당하는 기관입니다. 이렇게 해서 사방의 산악을 대대적으로 도읍인 동경東京에 모았고 방화원方華苑이나 적취지積翠池 같은 정원에서 일을 보게 하였습니다. 나중엔 이들을 태상시에 배치하고 박사와 제자를 두어 전수하게 했습니다. 얼마나 모았던지 악공樂工만 3만여 명에 이르렀답니다.

오창익 엄청난 예산이 들었겠습니다. 단지 황제의 비위를 맞추기 위해 하는 일치고는 너무 큰 규모입니다.

오항녕 수나라 양제 때의 일을 한 가지 더 말씀드리겠습니다. 중국은 예부터 세계 각국과 활발한 교역을 했습니다. 서역의 나라들과는 실크로드에 있는 장액張掖이란 도시에서 교역을 했습니다. 황제가 이부시랑吏部侍郎 배구裴矩를 시켜 이를 관장하게 했습니다. 먼 곳이라도 황제가 직접 챙기고 다스리길 좋아한다는 걸 배구는 알고 있었습니다. 멀리서나마 황제에게 잘 보일 기회를 찾고 싶었습니다. 배구는 서역에서 온 상인들을 잘 대접하면서, 각국의 산천과 풍속, 왕과 서역 사람들의 생김새, 복식 등을 물어봐 『서역도기西域圖記』라는 책 세 권을 편찬합니다. 원래 인정받고 싶은 욕구에서 시작했으니 이젠 생색을 낼 차례입니다. 배구는 조정에 들어가 보고하길, "여러 나라가 모두 상인을 통하여 비밀리에 정성스러운 선물을 바치며 신하가 되기를 바랍니다"라며 황제를 부추겼습니다.

　작정하고 한 일이니 황제가 크게 기뻐한 것은 당연한 일이죠. 황제는 매일처럼 배구를 불러 가까이 오게 하고는 직접 서역에 대한 일을 물어보았습니다. 배구는 황제의 비위를 맞추기 위해 서역에는 진귀한 보물이 많고 토욕혼吐谷渾(티베트 고원에 있던 유목민의 나라) 같은 나라는 쉽게 차지할 수 있다고 말합니다. 원래 양제는 진시황이나 한漢 무제의 공적을 동경하고 있었습니다. 서역과의 교류도 확대할 작정이었습니다. 그러던 차에 무척 마음에 드는 신하를 만난 셈입니다. 양제는 동서남북의 '오랑캐'인 사이四夷를 경계하는 일을 모두 배구에게 맡기며 황문시

간신을 키운 수나라 양광(나중에 양제).

랑黃門侍郎으로 삼았습니다. 황문시랑은 황제의 곁에서 시중을 들고 여러 왕이 황제를 만나러 올 때마다 이들을 황제에게 이끄는 역할을 하는 신하입니다.

오창익 이젠 황제 옆에서 일하게 되었으니 그야말로 권력 바로 옆에 오게 되었네요. 간신들은 이럴 경우 꼭 사고를 치는데…….

오항녕 배구는 자기가 있던 장액으로 사람을 보내 서역 상인들에게 여러 가지 재물을 들고 수나라 도읍 동경까지 오라고 합니다. 이때부터 서역 상인들이 계속 동경을 드나들게 됩니다. 문제는 바로 여기에 있습니다. 서역 상인들이 오갈 때의 비용은 모두 수나라가 부담했는데 이들이 지나는 군현郡縣은 서역 사람들을 대접하느라 허리가 휠 지경이었습

니다. 헤아릴 수 없는 비용이 들었습니다. 별 실속도 없는 교역, 그저 황제를 기쁘게 할 뿐인 교역을 위해 수나라 재정이 피폐해졌고 나라도 망할 지경이 되었습니다. 모두 배구가 앞장섰던 일입니다.

오창익 교역이란 게, 서로에게 이익이 될 때 성사되는 법인데, 이런 일방적인 교역도 있군요. 게다가 나라가 망할 지경이 될 정도였다니 한심합니다. 그렇지만 이럴 때도 꼭 맞장구치는 자들이 있지요?

오항녕 맞습니다. 배구의 짝이 되는 사람이 있었습니다. 어사대부御史大夫 배온이었습니다. 어사대부는 당시 최고 감찰관監察官으로 승상 다음의 서열에 있는 신하입니다. 배온은 배구, 우세기虞世基와 함께 추밀樞密을 장악하였습니다. 군주의 속뜻까지 잘 챙겨서 죄를 주고자 하는 자에게는 법을 왜곡하면서까지 단근질을 하여 없던 죄도 만들어냈고 아무리 죄가 커도 군주의 뜻이 너그럽게 대하는 것이라면 가벼운 법률을 적용했습니다.

배온은 임기응변이 뛰어나고 말은 청산유수였습니다. 법을 왜곡하여 벌을 가볍게 하거나 무겁게 하는 것이 모두 그의 입에서 나왔기 때문에 사람들은 변변히 따지지 못했습니다. 물론 이런 와중에도 직언하는 분들은 있기 마련입니다.

내사시랑內史侍郎 설도형薛道衡은 재능과 학문으로 이름난 사

배온裴蘊(?~?)

중국 수나라 양제 때의 간신. 언변이 뛰어났고, 최고 감찰관에 해당하는 어사대부의 직위를 가지고 군주의 속뜻을 간파해 죄를 내리고자 하는 자에게는 법을 왜곡 적용해 없던 죄도 만들어냈다.

람이었습니다. 오랫동안 국정의 중요 직위를 담당하였던 사람이기도 합니다. 양제가 즉위한 지 얼마 되지 않았을 때, 설도형이 전임 황제 문제를 기리는 글을 올린 적이 있습니다. 양제는 이를 보고 언짢아하며 이렇게 말합니다. "설도형이 선先황제를 지극히 미화하였는데, 여기에는 '어조魚藻'의 뜻이 있다."

　'어조'는 『시경詩經』의 편명인데, 원래는 천자가 제후들에게 잔치를 내릴 때, 이를 찬양하는 노래입니다. 설도형이 올린 글의 내용은 알 수 없지만 양제는 설도형이 참람僭濫, 곧 분수에 맞지 않고 지나쳤다고 여긴 것 같습니다.

오창익　문제는 양제의 전임 황제일 뿐만 아니라 아버지 아닙니까. 신하가 선친의 업적을 찬양하는 게 기분 나쁘다는 건, 자기의 업적은 왜 높이 사지 않냐는 매우 치졸한 마음입니다.

오항녕　속 좁은 처사지요. 양제는 설도형에게 벌을 주려고 했습니다. 이때, 다른 일로 조정 관원들이 모여서 새 법령을 의논하고 있었는데 쉽게 결정이 나지 않았습니다. 이를 보고 설도형이 관원들에게 "고경高熲이 죽지 않았다면, 분명히 새 법령이 오래전부터 시행되었을 것이다"라고 말합니다. 고경이란 사람은 수나라 건국에 공이 큰 사람인데, 양광(나중에 양제)의 세자 책봉을 반대했다가 양제가 황제에 오르자 처형당한 사람입니다. 조정에서 활약하는 동안에는 조야의 존경을 받았고 사람들은 그를 '진짜 재상'이라고 불렀습니다. 설도형의 이런 말을 황제에게 일러바친 사람이 있었습니다. 양제 입장에서는 자신이 처형한 신하를 높이 평가하고 문제 시대를 높이 치고 자신의 시대는 부족하게 여겼다고 판단할 수도 있었을 겁니다. 황제는 화를 크게 내며 설도형을 법을 집행하는 관원에게 넘겨 죄를 조사하라고 일렀습니다.

이걸 그냥 놓칠 배온이 아닙니다. 배온이 황제에게 아뢰기를, "설도형은 재주와 옛 인연을 믿고 임금을 업신여기는 마음이 있었습니다. 그 죄명으로 논하자면 은미隱微한 듯하지만, 그 의도를 따지면 매우 패역悖逆합니다"라고 고합니다. 바로 양제가 듣고 싶었던 말입니다. 이 말을 듣고 양제는 "공이 역적이라고 논죄하는데, 묘하게 나의 본심과 맞는다"라고 좋아합니다. 마침내 황제가 설도형에게 자진自盡을 명하자 세상 사람들이 원통하게 생각했습니다.

오창익 일종의 관심법觀心法이네요. 겉으로 드러난 죄는 따져 물을 게 별로 없는데 속마음은 도리에 어긋나고 순리를 거스르며 특히 황제를 욕되게 하는 역적의 마음을 품고 있었다는 겁니다. 그렇지만 이런 식으로 재판을 하고 죄를 묻는다면 걸리지 않을 사람이 아무도 없을 겁니다.

오항녕 황제는 배구의 능력도 칭찬합니다. "배구는 짐의 뜻을 아주 잘 안다. 진달하는 모든 것이 짐이 생각했던 일이다. 미처 말하지 않았는데도 배구는 바로 보고한다. 스스로 나라를 받드는 데 마음을 다하지 않는다면, 어떻게 이럴 수 있겠는가?"라고 말입니다.

오창익 수 양제는 배구가 나라를 받드는 데 마음을 다했다고 말하지만 그건 나라를 받드는 마음이 아니라, 황제를 받드는 마음이었을 뿐이죠. 물론 예전 군주들이야 '짐이 곧 국가'라는 인식에 사로잡혀 있었겠지만 결국 제 마음에 드는 말만 듣고 싶다는 이야기일 뿐입니다.

오항녕 배구는 좌익위左翊衛 대장군 우문술宇文述, 내사시랑內史侍郎 우세기, 어사대부 배온, 광록대부 곽연郭衍과 한 패가 되어 오로지 아첨으로 황제의 총애를 얻었습니다. 우문술은 황제를 극진히 모시며 남의 비위를 잘 맞추며 알랑거리는 일을 잘 했습니다. 그래서 황제를 곁에서 모시는 사람들이 모두 본보기로 삼을 정도였습니다. 곽연은 황제에게 조회는 5일에 한 번만 하라고 권합니다. "고조高祖(문제의 묘호)께서 쓸데없이 수고한 것을 본받지 마십시오." 조정에 모여 관원들과 의논했던 것을 싫어했던 양제 입장에서는 진짜 듣고 싶었던 말입니다. 양제는 곽연을 충성스럽게 여기고는 "오직 곽연의 마음이 짐과 같다"고 흡족해합니다.

오창익 조회를 열어야 나라 안팎의 돌아가는 사정을 파악할 수 있고 대책도 강구할 수 있는데, 그걸 하지 말라는데도 좋아하니 딱할 지경입니다. 황제와 신하가 모여서 서로 듣고 싶어 하는 말만 해주고 있으니 나라 꼴이 어떻게 될지 뻔히 보입니다. 저희들끼리 모여 앉아 좋아라 지내는 모습이 눈에 선합니다.

오항녕 '좋은 게 좋다'는 말을 이럴 때 쓸 겁니다. 이 사람들의 거짓말을 또 볼까요. 어느 날 양제가 관원들에게 도적 발생 상황에 대해 묻습니다. 그러자 우문술은 점점 줄어들고 있다고 대답합니다. 이럴 때 사실은 전혀 중요하지 않습니다. 양제는 이전에 비해 얼마나 줄었냐고 되묻습니다. 그러자 우문술은 "10분의 1이 안 됩니다"라고 답합니다.

오창익 그래도 이럴 때는 바른 말하는 사람도 있지 않겠습니까? 나라든 조직이든 이런 경계하는 역할을 하는 사람이 있으면 크게 잘못되지는 않지요.

오항녕 네, 그런 사람이 있었습니다. 소위蘇威란 사람이 앞으로 나선 것입니다. 자신은 담당자가 아니라 도적이 얼마나 많은지 알 수 없지만 우환이 점차 가까워지고 있다며 경계하는 말을 합니다. 이렇게 말하는 사람이 있어야 나라가 온전해지고 편안해질 수 있습니다. 하지만 양제에게는 고깝게 들리나 봅니다. 양제가 무슨 말이냐고 묻습니다. 그러자 소위가 "예전에는 도적들이 멀리 산동성 장백산長白山을 거점으로 삼았는데 지금은 하남성 사수汜水에 있습니다. 또한 지난날 세금과 요역徭役을 담당하던 성인 남자들이 지금 모두 어디로 갔습니까? 그 사람들이 모두 도적으로 변한 것 아닙니까? 근래 도적에 대한 보고가 대부분 사실이 아닙니다. 잘못된 보고 때문에 계획을 세워 도적을 제압하는 데 실패하게 됩니다. 또한 예전에 산서성山西省 안문雁門에서 고구려 정벌을 중단하라고 하셨는데, 지금 다시 군대를 징발하니 도적이 무슨 수로 수그러들겠습니까?"

오창익 오항녕 선생님은 늘 국가운영의 핵심이 바로 세금이라고 강조하시는데 농사짓는 백성들이 자기 고향을 버리고 도적이 되었다는 건, 그만큼 살기 힘들다는 뜻입니다. 세금이 너무 무겁고 요역은 너무 힘들다면, 그래서 도저히 견딜 수 없다면 농사지을 땅과 고향을 떠나 '도적'이 되는 거지요.

오항녕 도둑이 되고 싶어서 되는 백성이 얼마나 될까요? 소위의 말은 지당합니다. 세금과 요역은 나라를 받치는 두 기둥이고 이 기둥은 전적으로 백성들이 담당합니다. 백성들이 떠받치던 두 기둥이 붕괴되고 있는 아주 심각한 상황입니다. 이러면 나라가 망하는 거니까요. 소위처럼 나라 운영의 핵심을 잘 지적한 조선시대 사관도 있었습니다.

> "도적이 성행하는 것은 수령의 가렴주구 탓이며, 수령의 가렴주구는 재상이 청렴하지 못한 탓이다. 지금 재상들의 탐욕이 풍습을 이루어 한이 없기 때문에 수령은 백성의 고혈을 짜내어 권세가를 섬기고 돼지와 닭을 마구 잡는 등 못 하는 짓이 없다. 그런데도 곤궁한 백성들은 하소연할 곳이 없으니 도적이 되지 않으면 살아갈 길이 없는 형편이다. 그러므로 너도나도 스스로 죽음의 구덩이에 몸을 던져 요행과 겁탈을 일삼으니 이 어찌 백성의 본성이겠는가. 진실로 조정이 청명하여 재물만을 좋아하는 마음이 없고, 청렴한 관리를 가려 임명한다면 칼을 잡은 도적이 송아지를 사서 농촌으로 돌아갈 것이다. 어찌 살생을 하겠는가. 군사를 이끌고 추적·체포하려고만 한다면 아마 체포하는 대로 또 뒤따라 일어나, 결코 다 체포하지 못할 것이다."[1]

명종 즉위년의 을사사화乙巳士禍로 조정에서 사림들이 축출된 지 한참이 지났고 문정왕후文定王后의 비호 아래 윤원형尹元衡 등이 부정부패를 저지르던 시절이었습니다. 임꺽정 등이 활약하던 시절이기도 했습니다.

---

1 『명종실록』 14년 3월 27일.

오창익 중국의 소위나 조선의 사관이나 인식과 안목이 정확히 일치합니다. 도적은 그냥 생기는 게 아니라 국정의 혼란, 부정부패에서 비롯되는 것이니 원인을 잘 찾아 제거하면 더 이상 도적이 생기지 않을 거란 이야기는. 앞서 말씀드린 교도소 수용자 숫자와도 밀접한 관련이 있는 이야기입니다. IMF 경제위기 때 교도소는 유례를 찾아볼 수 없을 정도로 초만원이었습니다. 교도소에 가는 사람들이 많을 때는 곧 그만큼 사람들이 먹고살기 힘든 때, 견디기 어려운 때입니다.

벌금을 내지 못해 교도소에 가는 사람들도 이명박·박근혜 정권에서 크게 늘었습니다. 교도소에 갈 만큼은 잘못하지 않았기에 벌금형을 받았지만 돈이 없으면 바로 교도소에 가야 하는 사람들이 늘어난다는 것도 말하자면, 국정의 혼란에서 온 것이기도 합니다.

그런데 소위의 이런 말은 정확한 안목에서 나온 것이고 또 상당한 용기가 필요한 것이지만, 군주는 이런 직언을 싫어하기 마련 아닌가요?

오항녕 싫어했지요. 그래서 양제는 소위를 파직시켜버렸습니다. 듣기 싫다는 겁니다. 나중에 소위가 다시 조정에서 일할 때 일이었습니다. 양제가 관원들에게 다시 고구려를 정벌하는 사안에 대해 물었습니다. 소위는 황제에게 천하에 도적이 많다는 것을 알리기 위해 다시 앞으로 나섰습니다. "이번 정벌에는 군사를 징발하지 마셔야 합니다. 대신에 도적떼를 사면하면 자연히 수십만 명의 군대를 얻을 수 있을 것입니다." 양제는 이런 말을 좋아하지 않았습니다. 황제가 듣기 싫어하는 소리를 들을 때, 앞으로 나서서 충신의 입을 막는 역할을 하는 사람이 바로 간신입니다. 소위의 말에 대해 어사대부 배온은 "소위는 대단히 불손합니다. 천하에 어떻게 그렇게 많은 도적이 있단 말입니까?"라고 합니다.

양제는 소위의 말에 대해 "늙은 것이 간사하여 도적을 가지고 나를 협박하였다. 그 입을 막아버리고자 하나, 다시 참는다"며 분을 삼켰습니다. 이제 다시 배온이 움직일 차례입니다. 배온은 사람을 시켜 소위의 죄를 무함하는 상주上奏를 하게 합니다. 언론-간신을 동원하는 것이지요. 바로 황제의 속내를 알아차리고 좇은 겁니다. 소위는 문초를 당하게 되었고, 양제는 아예 호적에서 소위의 이름을 없애고 평민으로 삼았습니다.

오창익 당장은 기분 나쁠지 모르지만 소위는 양제를 위한 도리를 다했습니다. 제대로 된 충성을 바친 겁니다. 그렇지만 사람 보는 눈도 없고 그저 당장의 기분에 따라 사리판단도 제대로 못하는 황제에게 보복당했습니다. 이런 일이 한번만 생겨도 관원들은 제대로 된 보고를 하지 못하게 됩니다. 말 한번 잘못했다가는 관직에서 쫓겨나고 심지어 목숨까지 잃을 수 있다는 공포가 단지 공포에 머물지 않고 현실이 될 수 있을 테니까요.

오항녕 우세기는 황제가 도적에 대해 듣는 것조차 싫어하니까 여러 군현이나 장군들이 도적과 관련해 구원을 요청하는 문서를 그냥 묵혀두거나 훼손하면서 사실대로 보고하지 않았습니다. 보고는 언제나 '잘되고 있다'는 것뿐이었습니다. 개나 쥐 같은 좀도둑들이 좀 있지만 군현에서 잘 쫓고 있어 이내 모두 사라질 테니 황제는 개의치 말라고 보고했습니다. 양제는 정말 그렇게 믿었습니다. 더러 여러 군현에서 온 신하가 도적과 관련한 실상을 알리기라도 하면 망언이라고 일축하면서 매질까지 했습니다. 도적은 사방으로 퍼졌고 도적이 도읍에서 가까운 군현을 함락하는데도 전혀 몰랐습니다.

　우세기는 용모단정한 데다 하는 말이 대부분 황제의 뜻에 맞았습니다. 그만큼 황제의 속내를 잘 파악했다는 것입니다. 그래서 황제의 총애를 받는데 조정 신하 중에서 이에 필적할 만한 사람이 없을 정도였습니다. 우세기와 그의 무리들은 관직을 사고팔고 옥사가 있으면 재물로 해결했습니다. 그의 집에는 뇌물을 바치는 사람들이 공공연히 찾아와 문전성시를 이뤘답니다. 그러니 조야의 사람들이 우세기를 무척 원망했습니다.

오창익　결국 간신들은 군주를 속여 자기 뱃속을 채우는 게 일이었네요. 그런데 아무리 자질이 부족한 군주라도 뻔한 거짓말에 어떻게 저렇게 잘 넘어갈까, 하는 의문이 들기도 합니다. 간신들에게는 들키지 않고 거짓말하는 재주, 남을 잘 속이는 특별한 재주가 있었을까요?

오항녕　이들이 임금을 현혹하는 방법을 보면, 특별한 재주가 있었던 건 아니었습니다. 다만 한결같이 윗사람의 의도에 영합하는 데 열심이었습니다. 임금이 음악을 탐닉하는 걸 알면 악공을 모으고 서역 문물에 탐닉하면 재정이 파탄 나더라도 갖다 바쳤습니다. 임금이 정치에 별 관심이 없으면, 아예 매일 아침에 여는 조회마저 5일에 한 번 하자고 권하는 겁니다. 진나라의 조고가 이세를 농락했던 대목도 모두 이랬습니다.

허경종
왕의 간특한 마음을 파고들다

오항녕　당 고종高宗이 무소의武昭儀를 황후로 세우려고 했을 때 저수량褚遂良 등 대신들이 간절하게 반대했습니다.[2] 무소의는 바로 우리가 아는 뒷날의 측천무후則天武后입니다.

　황제는 황후 왕王 씨를 폐위하고 싶었습니다. 예부상서禮部尚書 허경종이 황제의 속마음을 헤아리고 말합니다. "시골에 살면서 열 말을 수확하는 사람도 부인을 바꾸고 싶어 합니다. 천자의 부富는 천하를 차지하고 있는데, 황후 하나를 세우는 것을 불가하다고 하는 것은 무슨 이유입니까?" 황제로서는 기다리던 답을 관련 부처 장관이 해준 것입니다.

오창익　아내를 내치고, 새 여자를 들이는 일까지도 간신들은 군주의 속마음을 엿보는군요. 게다가 군주가 듣고 싶은 이야기를 다른 사람도

---

2 「간신열전 허경종」, 『신당서新唐書』 권 223 상.

아닌 의례儀禮를 맡아보는 관청의 책임자가 해주니, 군주 입장에서는 좋을 겁니다. 간신들을 통해 하고 싶은 걸 얻으니까요.

오항녕 허경종은 황후 폐위에서 멈추지 않았습니다. 곧바로 황후 집안의 관작官爵을 삭제하라고 청했습니다. 태자 충도 폐위시키고 황태자의 자리는 무 씨와의 사이에서 태어난 첫째 아들 대왕代王에게 주

무자비한 공포통치시대를 펼친 측천무후.

었습니다. 고종은 간신을 통해 원하는 바를 얻었습니다. 허경종은 시중에 임명되었다가 중서령으로 승진을 거듭합니다.

허경종은 황후를 세우는 데 애쓴 공이 있었고 한편으론 새로운 황후의 약점도 알고 있었습니다. 이걸 바탕으로 자신의 지위를 공고히 하고 권력도 오랫동안 유지할 수 있었습니다. 황후 세력을 내치는 한편, 무 씨가 황후에 오를 때 반대했던 사람들을 쫓아냅니다. 한원韓瑗, 내제來濟, 저수량褚遂良 같은 신하들을 내쫓고, 양왕梁王, 장손무기長孫無忌, 상관의上官儀 같은 사람들은 죽였습니다. 이들은 모두 당나라 전반기 융성을 이끌었던 인물들이었습니다.

고종이 아직 태자였을 때 이의부李義府란 사람이 태자를 모시는 사인舍人으로 일한 적이 있었습니다. 그는 태자에게 『승화잠承華箴』이란 책을 바쳤는데, 이 책에는 이런 내용이 있었습니다.

말 잘하고 아첨하는 부류 있어	佞諛有類
온갖 방면에 간사하고 교활하니	邪巧多方
그 싹을 미리 자르지 아니하면	其萌不絕
피해 걷잡을 수 없이 창궐하리	其害必彰

승화昇華란 태자를 뜻합니다. 잠箴은 잠언, 즉 경계해야 할 격언 같은 것을 말합니다. 이의부는 태자에게 아첨하기 위해 이 책을 썼는데도 글만 보면 마치 충성스럽고 곧은 것처럼 보입니다. 이 책을 본 당 태종은 기뻐하면서 비단을 하사했다고 합니다. 그래서 공자가 "말을 듣고 행동을 보라"고 했을 겁니다.

오창익 "말을 듣고 행동을 보라." 『논어』 '공야장公冶長'에 나오는 '청언관행聽言觀行' 말씀이군요.

오항녕 맞습니다. 재여宰予라는 제자를 야단치면서 공자가 한 말이지요. "처음에 나는 남을 대할 때 그의 말만 듣고 그의 행실을 믿었지만, 이제 나는 남을 대할 때 그의 말을 듣고서도 그의 행실을 살피게 되었으니, 재여 때문에 내가 이렇게 바뀌었다"고 했습니다.

오창익 언행일치랄까, 말만 들

허경종 초상

으면 안 되고 하는 행실을 봐야
한다는 말씀인데 사실 말이야
번지르르하게 잘 하는 사람들이
있기 마련이죠. 좋은 말만 하는
사람, 그러나 역시 핵심은 말에
따르는 행동이겠죠.

허경종許敬宗(592~672)

자는 연족延族. 중국 당나라의 간신.
교묘한 말솜씨와 박학다식한 재주로
능수능란하게 황제를 홀렸다.

오항녕 태자가 황제 고종이 되자, 이의부는 중서사인으로 옮겼는데
장손무기가 상주하여 이의부를 벽주사마壁州司馬로 내쳤습니다. 아첨을
잘했으니 승승장구할 줄 알았는데 외곽으로 밀려났으니, 불안하기 짝
이 없었을 겁니다. 기회를 엿보았겠죠. 그러던 차에 이의부는 사인舍人
왕덕검王德儉에게 대책을 물었습니다. 왕덕검은 허경종의 외조카로 꾀
가 많고 눈치도 빠른 사람이었습니다. 왕덕검은 이의부에게 "무소의가
지금 총애를 받고 있고 황제가 황후로 세우려고 하나, 재상들의 의논이
두려워 아직 말을 꺼내지 못하고 있다. 그대가 건의한다면 전화위복이
될 것이다"라고 계책을 알려줍니다.

오창익 어이쿠, 이제 답을 찾았네요. 이젠 자기가 살기 위한 행동에
들어갈 차례겠습니다.

오항녕 이의부는 이 말을 듣자마자 궁궐에 들어가 표문表文을 올렸습
니다. 황후를 폐하고 무소의를 새로운 황후로 세우라고 청한 것입니다.
황제는 자기가 하고 싶은 말을 대신했으니 좋아할밖에요. 황제는 이의
부를 불러 이야기를 나누고 구슬 한 말을 주고 다시 가까운 관직으로

복귀시켰습니다. 무소의가 황후로 즉위한 다음, 이의부는 허경종 등과 함께 간사한 짓을 다해 골육骨肉과 대신大臣들을 버렸습니다. 이 때문에 생긴 권력 공백을 이용해 무후는 마음대로 권력을 훔치고 천자를 조종할 수 있었습니다.

오창익 이의부는 어떤 사람인가요? 긍정적으로 평가할 만한 대목은 없나요?

오항녕 이의부 역시 용모가 부드럽고 공손한 태도를 지닌 사람이었습니다. 다른 사람과 이야기를 나눌 때는 편안한 미소를 띠었습니다. 하지만 겉모습과 달리, 소견은 좁고 시기하는 마음이 속에 뿌리내리고 있어서 자신의 뜻을 거스르는 사람들은 모두 중상中傷하였습니다. 그래서 사람들은 이의부를 '웃음 속의 칼날(笑中刀)'이라고 불렀답니다. 또 부드러운 척하면서 사람을 해쳤기 때문에 '사람 탈을 쓴 고양이(人猫)'라고도 불렀습니다. 관원 인사를 주관했지만 인재를 알아보는 안목과 식견이 없었고 직위를 오직 뇌물 받는 밑천으로 생각한 나머지, 매관매직과 옥사 흥정에만 혈안이었습니다.

이임보와 양국충
찬란한 황금기를 한순간에 무너뜨리다

오항녕 간신을 말할 때, 당 현종唐玄宗 시대가 빠질 수 없겠지요. 먼저 살펴볼 인물은 이임보李林甫입니다.[3] 현종은 후궁 무 혜비武惠妃를 총애했고, 아들 수왕壽王을 극진히 사랑했습니다. 무 혜비는 측천무후의 사촌 오빠 항안왕恒安王 무유지武攸止의 딸이니 측천무후와 무 혜비는 고모, 조카 사이입니다.

724년 현종의 황후가 폐위되어 서인庶人이 되자 현종은 무 씨에게 혜비惠妃라는 호칭을 내립니다.

오창익 그래도 현종은 긍정적으로 평가할 대목이 많은 군주 아니었나요? 양귀비 때문에 더 유명해지긴 했지만 당 태종 이후 당나라의 부흥기를 이끌었던 사람이었는데.

---

3 「이임보열전李林甫列傳」, 『구당서舊唐書』 권 106.

오항녕 두 가지 측면이 다 있습니다. 현종은 재위 초기에는 재상 요숭姚崇, 송경宋璟 등의 유능한 관리를 등용했고 나라에 가뭄이 들면 배고픈 민중들에게 황궁의 쌀을 나눠주는 등 어진 정치를 했습니다. 애민의식이 있었고 이를 실천한 황제였습니다. 환관과 인척의 정치 관여를 금지해서 정치가 문란해질 위험을 미리 막았습니다. 사찰과 승려의 수를 줄이고 조정을 정비하여 상벌을 엄정히 했습니다. 중종中宗 이후 혼란 상황을 안정시킨 공로가 있습니다. 현종의 연호를 따서 이 시대를 '개원시대의 치세(開元之治)'라고 부르는데, 태종 시대였던 '정관시대의 치세(貞觀之治)'와 크게 비교되는 시절이었습니다.

오창익 여기까지만 들으면 성군이네요. 좋은 마음으로 정치를 했고 실제로 상당한 성과도 있었으니 황제가 잘해서 만든 태평성대였겠습니다. 그랬던 사람이 망가지는 것도 바로 이임보 같은 간신들 때문인가요?

오항녕 이임보는 현종의 총애를 받던 혜비에게 접근합니다. 환관을 통해 혜비의 아들 수왕을 보호할 계책을 세우라고 청한 것입니다. 혜비 입장에서는 참 고맙게 여겼겠지요. 어머니 입장에서요.

마침 한휴韓休가 이임보를 재상의 재목이라고 천거했고 혜비가 은밀하게 도와서 이임보가 황문시랑黃門侍郎에 임명됩니다. 언제나 간신은 궁궐 내부 세력과 은밀하게 결탁하고 그들에게 의지하여 출세를 위한 끈을 잡으려고 합니다. 황후나 후궁 같은 궁궐 내부 세력도 마찬가지입니다. 이들도 자신의 권력을 위한 것이든 아니면 후계를 도모하려는 것이든 조정 관원들과 결탁하여 자신의 지원군을 만들려고 합니다.

오창익 이임보는 혜비에게 충
성을 바치겠다고 나서고 혜비는
이임보가 승진할 수 있도록 천
거하는 이유네요.

오항녕 이임보의 행실을 좀 더
볼까요. 황태자 영瑛, 악왕鄂王
요瑤, 광왕光王 거琚가 참소를 당한 적이 있었습니다.

오창익 죄가 없는데도 황태자 등 황제의 자식들이 죄가 있는 것처럼
꾸며 해치려는 세력이 있었군요.

오항녕 황제는 황태자 등을 폐위하려고 했습니다. 그러자 현명했던
재상 장구령張九齡이 간절하게 반대했습니다. 장구령은 정치가이기도
했지만 유명한 시인으로 명망이 높던 사람이었습니다. 하고 싶은 일을
못하게 되자, 황제는 언짢았습니다. 그때, 이임보가 곁에 있다가 몰래
환관에게 "천자의 집안일에 바깥사람이 어떻게 간여할 수 있겠는가?"
라고 합니다. 환관을 통해 현종의 귀에 들어가라고 한 말입니다.

오창익 황제가 황태자를 폐위하려는데 그걸 두고 집안일에 간여하지
말라니, 말은 말이되, 말 같지 않은 말이네요. 황제의 건강에다 일거수
일투족까지 황제와 관련한 모든 일이 곧 나랏일이 되었던 왕조시대가
아닙니까.

오항녕 또 다른 에피소드도 있습니다. 현종이 동도東都에 있다가 장안長安으로 돌아가고자 하였습니다. 배요경裴耀卿 등의 신하들은 아직 추수가 끝나지 않았으니 겨울에 돌아가는 것이 좋다고 건의합니다.

오창익 농민들이 바쁠 때니 괜한 폐를 끼치지 말자는 거군요. 농민들이 한창 바쁠 때 황제 일행이 지나면 번거로운 일이 많을 테니까요.

오항녕 바로 이때, 황제 일행 뒤편에서 이임보가 절룩거리는 시늉을 했습니다. 황제가 이유를 묻자 이임보는 말합니다. "신은 아픈 게 아닙니다. 아뢸 일이 있습니다. 장안과 동도 두 도성은 본래 제왕의 동서東西 궁궐입니다. 황제의 행차가 오가는데 왜 때를 기다려야 합니까? 농사에 방해가 된다면 지나는 곳에 세금과 부역을 면제해주면 될 것입니다." 현종은 이 말을 듣고 크게 기뻐하고 즉시 장안으로 출발했습니다.

오창익 황제 행차에는 '천 대의 수레와 만 필의 말'이 따른다고 했으니까 이런 행차가 지나는 곳에는 폐해가 크겠지요. 배요경 등이 농번기를 피하자고 청한 것은 옳은 판단 같습니다.

오항녕 맞습니다. 그런데 이임보는 황제가 서둘러 장안으로 돌아가려 한다는 것을 알고 이런 말을 한 것입니다. 게다가 가증스럽게도 황제 일행의 뒤편에서 이야기했던 것은 뭔가 겸손하게 보이려고 했던 것입니다. 듣고 싶었던 말을 듣자 황제는 기뻐했고 행차를 나중으로 미루자고 했던 배유경 등을 파직해버렸습니다. 이 비루한 간인奸人의 마음과 태도는 지금도 역사책에 실려 사람들의 이목에 오르내리고 있더군요.

이임보의 농간으로 쫓겨난 것은 배요경만이 아닙니다. 장구령은 스스로도 정도를 지키려고 노력했던 사람이었습니다. 그러니 이임보와는 사사건건 대립할 수밖에 없었습니다. 이임보에겐 장구령 같은 사람이 눈엣가시였겠지요. 이임보는 장구령을 시기했고 매번 음해했습니다.

현종이 삭방절도사朔方節度使 우선객牛仙客에게 봉지封地를 주려고 했습니다. 황제의 처분이 옳지 못하다고 여긴 장구령은 이임보에게 제의합니다. "봉지를 주는 것은 명신名臣이 공을 세웠을 때 주는 것인데, 변방의 장수가 한 번 고과에서 최고점을 받았다고 어떻게 갑자기 이런 상을 줄 수 있겠는가? 공(이임보)과 함께 쟁론爭論하였으면 하네." 장구령의 제안을 듣고 이임보도 좋다고 했습니다. 그런데 막상 현종에게 이 일을 아뢸 때가 되자, 장구령이 극론極論(철저하게 논하다)하는 걸 뻔히 보면서도 이임보는 묵묵히 있다가 그냥 물러나왔습니다. 그러고는 주변에 장구령이 우선객 일을 반대한다는 말을 흘렸습니다.

이 일의 당사자인 우선객은 이 말을 듣고, 다음 날 현종을 알현하고는 눈물을 흘리며 상을 받지 않겠다고 고사했습니다. 황제는 우선객의 태도가 마음에 들어 더욱 상을 주고 싶어 했습니다. 그러나 전날처럼 장구령은 상을 주는 건 불가하다고 했습니다. 바로 그때, 이임보는 "천자가 사람을 등용하는 게 왜 불가하다는 것인가?"라며 딴 말을 합니다. 장구령과 약속했던 것과는 전혀 다른 이야기였죠.

오창익 황제 입장에서는 사안의 옳고 그름 보다는 장구령은 계속 고집만 부리는 사람으로 여겨졌을 테고, 이임보는 뭔가 심사숙고하면서도 황제의 의중을 잘 읽는 사람으로 비쳤겠습니다.

오항녕 그렇죠, 황제는 이임보가 독단적이지 않고 유연하다고 판단했고, 장구령은 멀리하기 시작했습니다. 결국 장구령은 얼마 있다가 배요경과 함께 파직당하고 말았습니다.

　이런 기만은 역사에서 종종 찾아볼 수 있습니다. 한 무제 때 급암汲黯이 공손홍公孫弘과 함께 약속하고 쟁론할 일을 가지고 무제에게 갔으나 공손홍에게 배신당한 일이 있었습니다. 조선 선조 때 이산해李山海는 정철鄭澈과 함께 세자를 세우는 일을 선조에게 건의하기로 했지만, 정작 선조 앞에서는 정철만 건의를 하고 이산해는 입을 다물었습니다.

오창익 약속을 저버리는 일이 너무 많아서 약속을 지키는 게 상당한 소신과 용기를 필요로 하는 일처럼 여겨지기도 합니다. 약속을 지키는 게 당연하고 약속을 지키지 않는 게 이상한 일이어야 하는데도 말입니다.

오항녕 현종이 태자를 세우고자 했을 때, 이임보는 황제의 의도를 알고 싶어서 자신의 정치적 후견자인 무 혜비의 아들 수왕壽王을 여러 번 칭찬하였습니다. 하지만 황제의 의도는 충왕忠王에게 이미 기울어져 있었기에 수왕은 태자가 되지 못했습니다. 충왕으로 태자가 정해진 다음, 이임보는 자신의 노림수가 성공하지 못한 것이 한스럽기도 했고 또 자기에게 화가 미칠까 두려웠습니다. 이내 태자비의 오빠 위견韋堅을 챙기기 시작합니다. 위견에게 요직을 맡기고, 그 덕에 태자비를 통해 태자에게 끈을 연결하려고 합니다.

오창익 엊그제까지 수왕을 밀다가 갑자기 충왕 쪽으로 돌아서는 게 진정성에서 우러난 행동은 아닐 테고, 일종의 보험을 들고 싶었던 거군요. 아무리 태자 쪽으로 줄을 서려고 해도 내심은 영 불안할 텐데요.

오항녕 그렇습니다. 속마음까지 다 준 것은 아니고 겉으로만 태자를 따르는 척할 뿐이었습니다. 얼마 안 있어 제양 별가濟陽別駕 위림魏林에게 태자를 무함하도록 사주합니다. 하서 절도사 왕충사王忠嗣가 군사를 이끌고 태자를 보좌하려고 하였다는 것입니다. 이임보는 현종에게 태자가 분명 모의를 알았을 것이라고 부추깁니다. 현종은 이임보의 말을 곧이듣지는 않았습니다. 믿을 수 없는 무함이었으니 당연한 일입니다. 황제는 "우리 태자가 궁궐 안에만 있는데, 어떻게 바깥사람과 연락하였겠는가? 그건 망언일 뿐이다!"라며 이임보의 말을 믿지 않았습니다. 이런 식으로 이임보가 태자를 여러 차례 위험에 빠뜨리려고 하였지만 태자는 품행이 단정하고 효성이 지극해서 안팎으로 틈이 없었습니다. 이임보의 농간과 이임보가 터뜨린 유언비어가 끼어들 틈이 없었던 것입니다.

이때, 양국충楊國忠이 등장합니다. 바로 양귀비의 6촌 오빠입니다. 그가 감찰어사가 되자, 이임보는 위견 등의 옥사를 일으켜 태자를 위험에 빠뜨리려 했습니다. 양국충이 현종의 총애를 받고 있고 권세 또한 나는 새도 떨어뜨릴 정도였기에 이를 활용하고자 위견을 조사하도록 했던 것입니다.

양국충과 안녹산

양국충은 포악한 자였습니다. 법을 가혹하게 적용하고 엄하게 들춰내는 사람이었고 아무 까닭 없이 무함으로 죽음에 이르게 하고 풍비박산을 만든 게 백여 집안이 넘었습니다.

오창익 이임보와 양국충이 함께 태자를 공격하는 형세네요. 아무리 황제의 주변에서 권세를 부리는 자들이라도 미래 권력인 태자를 공격하는 건 쉽지 않은 일일 텐데요. 주변에 이임보와 양국충만 있는 것도 아니고 태자 편에 선 사람들도 많았을 텐데요.

오항녕 그렇지요. 그러나 이임보와 양국충이 태자를 위태롭게 할 수 있을 거란 생각을 한 사람들은, 이임보보다 먼저 태자를 죄에 빠뜨리려고 애썼습니다. 이임보는 비록 자기가 황제가 되지는 못하지만 자기 권력을 항구화할 수 있는 방안을 골몰했던 겁니다. 이임보가 재상이 된 이유는 혜비의 도움 때문이었습니다. 그래서 앞서 현종의 세 아들을 죽이고 이번에는 태자(충왕)를 무너뜨리려했던 것도 모두 혜비의 아들 수왕의 입지를 확보하기 위해서였습니다. 그러나 현종의 뜻은 견고했고 공략이 쉽지는 않았습니다. 하지만 이임보는 결코 포기하지 않았고 세 번의 큰 옥사를 일으키며 끊임없이 반전을 시도했습니다.

오창익 충왕이 태자가 된 것은 이임보가 간여한 일이 아니기에, 훗날을 도모하려면 자기와 결탁된 혜비의 아들 수왕이 태자가 되고 마침내 황제의 자리에 올라야 한다는 거네요. 그래야 자기가 누리는 권세를 오래 보전할 수 있다는 생각입니다.

오항녕　이임보의 적심賊心이 바로 그랬습니다. 이임보는 황제의 뜻을 잘 알아챘습니다. 당시 황제는 나이가 많고 판단도 차츰 게을러졌습니다. 그러니 잦은 옥사에 염증을 느끼고 결정을 미루고 신하들을 만나는 일도 드물었습니다. 현종은 이임보를 곁에 두고 난 다음부터는 정무 일체를 그에게 맡기고 일을 제대로 처리하는가도 살피지 않았습니다. 이임보는 황제 한 명만 잘 챙기면 되는 상황이었습니다. 황제의 욕구는 이임보가 알아서 잘 챙겨주니 현종은 깊은 궁궐에서 후궁에 빠져 한가롭게 놀면서 지냈습니다.

오창익　제법 똑똑했던 황제가 이런 식으로 망가지고 있습니다. 군주의 덕이 쇠퇴해가면 나라 전체가 몸살을 앓게 될 텐데 걱정입니다.

오항녕　언젠가는 황제가 천하의 선비들에게 조서를 내려 다만 한 가지라도 재주를 지닌 사람은 모두 대궐에 와서 선발에 응하라고 한 적이 있습니다. 널리 인재를 구하려는 뜻입니다. 이임보에게는 권력의 기반이 허물어질 수 있는 상황이기도 했습니다. 가만있을 이임보가 아닙니다. 이임보는 "지식인들이란 모두 띠(볏과의 여러해살이 풀)의 새로 난 어린 싹과 같아서 금기를 알지 못하고, 단지 뜻만 높은 말로 황상의 귀를 어지럽힐 것이니, 시험은 상서성尚書省 장관에게 맡기시고, 감독은 어사 중승에게 맡기십시오"라고 청합니다. 그런데 이 시험에서 통과한 인재는 한 명도 없었습니다. 그런데도 이임보는 황제에게 이젠 시골에 버려진 인물이 없게 되었다며 너스레를 떨었습니다.

오창익　아무리 이임보의 권세가 하늘 높은 줄 모른다 해도 곳곳에 충신이 있었을 텐데, 이임보의 죄를 물어야 한다는 사람은 없었나요? 갈수록 나라의 형편이 어려워지는 상황인데 누군가 나서야 하는 거 아닌가요?

오항녕　함녕 태수咸寧太守 조봉장趙奉璋이 그런 사람이었습니다. 조봉장은 이임보의 죄 20가지를 확인하고 고발하였습니다. 그렇지만 곧바로 이임보의 반격을 받습니다. 이임보는 어사御史를 사주하여 조봉장을 체포하도록 하고 요사한 말을 퍼뜨렸다고 탄핵하여 죽입니다. 이임보를 탄핵하는 건 목숨을 걸어도 쉽지 않은 일이 되었습니다. 세상 사람들은 이임보를 두고 "입에는 꿀을 발랐지만, 뱃속에는 칼이 들어 있다"고 했습니다. 마침내 이임보에 대해 간쟁諫爭하는 사람이 사라질 지경이었습니다.

　이임보가 변방 절도사로 물러날 뻔한 일도 있었지만, 이임보는 안녹산, 고선지高仙芝, 가서한哥舒翰을 발탁하여 절도사로 내보냅니다. 이임보는 그들이 모두 오랑캐 출신이라 아무리 공을 세워도 조정에 들어와 재상이 될 가능성이 없다는 점을 간파한 것입니다. 자신과 겹치는 점이 없으니 세력 다툼을 할 일도 없다고 여긴 겁니다.

오창익　고선지가 우리에게 친숙한 것은 고구려 출신이기 때문인데 당나라 입장에서는 오랑캐였겠네요. 안녹산도 지금의 우즈베키스탄 지역 출신이니 마찬가지로 오랑캐 출신이구요. 그런데 아무리 공을 세워도 오랑캐라는 출신 성분 때문에 조정에 들어가 출세할 길이 막혀 있다면 자기 자리에 만족하고 사는 사람도 있겠지만 뭔가를 도모해서라도 새로운 길을 열겠다는 사람도 나오기 마련입니다.

오항녕 안녹산이 그랬습니다. 그는 평로平盧·범양范陽·하동河東 등 3진鎭을 다스리는 절도사였고 당에서 가장 권세 높은 장수였습니다. 그는 14년 동안 장군의 자리에서 다른 자리로 옮기지 않았습니다. 현종은 이임보가 절도사에 오랑캐들을 임명한 대책을 믿고는 누구도 의심하지 않았습니다. 현종 한 사람만 빼고는 태자를 포함한 모든 사람이 이임보를 두려워하던 시절이라 이임보의 결정에 대해 가타부타 말할 수 없던 시절이었습니다. 이임보가 재상으로 있던 19년이 그랬습니다. 그동안 이임보는 자기 욕심에 빠져 화란禍亂을 키웠지만 황제는 끝까지 문제의 심각성을 깨닫지 못했습니다. 마침내 이임보가 죽자 안녹산은 군사를 일으켰습니다.

오창익 결국 자기 자리보전을 위해 궐 밖에 호랑이 한 마리를 키우고 있던 셈입니다. 이임보 다음에는 양국충이 그 자리를 이어받은 거죠. 양귀비의 6촌 오라버니 말입니다.

오항녕 이임보의 뒤를 이은 양국충도 국정을 살피지 않는 것은 마찬가지였습니다. 그저 황제가 좋아할 만한 일만 따랐고 입바른 소리만 늘어놓았습니다. 나라가 제대로 돌아가는지 살피지 않았습니다.

 그래도 현종은 평소 변방의 일에 관심이 컸습니다. 그렇지만 양국충은 자신이 직접 병사의 식사를 조달하면서 잇속을 챙겼습니다. 장부帳簿에 능숙한 관리를 뽑아 국고를 횡령하게 했습니다. 천보天寶 13년

(754), 어느 날 비가 많이 오자 황제는 곡식이 상할까 걱정이었습니다.

오창익 천보天寶는 현종의 세 번째 연호죠? 선천先天 712년, 개원開元 713년~741년, 그리고 천보天寶 742년~756년.

오항녕 그렇습니다. 그래서 앞서 말씀드린 것처럼 개원시대와 천보시대가 큰 차이를 보이기도 합니다. 현종 치세 초반과 후반이 확 달라지는 거죠. 황제가 근심을 하자 양국충이 벼 중에서 잘 여문 것들만 골라 바치며 아뢰길, "비가 많이 오기는 했지만, 곡식이 상하지는 않았습니다"라고 했습니다. 황제는 그저 양국충의 말만 믿었습니다. 섬서성陝西省 부풍태수扶風太守 방관房琯이 맡고 있는 관할 구역에서 홍수가 난 일을 아뢰자, 양국충은 어사를 시켜 태수를 조사하며 추궁을 했습니다. 그러니 누구도 감히 재해가 났다고 아뢰는 자가 없었습니다.

  안녹산이 군사 15만 명을 출병시켜 반란을 일으켰을 때, 안녹산이 내세웠던 명분이 '양국충 토벌'이었습니다. 그만큼 민심이반이 심했고 또 양국충이 '공공의 적'이었던 셈입니다. 안녹산이 난을 일으키자 황제는 신하들과 대책을 논의했는데, 양국충은 의기양양하게도 "이번 반란은 안녹산 혼자서 일으킨 것이며, 장군과 병졸들은 모두 원치 않은 출병을 한 것입니다. 열흘이 채 되기 전에 그의 목이 황제가 계신 행재소에 도착할 것입니다"라고 했습니다. 황제는 양국충의 말을 믿었지만 황제만 빼고 다른 신하들은 서로 쳐다보며 실색하였다고 합니다. 결과는 우리가 아는 것처럼, 양국충이 마외馬嵬의 변으로 끔찍한 최후를 맞았습니다.

오창익 양국충은 끝까지 저열했지요. 안녹산의 군대가 쳐들어오자,

당 현종과 안녹산 현종은 당 나라의 찬란한 황금기를 이끌었으나 말년에 이임보, 양국충을 등용하는 등 간신배들로 인해 나라를 망쳤다.

백성들에게는 알리지도 않고 도읍인 장안을 버리고 도망쳤습니다. 그렇지만 섬서성 마외역에서 굶주린 군인들에게 체포당해 죽임을 당합니다. 가족들도 모두 목숨을 잃습니다. 처신을 제대로 못한 결과가 이렇게 참혹했더랬습니다.

오항녕 마외는 현종이 피난 가던 길에 군사들의 강요로 그토록 총애하던 양귀비를 죽인 곳이기도 합니다. 양국충의 죽음만으로 만족하지 못한 군사들이 '도적의 근본'을 없애라고 황제를 윽박질렀던 것입니다. 양국충과 양귀비는 같은 날 같은 곳에서 죽임을 당합니다.

　백거이白居易의 「장한가長恨歌」에도 나오지요. "천자의 군대 진군하지 않으니 어쩔 길 없어, 아리따운 여인이 말 앞에서 죽었도다.(六軍不發無奈何, 宛轉蛾眉馬前死.)"

04

장희빈과 장희재
군자를 몰살시킨 미혹

오항녕 조선에서도 이임보, 양국충 같은 사람들이 있었습니다. 장희 빈張禧嬪도 그런 사람이었지요.

오창익 장희빈은 정말 익숙한 이름입니다. 연속극의 단골이죠. 본명 도 우리에게 익숙합니다. 장옥정張玉貞이죠.

오항녕 숙종 15년(1689), 숙종은 인현왕후仁顯王后를 폐위시키고 장희 빈을 왕비로 삼았습니다. 그랬던 숙종이 다시 5년 뒤에는 인현왕후를 복 위시키고 장 씨는 희빈으로 삼았습니다. 몇 년 뒤 장희빈은 인현왕후를 저주한 일이 발각되어 사약을 받고 죽게 됩니다. 아들이 경종景宗이지요.

오창익 인현왕후와 장희빈의 투쟁, 우유부단한 숙종, 그리고 마지막에 사약을 먹고 쓰러지는 장희빈은 역사로 배우기 전에 연속극으로 먼저 알게 되는 익숙한 이야기입니다.

오항녕   숙종은 27살이 되도록 아들이 없었습니다. 15세 전후에 혼인하였던 당시로서는 심각한 사태였습니다. 경종은 숙종 14년(1688) 10월에 태어났습니다.

오창익   다른 사람도 아닌 왕에게 후사가 없었으니 심각했겠네요. 후사가 없다는 건 왕정 체제가 불안해지는 것이니 말입니다. 마치 대통령 임기가 곧 끝나는데 후임 대통령을 아직 뽑지 못한 것과 마찬가지 상황입니다.

오항녕   숙종은 인경왕후仁敬王后 김씨를 1680년에 잃었고 계비인 인현왕후 민 씨에게도 후사가 없었습니다. 숙종이 몇 차례 병을 앓기도 했는데 이럴 때마다 조정이 어수선해졌습니다. 이럴 때 왕정은 근본적인 동요가 일어납니다. 불안감이 싹트는 거죠. 그러나 무엇보다 숙종 자신이 더 불안했을 겁니다.

오창익   그러던 차에 후궁 장 씨가 아들을 낳았군요. 숙종의 근심과 조정의 근심을 한 방에 날려준 경사였겠네요.

오항녕   장 씨는 역관譯官 집안 출신입니다. 할아버지 장응인張應仁 이래, 그의 집안에서 20여 명의 역관이 나왔고 그중 역관에 수석 합격한 사람이 7명이나 되었다고 합니다. 이 집안 사람들이 북경에 사신을 따라가서는 사무역私貿易으로 큰돈을 벌었다고 합니다. 재산을 엄청나게 모았는데, 집을 너무 크게 지어 투옥될 정도로 부유했다고 합니다. 돈은 많았지

만 아직 그다지 세력은 없었는데도 장현張炫에게는 사람이 끊이지 않았답니다.

오창익　장현은 장희빈의 아버지 장형張炯의 사촌형이죠. 장응인과 장경인張敬仁이 형제였고 장형은 장응인의 아들, 장현은 장경인의 아들이었죠. 장희빈은 장현의 종질녀從姪女(사촌형제의 딸)가 되는 거죠. 하여간 역관 집안으로는 위세가 대단했네요.

오항녕　장희빈은 22세 되던 숙종 6년(1680) 이후 숙종과 가까워졌습니다. 그런데 숙종의 어머니 명성왕후明聖王后 김 씨는 장희빈이 '간사하고 악독하다'는 이유로 궁궐에서 쫓아냅니다. 그래서 장희빈은 명성왕후가 살아 있을 때는 궁 밖에서 살았습니다. 하지만 장 씨를 잊지 못한 숙종은 명성왕후가 죽고 삼년상이 끝나자마자 바로 다시 장 씨를 불러들였습니다.

오창익　그래도 어머니 돌아가시고 난 다음 삼년상이 끝날 때까지는 어머니 뜻을 좇았습니다

장희빈의 묘 끊임없는 모사로 인현왕후를 폐서인시키고 국모의 자리까지 차지한, 영악함과 투기의 상징 인물이었다.

오항녕 장 씨에 대한 숙종의 총애는 갈수록 깊어갔습니다. 숙종 12년 (1686) 9월, 숙종은 장 씨를 위해 몰래 별당을 지어주기도 합니다. 이를 알고 사헌부에서 중지할 것을 청했지만 숙종은 잘못 전해들은 거라 둘러대며 공사를 중지하지 않았습니다. 이어 12월에는 장 씨를 종4품 숙원淑媛으로 삼았습니다.

오창익 자식을 낳지도 않은 궁녀宮女를 숙원으로 삼는 것은 파격적인 일이라고 하던데요?

오항녕 그렇습니다. 숙원으로 만들어준 것만이 아니라, 장 씨의 궁방인 숙원방淑媛房에 노비 100여 명을 주기로 했습니다. 모두 파격적인 일입니다.

오창익 왕이 그런 법도에 어긋나는 일을 하면 반드시 신하들의 반대가 쏟아지겠습니다.

오항녕 사헌부만이 아니라, 홍문관 관원들도 사간원도 동참했습니다. 게다가 왕의 비서실인 승정원도 나섰습니다. 언론 삼사만이 아니라 승정원까지 나섰으니 숙종도 뭔가 변명이라도 해야겠지요? 숙종의 말입니다.

> "역사기록을 보니, 여자를 총애함으로써 정신이 어지러워져서 정치를 망한 자가 많았으므로 내가 상시 슬퍼하고 한탄하였다. 하물며 나는 종묘宗廟의 부탁을 받았으니, 어찌 감히 스스로 가볍게 행동하겠는가?"

그런데 숙종은 말과 행동이 달랐습니다.

오창익 그러면 신하들의 반대 목소리도 더 커졌겠습니다.

오항녕 숙종이 후궁 장 씨에 대해 과도한 집착을 보이자 숙종과 신하들 사이에는 긴장이 생겼습니다. 성균관 대사성, 지금은 국립대학교 총장쯤 되는 김창협金昌協이 논계論啓에 들어갔습니다. 논계는 신하가 임금의 잘못을 지적하고 고치도록 아뢰는 일인데 성균관 대사성이 직접 나섰습니다. 김창협의 말을 들어보시죠.

> "어제 사헌부의 계啓에 대해 전하께서는 전해들은 말이 사실과 어긋난다고 하셨는데, 근래에 진실로 별당을 짓는 일이 있다는 것을 알았습니

다. 대목大木을 구하는 공사 담당 관리가 빈번히 민간에 출입하고 있으니 대간의 아뢴 대로, '장인匠人을 불러 모으고 재목을 운반하는데 반드시 이른 아침과 늦은 저녁에 한다'는 말이 과연 거짓말이 아닙니다. (혹자는 말하기를, "임금이 장 씨를 위하여 별당을 지으면서 외부 사람으로 하여금 알지 못하게 했다" 하였다.) 지금 전하께서 스스로의 잘못이라고 하교하시고는 안으로는 급하지 않은 역사役事를 일으키고, 밖으로는 신하의 말을 막아버리는 변명을 하시니, 이것은 스스로를 속이고 또 남을 속이는 일입니다."**4**

오창익 대놓고 따지니 숙종의 처지가 무척 곤궁하겠습니다. 대사성의 말이 숙종에겐 큰 부담이었을 겁니다. 그냥 잘못했다는 게 아니라, 스스로를 속이고 또 남을 속이는 소인배 취급을 받았으니 자존심도 상했겠습니다. 아무리 조선에 언로가 트여 있다고 해도, 뒷일이 걱정될 정도입니다.

오항녕 그랬습니다. 대사성 김창협의 말은 숙종을 흔들었을 겁니다. 숙종은 똑똑하고 자존심도 강한 인물입니다. 똑똑한 사람이니 당연히 김창협의 말이 옳다는 것을 알았을 테고, 그래서 무척 자존심이 상했을 겁니다. 그러니 화를 낼 수도 없지요. 무척 화가 나는데 화를 내지 못했습니다. 숙종의 화는 그로부터 3년이 지난 다음에 터졌습니다.

오창익 장 씨에게 별당을 지어준 게 숙종 12년의 일이니 3년 뒤면, 숙종 15년(1689)입니다. 장 씨가 아들을 낳은 게 바로 요맘때죠?

---

4 『숙종실록』 권 17, 12년 12월 10일.

오항녕 숙종 15년 1월, 숙종은 장 씨가 낳은 아들을 원자元子로 책봉합니다. 태어난 지 두 달 만의 일입니다. 이때 김수항金壽恒이 반대합니다. 아직 인현왕후가 젊으니 좀 더 기다려보자는 것입니다. 이런 의견을 내는 데는 이유가 있습니다. 신하들의 머릿속에는 광해군과 영창대군이 떠오른 것입니다. 임진왜란이란 특별한 사정 때문에 광해군이 세자가 되긴 했지만, 결국 영창대군이 광해군의 손에 죽지 않았습니까?

오창익 인현왕후는 당시 22세이니 아직 젊었습니다. 나중에 두고두고 분란이 생길지 모르니 원자 책봉을 서두를 필요가 없다는 지적도 틀린 말은 아닙니다. 하지만 김수항의 반대가 이런 이유 때문만은 아니죠?

오항녕 그렇습니다. 좀 더 중요한 이유일 수도 있는데, 숙종이 장 씨를 지나치게 총애하는 것을 경계했습니다. 장 씨를 숙원으로 삼고 숙원방에 노비를 내려줄 때 농지에 대한 조항을 누락했다며 추가로 150결結을 주었습니다. 당시엔 1결을 가진 사람도 많지 않았습니다. 1결은 쌀 20가마를 생산하는 땅입니다. 더구나 당시엔 팔도八道에 재해 때문에 굶어 죽는 사람들이 길에 널려 있었습니다. 당시 사관이 한 말입니다.

"옛적의 역사를 보면, 큰 수해는 여자를 총애할 때 나타나는 징조라고 했다. 이때 장 씨에 대한 폐총嬖寵이 한창 대단했으니, 이번 수재가 발생한 것은 우연한 일이 아니다. 다른 도들도 잇달아 수해 피해를 보고했는데, 사람과 가축이 죽거나 부상하고 집들이 떠내려가고 분묘가 무너진 곳이 매우 많았으며, 또한 벼락 맞아 죽은 사람이 많았다."

오창익 사관이 약간 과장한 것 같습니다. 수해가 난 것과 숙종이 장씨를 사랑하는 게 인과관계가 있는 것처럼 연결될 수는 없는 일이죠. 하지만 사관은 임금이 민생을 돌보는 일은 제쳐두고 오직 개인적인 사랑에만 매달려 있을 때를 경계하는 말을 하고 싶었겠죠. 당시 민심도 그랬을 겁니다. 사관은 일종의 민심의 대변자 역할을 했던 거죠.

오항녕 『서포만필西浦漫筆』『사씨남정기謝氏南征記』의 저자로 알려진 김만중金萬重은 이 무렵 매관매직의 조짐에 대해 비판했습니다. 마치 광해군 때와 비슷하다고 했지요. 그랬더니 숙종은 자존심이 상해서 발끈합니다. 숙종은 김만중을 의금부에 하옥시킵니다. 김만중은 판의금부사判義禁府事였는데 자신이 근무하던 관청에 하옥된 것이지요. 여러 차례의 국문鞫問에도 별다른 범죄 혐의가 드러나지 않자, 숙종은 김만중을 평안도 선천宣川으로 귀양 보냈습니다.

오창익 자존심이 강하다는 게, 이런 식으로 드러나면 곤란하지요. 이건 그냥 너희들의 말은 듣기 싫다며 화를 내는 것에 불과합니다. 형벌을 사적인 감정을 푸는 도구로 쓰는 것이기도 합니다.

오항녕 김수항과 함께 송시열宋時烈도 원자 책봉이 이르다며 상소합니다. 역시 결과가 좋지 않았습니다. 송시열은 삭탈관직削奪官職을 당하고 귀양 보내집니다. 뿐만 아니라 김수항과 송시열에게는 당나라의 이임보李林甫, 노기盧杞와 같다는 탄핵이 이어집니다. 김수항은 귀양 간 곳에서 사약을 받아 죽었는데, 사관은 바로 3년 전 대사성 김창협이 숙종의 거짓말을 비판한 데 대한 보복이라는 여론이 있었다고 적습니다.

김수항의 아들이 바로 김창협이었
거든요. 김창협의 말을 꾹 참았다가
3년 뒤에 그의 아버지를 죽여버린
것입니다.

오창익 이임보는 앞서 다루었고,
노기는 바로 뒤에 우리가 다룰 예
정이지요? 당나라의 대표적인 간신
으로 말입니다. 아무튼 사랑에 눈먼
숙종이 집요하기까지 합니다. 사관
이 보복을 언급할 정도면 민심은 들
끓었겠습니다. 임금에게 바른 소리
를 했다고 아비를 죽이는 숙종의 뒤
끝이 무섭습니다.

오항녕 인현왕후도 폐출시킵니다.
숙종은 폐위시킬 명분을 찾기 위해
인현왕후를 여후呂后와 곽후霍后에

송시열 초상 장희빈의 아들이 원자로 책봉되
는 데 신중해야 한다고 간언한 뒤 유배돼 결
국 사약을 받는다.

비유했습니다. 여후는 한 고조漢高祖의 황후로, 척 부인戚夫人의 팔다리
를 자른 채 변소에 가두고 소제少帝를 살해한 극악무도한 사람이었습
니다. 곽후는 곽광霍光의 딸로 효선제孝宣帝의 황후였는데 여후처럼 온
갖 악행을 일삼다가 폐위되었다가 결국은 자살했던 사람입니다. 그런
데 어떤 자료에도 인현왕후가 여후나 곽후처럼 악행을 일삼았단 기록
은 나오지 않습니다. 오히려 거꾸로 된 이야기만 넘쳐납니다.

오창익 숙종이 장 씨 때문에 사리판단을 못하고 있습니다. 왕비를 터무니없는 이유로 폐위시키면 반발도 만만치 않았을 텐데 그야말로 앞뒤 재지 않고 그저 돌격만 하는 형국입니다. 그런데 이래도 되나요?

오항녕 이런 게 바로 왕정의 약점이 아닌가 합니다. 왕의 마음이 어디론가 휩쓸리면 쉽게 돌이킬 방법이 없습니다. 왕이 장 씨에게 그랬던 것처럼 무언가에 사로잡혀 휩쓸려버리면 정말 대책이 없어집니다. 그래서 세자 때는 서연書筵, 임금이 되어서는 경연經筵을 통해 계속 공부하며 성찰할 수 있는 제도적 장치를 마련한 것입니다.

오창익 아무리 세자 때 서연을 열심히 했고, 왕이 되어서도 좋은 스승을 모시고 경연에 충실했다 하더라도 숙종처럼 막무가내라면 대책이 없겠습니다. 왕권에 대한 민주적 통제가 없으니 왕이 하고 싶은 쪽으로만 나라가 움직이게 됩니다. 당연한 이야기지만, 왕정의 근원적 약점입니다.

오항녕 박태보朴泰輔, 오두인吳斗寅 등도 숙종을 말립니다. 숙종의 어머니 명성왕후가 인현왕후를 아꼈던 일을 상기시키고, "삼년상을 지낸 아내는 내보내지 못한다(與經三年喪, 不去)"는 말까지 하면서 숙종에게 호소했습니다. 이들이 올린 상소문의 일부를 보시죠.

> "군부君父가 덕을 잃었는데 신하가 간언하지 않고, 요염한 자의 참소에 미혹되어 죄 없는 국모를 폐하니, 이야말로 천고에 없는 큰 변고이고 풍속에 관계된 일이옵니다. 신들이 비록 보잘것없으나 국록을 먹고

조정 반열에 참예하였는지라, 군부가 덕을 잃어 만대에 누명을 들으실 줄 아는데 어찌 간언하지 않겠습니까. 성상께서는 국모를 참소한 자를 베고 망극한 전교를 거두시면 종묘사직의 복이고, 만백성의 다행일 것입니다."

오창익　임금에게 올리는 말은 부드럽지만 그 속은 꽉 차 있으면서도 날카롭습니다. 숙종이 덕을 잃었고 '요염한 자' 장 씨의 참소에 미혹되어 천고에 없는 큰 변고를 일으킨다는 말은 맞지만, 그저 장 씨만 싸고 돌면서 괜한 자존심을 세우는 숙종이 이런 말에 귀 기울일지 모르겠습니다. 숙종이 어떤 선택을 하든 박태보와 오두인의 태도는 본받을 만합니다. 이대로 그냥 두면 임금이 만대에 걸쳐 불명예를 당할 것이니 신하들이 나서서 그런 불명예만은 막아야겠다는 충정이 좋습니다. 그래서 숙종이 맘을 좀 돌리나요?

오항녕　그 충정에 대한 답은 모진 국문이었습니다.

오창익　그러면 숙종이 그냥 자존심이 상한 정도가 아니라, 일종의 독이 오른 상태가 되었다는 건가요?

오항녕　그렇습니다. 잘못이 많은 사람일수록 이런 식으로 독이 오릅니다. 이건 예외가 없는 것 같습니다. 숙종의 국문은 모질었습니다. 직언을 한 신하들에게 압슬壓膝을 가했습니다.

오창익　압슬은 사람을 꿇어앉히고 돌이나 널빤지 같은 것으로 무릎위를 짓이기면서 자백을 강요하는 고문 아닙니까. 숙종의 대응이 너무 치졸합니다.

오항녕 그뿐이 아닙니다. 실록에는 "압슬로 빻고 능장稜杖(모서리가 있는 몽둥이)으로 치니 좌우가 차마 보지 못하였고, 살갗과 살점이 떨어지며 뼈마디가 드러나, 튀는 피가 곤룡포 아래 떨어지는데도 박태보는 안색이 씩씩하고 조금도 굴복지 않았다. 인두로 살을 지지는 낙형烙刑에도 박태보의 기개는 꺾이지 않았다"라고 적혀 있습니다. 박태보 등이 당한 고문에 대해서는 『숙종실록』에 자세히 나와 있습니다. 『인현왕후전』에도 비슷한 기록이 있습니다.

오창익 숙종이 어리석은 왕이 되어 충신을 죽음으로 내몰고 그저 자기 마음에 드는 후궁만 끼고 돕니다. 그런데 문제는 왕이 이렇게 사리 판단을 못하게 되면 그저 왕후를 누구로 할 것인가, 원자를 누구로 할 것인가 등의 왕실 내부 문제가 파탄 나는 데서 그치지 않는다는 데 있습니다. 왕이 정치를 잘못하면 그 피해가 고스란히 백성들에게 가지 않을까요?

오항녕 바로 그랬습니다. 항상 그렇습니다. 정치 지도자의 판단이 흐려지면 그 결과는 곧바로 백성들의 고통으로 연결됩니다. 가까스로 줄였던 세금이 다시 늘어나기 시작한 것도 이때입니다. 세금이 늘어나면 백성들이 힘들어집니다. 생산 활동은 위축되고 세금을 견디지 못한 최하층은 '도적'이 됩니다. 이때 나온 사람이 바로 장길산입니다.

오창익   성호星湖 이익李瀷이 조선의 3대 도적으로 홍길동, 임꺽정, 그리고 장길산을 들었답니다. 모두 소설이나 영화의 주인공으로 우리에게 친숙한 사람들입니다. 숙종의 실정失政이 장길산을 낳았군요.

오항녕   아! 성호가 그런 말을 했나요? 하여간 장길산에 대한 기록이 재미있습니다. 장길산은 평안도 양덕陽德 땅에 숨어 있었습니다. 포도청에서 장교를 보내 덮치려고 했지만 놓쳐버렸습니다. 결국 양덕 현감만 벌을 받았지요. 나중에 장길산의 친척들인 장유수, 장유립 등도 체포했지만 장길산의 행방은 묘연했답니다. 끝내 관군에게 체포되지 않고 신화가 된 사람입니다.

오창익   또 장희빈 이야기를 할 때 꼭 빠지지 않는 사람이 오빠 장희재張希載입니다.

오항녕   장희빈과 함께 승승장구했던 인물입니다. 장희빈이 숙종의 총애를 얻자 포도부장捕盜部將으로 발탁되었다가, 장 씨가 왕비가 된 다음에는 금군별장禁軍別將이 됩니다. 지금으로 치면, 대통령 경호실 간부가 되는 겁니다. 이어서 어영중군御營中軍으로 승진했다가 곧이어 총융사撫戎使로 승진하여 병권을 장악합니다. 이어 포도대장, 우윤右尹을 지냅니다. 동생과 매제(숙종)를 뒷배로 자기 권력만 믿고 함부로 굽니다. 국가 형벌권을 사사로이 쓰고, 맘에 들지 않는 사람들을 잡아다 때리고 고문하는 일도 서슴지 않았습니다. 그렇지만 인현왕후가 복위하는 갑술환국甲戌換局 이후 몰락합니다.

오창익　못된 짓을 일삼다 실각을 했으니 그의 죄를 물어야 한다는 여론이 들끓었겠습니다.

오항녕　그랬습니다만 장희재는 여전히 세자의 외삼촌이었습니다. 해서 사형은 면하고 제주도에 귀양을 보냅니다. 그러나 장희빈과 장희재에 대한 조사를 할수록 둘의 악행이 드러났습니다. 장희빈은 처소인 취선당就善堂에서 저주를 하던 일이 발각되었습니다. '취선당'이란 건물 이름이 '선한 데로 나아가는 집'이란 뜻인데, 선이 아니라 악으로 나아간 셈이지요. 결국 장희빈에게는 자진自盡의 명이 내려졌고 장희재는 서울로 끌려와 군기시軍器寺 앞에서 목이 잘렸습니다.

오창익　오누이의 마지막이 비참합니다. 권력을 사유화하고 권력을 놓치게 되자 저주를 퍼붓는 장씨 오누이도 딱하지만, 이들의 배경이 숙종이었다는 것을 잊으면 안 될 것입니다. 가장 큰 책임은 숙종에게 있고, 모든 게 숙종에서 비롯되었습니다.

4장

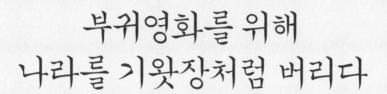

부귀영화를 위해
나라를 기왓장처럼 버리다

원재

후추만 8만 되, 가없는 탐욕

오항녕 여러 종류의 서로 다른 간신들이 있는데, 이들에겐 변치 않는 하나의 공통점도 있습니다. 뭘까요?

오창익 사리사욕만 탐했다거나 아니면 부패했다는 것 아닐까요?

오항녕 그렇습니다. 간신들은 전부 부패했습니다. 청렴과는 거리가 멀었습니다. 겉으로 청렴한 척했던 사람도 있었지만, 실제로 청렴하진 않았습니다. 그건 공익보다 사익을 추구했던 사람들이니까 어쩌면 당연한 일이었습니다. 간신은 오로지 자신의 이익만을 위해 거짓말도 밥 먹듯 하고 남을 무함하고 뇌물도 잘 챙기는 등의 여러 특징을 보이지만, 이 장에선 그중에서도 더욱 돋보이는 공통점, 청렴이란 덕목과는 먼 거리에 있었던 인물들을 중점적으로 살펴보겠습니다. 먼저, 전국시대 인물부터 한 명 보겠습니다.

조나라 효성왕孝成王 때였습니다. 빈객이 왕을 만나 물었습니다.

"세상에 상옹桑雍이라는 것이 있다는데, 왕께서는 아십니까?"

효성왕은 아직까지 그 말을 들어보지 못했다고 말했습니다. 그러자 빈객이 이렇게 말합니다.

> "상옹이란 바로 총애하는 주변 사람들, 광대나 애첩, 환관들입니다. 이들은 모두 왕이 술에 취하고 혼미한 틈을 타서 왕에게서 바랐던 것을 가지려는 자들입니다. 이들이 안에서 뜻을 얻으면, 대신은 밖에서 법을 굽힙니다. 그러므로 해와 달이 밖에서 비추어도, 해치는 자들은 안에 있기 마련입니다. 싫어하는 자들을 대비해야 하지만, 정작 재앙은 왕이 사랑하는 자들에게서 나옵니다."

틀린 말이 아닙니다. 진시황이 6국을 병탄했지만 그가 죽은 뒤에 진나라를 멸망시킨 것은 중거부령 조고였지 6국이 아니었습니다.

오창익 맞습니다. 나라가 망한다면 그건 철저하게 내부 문제인 경우가 많습니다. 물론 외침을 받아 망한 나라도 있습니다만, 만약 내부가 튼실했다면 밖의 적들이 함부로 넘보지 못할 겁니다. 왕의 입장에서는 가장 경계해야 할 사람이 오히려 가까운 사람이어야 합니다. 친인척, 자기가 왕이 되는 데 공을 세운 사람 등이 가장 먼저 경계해야 할 사람이죠.

오항녕 한 애제漢哀帝 때 낭관郎官 동현董賢은 잘생긴 사람이었답니다. 황제가 자주 불러 이야기 나누기를 즐겼고 황문랑黃門郎에 임명하였습니다. 동현이 황궁을 나갈 때면 황제가 함께 수레를 탔고 궁에 들어올 때는 황제에게 하듯 좌우에서 시중을 들었습니다. 불과 한 달 사이에 황제에게 받은 상이 몇만 냥이었습니다. 이런 갑작스러운 출세의 비결은 동현이 부드러운 성격에 비위를 잘 맞추고 아첨을 잘했기 때문입니다. 이를 통해 자신의 지위를 공고하게 했죠.

황제는 자신의 비위를 잘 맞추는 동현을 늘 곁에 두고 싶어 했습니다. 아예 궁 밖으로 내보내려 하지 않았습니다. 동현을 궁궐에 머물게 했고 동현을 위한 목욕탕도 내주었습니다. 게다가 토목 담당관에게 명하여 동현을 위한 저택을 짓도록 했는데, 그 토목 공사에는 최고의 기술진이 투입되었습니다. 뿐만 아니라 동현을 수행하는 시동侍童까지 황제의 하사품을 받았습니다. 동현이 타는 수레와 입는 의복은 황제 다음이었고 진귀한 보물이 모두 동현의 집에 있었습니다.

오창익　완전히 푹 빠졌네요. 사랑하는 사람에게 아낌없이 제 것을 내어주는 것은 평범한 사람들에겐 칭찬받아 마땅한 일일 수도 있겠지만 제 것이 모두 나라 것인 황제에게는 제 것을 내어주는 게, 결국은 백성에게 돌아가야 할 나라 것을 내어주는 것이니 문제가 심각하네요. 황제가 갖고 있는 것이 모두 백성에게 얻은 것인데 자기 비위 맞추는 사람에게 이렇게까지 하다니, 한심합니다.

오항녕　그게 위험한 거지요. 재물이 백성에게서 나온 것을 잊고 마음대로 쓰는 것 말입니다. 동현의 직급은 계속 올라갑니다. 고안후高安侯에 봉한 뒤 얼마 지나지 않아 대사마 위장군大司馬衛將軍으로 삼았는데 그때 동현의 나이가 불과 22세였습니다. 동현의 위세가 하늘을 찌르니 삼공三公들까지도 동현에게 각종 사안을 보고했습니다. 그렇지만 기세등등한 동현도 애제가 죽자 급전직하하게 됩니다. 황제가 죽자 태후는 책문을 내려 동현을 면직시켰습니다. 동현은 그날로 스스로 목숨을 끊었습니다. 집안 식구들도 모두 쫓겨났습니다. 관청에서 동 씨의 재산을 내다팔았더니 모두 43만 금이었다고 합니다.

오창익 동현은 권력이 얼마나 무상한지를 보여줍니다. 기세등등해봤자 그게 기껏해야 오로지 황제의 비위를 맞춰서 얻은 권력이니 황제가 죽은 다음에 순식간에 사라져버리는 게 당연하겠지요. 그게 아니라, 백성의 신임이나 관원들의 지지를 통해 얻은 권력이었다면, 그것도 아니라 오로지 자신의 노력과 실력을 통해 얻은 것이었다면, 그렇게 허망하게 사라지지는 않았을 것입니다. 동현도 역시 황제의 비위를 맞춰가며 얻어낸 게 권세와 함께 재물이었군요.

오항녕 간신치고 청렴한 사람은 없지만, 둘째가라면 서러운 인물이 있습니다. 바로 당나라 원재元載입니다. 원재는 당 숙종唐肅宗 때, 이보국李輔國의 천거로 평장사에 발탁된 사람입니다. 이보국은 환관 출신으로 재상에까지 오른 사람으로 역시 간신이었습니다. 나중에 숙종이 이보국을 몰래 죽이려고 했을 때, 원재가 함께 모의하고 준비도 했습니다. 숙종의 뒤를 이어 대종代宗이 즉위하자 원재의 권력은 더 커졌습니다. 절대 권력이던 이보국은 대종이 자객을 보내 암살한 다음이니 거리낄 게

원재元載(?~777)

중국 당나라 숙종에서 덕종 때의 간신. 황제의 마음을 읽어 신임을 독점하고 어마어마한 치부를 하고 충신들을 무자비하게 참람하고 악행을 일삼았다.

156

없었을 겁니다. 원재는 재물을 매개로 환관 동수董秀와 결탁했고 주서主書 탁영천卓英倩과도 은밀히 왕래합니다. 황제의 주변을 장악한 것입니다. 황제의 마음이 어디에 있는가를 원재가 먼저 알아채고 비위를 맞췄고 황제의 속뜻까지 들여다보았습니다. 한 번도 황제의 뜻을 거스르는 일이 없었기에 황제는 원재를 아꼈습니다. 당 현종 때의 이임보와 참으로 비슷합니다.

오창익 결국 간신의 핵심 포인트는 군주의 마음을 얼마나 잘 읽느냐, 그리고 군주의 비위를 얼마나 잘 맞추느냐에 달렸습니다. 하긴, 군주도 사람인지라 자기가 듣고 싶어 하는 이야기를 해주는 사람을 좋아하기 마련이지만, 그래도 군주가 갖춰야 할 최소한의 덕목 같은 것을 놓치지 않았다면 단순히 비위나 맞추는 사람만을 가까이하지는 않았을 것입니다. 간신의 배후가 바로 무능한 군주이기도 합니다.

오항녕 그렇습니다. 군주의 자질이 부족할 때마다 간신이 나타나는 법입니다. 원재는 황제의 신임을 받아 권력을 독점하고는 황제에게 상주하는 사람이 자기의 치부를 공격할까 두려워했습니다. 그래서 모든 관원에게 사안을 논할 때는 먼저 장관에게 보고하고 장관은 재상에게 보고한 다음에 주문奏聞하게 하라고 황제에게 청했습니다. 복잡한 절차를 두고 자신은 중간에 황제에게 올라가는 보고들을 통제하겠다는 속셈입니다. 황제 대종은 이 요청을 받아들입니다. 그러자 형부상서刑部尙書 안진경顏眞卿(709~785)이 반대합니다.

"낭관郎官과 어사御史는 폐하의 이목耳目인데, 사안을 논할 때 먼저 재상에게 보고하는 것은 스스로 눈과 귀를 가리는 것입니다. 폐하는 신하들이 참언하는 것을 두려워하면서 어찌 그 말의 허실을 살피지 않으십니까? 만일 말이 과연 허언이면 의당 벌을 주어야 하고, 과연 사실이면 상을 주어야 할 것입니다. 윗사람의 뜻은 아래에 미치지 못하고, 아랫사람의 생각은 위로 전달되지 못한 결과, 현종이 촉蜀 땅으로 피난 가는 화가 생긴 것입니다. 이런 일은 바로 이임보가 오늘날 부활하는 것과 같은 일입니다."

안진경, 들어본 적 있으시지요?

오창익 '안진경체顔眞卿體'의 그 안진경이죠? 왕희지와 더불어 중국에서 서예로 아주 유명한 분, 당唐부터 청淸에 이르기까지 과거 시험장에서 가장 모범이 되는 서체였고 중국의 각종 서책도 안진경체로 썼다죠. 지금까지도 가장 대표적인 서체가 바로 안진경체입니다.

오항녕 예, 글씨를 잘 써서 안진경체로 알려진 바로 그분입니다. 안진경의 말을 듣고 원재는 안진경을 비방하는 상주를 올려 협주峽州 지방관의 보좌관으로 그를 좌천시킵니다. 협주 별가峽州別駕였습니다. 별가別駕는 이속吏屬이나 서리書吏를 뜻하니 중

안진경 원재가 황제의 눈과 귀를 통제하려 하자 이를 간신 이임보의 부활과 같다고 경고했으나 받아들여지지 않았다.

앙정부의 장관을 하루아침에 지방의 하급관리로 내친 것입니다.

원재는 국정을 농단하고 잔머리로 꾀를 부려 뇌물을 받아 챙겼습니다. 분수에 넘치는 사치는 도를 넘었습니다. 황제까지 경고를 했지만 그의 탐욕은 멈추지 않았습니다. 마침내 원재가 반역을 도모한다는 고발이 있었고 황제는 원재를 잡아들여 자진自盡하게 합니다. 당연히 그 많던 재산도 몰수당합니다. 담당관리가 그의 집을 수색했더니 후추만 8백 석이나 나왔답니다.

오창익 후추가 귀했고 약으로도 썼던 시절인데 8백 석이나 나왔다니, 그의 치부가 어느 정도인지 알 것 같습니다. 한 석은 열 말, 한 말은 열 되이니 되로 치면 8만 되나 나왔다는 거잖아요. 보통 집에는 후추가 한 되도 없었을 겁니다. 후추만 쳐도 그 정도니 다른 재물은 오죽하겠습니까.

오항녕 간신은 탐욕스럽고 탐욕스러운 자는 반드시 간사합니다. 하지만 간신과 맞은편에 있는 인물들도 많습니다. 제갈량諸葛亮은 삼국시대 촉나라 승상이었으면서도 재산은 성도成都에 있는 뽕나무 8백 그루가 전부였습니다. 그가 촉나라 후주後主에게 올린 표表에 나오는데, 그는 뽕나무 8백 그루와 척박한 밭이나마 45경頃이 있어서 자제들이 먹고살기에 충분하다고 했지요.[1]

오창익 경頃이란 단위는 시대마다 그 넓이가 조금씩 다르지만 대략 4평

---

1 「촉지蜀志 제갈량전諸葛亮傳」, 『삼국지三國志』 권 35.

방미터(m²)정도이니 45경이면 180평방미터, 평수로는 54평, 넓은 아파트 정도밖에 안 되는 땅이네요. 그나마 척박한 땅, 후추만 8백 석을 가진 사람과 45경의 척박한 밭과 뽕나무 8백 그루가 전부인 사람. 그게 바로 충신과 간신을 가르는 중요한 기준입니다.

오항녕 그래서 간신은 제갈량처럼 청렴한 인물을 싫어합니다.

02
노기
충신은 차마 두고 볼 수 없다!

오항녕 당나라 덕종德宗 시기에 활동했던 노기盧杞는 용모가 추했고 얼굴은 시퍼랬다고 합니다. 그러나 말재간이 좋았답니다. 덕종은 노기의 말재간을 좋아해서 어사대부로 발탁했습니다.

곽자의郭子儀라는 사람이 있었습니다. 곽자의는 당나라 장군으로 안녹산의 난을 토벌할 때 큰 공을 세웠던 사람입니다. 그는 빈객을 만날 때도 첩을 곁에 두었고 슬하에 자식이 많아 이름조차 일일이 외우지 못할 지경이었답니다. 한번은 노기가 곽자의 문병을 간 일이 있었는데 곽자의는 시중드는 첩들을 모두 물리쳤다고 합니다. 누군가 그 까닭을 물으니, "노기는 외모는 허름하지만, 마음은 음험한 자다. 아녀자들이 그의 외모를 보면 분명히 비웃을 것이다. 그런 일이 생기면 뒷날 노기가 권력을 잡았을 때, 우리 집안은 씨도 남지 않을 것이다"라고 했답니다. 느낌이 오시죠?

오창익 곽자의가 노기를 알아
봤네요. 외모에 대한 콤플렉스가
강한 사람이었고 그 콤플렉스를
누군가 자극하면 그걸 마음속에
깊이 간직했다가 나중에 반드시
보복할 위인이라고 보았던 거죠.

오항녕 얼마 있다가 노기는 재상인 문하시랑門下侍郞 평장사平章事로
발탁됩니다. 하지만 노기는 실력이 비루하고 문장이 없었습니다. 문장
을 잘 쓰는 것은 관료의 필수조건이었습니다. 양염楊炎은 같은 재상이
었지만 이런 노기를 우습게 여겼습니다. 병을 이유로 노기와는 함께 식
사도 하지 않았습니다. 노기는 한을 품게 되었습니다.

노기는 교활한 자였습니다. 세력을 만드는 데 조금이라도 자기편이
되지 않는 자는 반드시 사지로 몰아넣었습니다. 그런 사람이 한을 품
었으니 반드시 보복을 했겠죠. 노기는 태상박사太常博士 배연령裴延齡을
끌어들여 집현전 학사로 임명했고 그러자 배연령이 얼마 지나지 않아
양염을 참소해서 정치를 그만두게 했습니다.

오창익 요즘 말로 '뒤끝 작렬'이네요.

오항녕 그뿐이 아닙니다. 양염이 처음 재상이 되었을 때 경조京兆 엄
영嚴郢을 싫어하여 대리경大理卿으로 좌천시킨 일이 있었습니다. 노기
는 양염에게 복수의 칼을 갈면서 엄영을 끌어들여 어사대부로 삼았습
니다. 적의 적은 동지라 여긴 겁니다. 이에 앞서 양염이 집안에 사당을

세우려는데 저택이 동도東都에 있었으므로 하남윤河南尹 조혜백趙惠伯의 힘을 빌려 팔았습니다. 조혜백은 그 저택을 사서 관청으로 삼았습니다. 엄영이 이 일을 조사한 뒤 양염이 이익을 도모했다고 판단했고, 노기는 이때다 싶어서 대리정 전진田晉을 불러 어떤 법률을 적용하면 좋을지 의논하게 했습니다. 이에 전진이 "법률을 감독하는 관원이 시장에 물건을 팔아 이익을 남겨 논란이 되면 관직을 박탈합니다"라고 이야기합니다. 이 일을 계기로 양염의 관직을 빼앗자는 겁니다. 그런데 이 말을 들은 노기는 화를 내며 전진을 형주荊州 사마로 내쫓아버립니다. 양염의 관직을 빼앗는 정도로는 결코 만족할 수 없다는 것이었습니다. 다시 다른 관리를 불러 적용할 법률을 의논하게 합니다.

오창익　어떤 행위에 대해 법을 적용한다는 것이 사실은 자기가 원하는 결론에 짜 맞추기 위한 작업일 뿐입니다. 이번에는 노기가 원하는 답을 얻었겠네요. 말 한마디 잘못하면 쫓겨날지도 모르니까요.

오항녕　그 관리는 "감독하는 관원이 도둑질하면, 그 죄가 교형絞刑에 해당합니다"라고 했습니다. 노기의 마음에 쏙 드는 법 적용이었습니다.
　양염의 사당은 현종 때 재상이었던 소숭蕭嵩의 사당 자리였는데 노기가 이를 이용하여 양염을 무함하였습니다. "이 땅은 왕기王氣가 있으므로 현종께서 소숭에게 옮기도록 하였습니다. 양염이 다른 뜻을 품고 있기 때문에 그 땅에 사당을 지은 것입니다." 그러나 덕종은 양염을 죽이지는 않고 애주崖州 사마로 좌천하였습니다. 양염이 애주까지 가는 길에는 환관을 보내 호송하도록 했는데 애주에 채 도착하기도 전에 누군가 양염을 목 졸라 죽였습니다. 일설에는 양염이 자살했다고도 하는

데 어떻든 양염이 노기에 의해 죽음으로 내몰린 것은 분명합니다. 그리고 양염의 저택을 샀던 조혜백은 다전多田 지역 위尉로 좌천되었는데 그 역시 노기가 죽여버렸습니다.

오창익 말재간으로 자리를 얻고 황제의 신임을 받아 권세까지 누리면 그저 치부 정도로만 멈추지, 그게 아니라 잔혹한 복수까지 일삼고 있네요. 그런데 이건 단순한 복수가 아닐 수도 있다는 생각도 듭니다. 신망받는 재상을 제거하여 자기 권력을 더욱 공고하게 하려는 술책에다 치졸한 복수심이 합해진 것이겠죠.

오항녕 덕종이 처음 즉위했을 때는 최우보崔祐甫를 재상으로 삼아 백성들에게는 관대하여 좋은 평가를 받았답니다. 마치 '정관의 치貞觀之治 (627~649)'와 비슷한 분위기도 있었답니다.

오창익 당나라 초기, 2대 황제 태종 이세민의 치세가 바로 '정관의 치'죠. 중국 역사상 가장 번성했던 시기, 위징, 방현령, 장손무기 등이 태종을 보좌해 당나라의 부국강병을 이끌었던 시대와 비슷했다면 덕종 초기에는 살기 좋았던 시기였겠습니다.

오항녕 하지만 융성했던 시기도, 군주가 어떤 사람을 곁에 두는가에 따라 단박에 달라질 수 있습니다.

노기는 장일張鎰이란 사람이 충직해서 황제가 중히 여기는 것이 싫었습니다. 어떻게든 지방으로 내쫓고 싶었습니다. 노기가 조정의 인사를 총괄하게 되었을 때, 변방인 봉상鳳翔 지역에 보낼 장군 후보를 논의하는 자리에서 이렇게 말합니다. 노기의 말은 주의 깊게 들어야 합니다.

> "주체朱泚는 이름과 지위가 높은 사람이지만, 봉상의 장군은 직급이 높아서 믿을 만한 재상 수준의 신하가 아니라면, 다스릴 수 없습니다. 봉상에는 제가 갔으면 합니다."

황제 덕종은 봉상에 주체라는 사람을 보내려 했던 모양입니다. 그런데 갑자기 노기가 자신이 가겠다고 청하는 상황이 된 겁니다. 황제는 뭐라 말해야 할지 몰랐습니다. 그저 고개만 숙이고 아무 말이 없었습니다. 그러자 노기가 또다시 아뢰었습니다.

> "폐하께서는 필시 저의 용모가 모자라 삼군三軍이 복종하지 않을 거라 생각하시는 것이니 진실로 폐하의 신령한 판단이십니다."

오창익 진심으로 봉상의 장군으로 가겠다는 게 아니라, 자기는 용모가 부족해서 적임이 아니니 다른 재상을 보내라는 뜻이네요. 바로 장일을 겨냥한 것이군요.

오항녕 노기의 말이 끝나자 황제는 장일을 돌아보며, "재주가 문무를 겸비하고 명망이 중외中外에 무겁기로는 경과 바꿀 사람이 없다"고 말합니다. 장일에게 가라는 말입니다. 장일은 잠자코 황제의 명을 받아들였습니다. 자신이 노기의 배척을 받는다는 것을 알고 있으니 굳이 상황을 모면하려고 하지 않았습니다. 장일은 봉상에 도착한 지 얼마 안 되어 주체의 장수 이초림李楚琳에게 살해당합니다.

만일 노기가 봉상에 자신이 가겠다고 했을 때 황제가 수락했다면, 노기의 술책은 궁색해졌을 겁니다. 그러나 노기는 자신의 외모가 추하기에 장수들을 위엄으로 복종시킬 수 없으니 필시 보내지 않을 거라 알고 있었던 겁니다. 재상 자리에 있는 사람은 노기와 장일뿐입니다. 재상이 가야 할 자리라 규정해놓았으니 자기가 갈 수 없으면 가야 할 사람은 장일뿐이지요. 노기의 교활한 꾀였습니다. 덕종은 그의 꾀에 빠지고도 알지 못한 것입니다.

오창익 교활한 노기도 문제지만 노기의 얕은꾀에 빠져 장일을 내보낸 덕종의 어정쩡한 태도가 더 심각한 문제입니다.

오항녕 장일이 없는 조정에서 노기가 정권을 틀어쥐었지만 황제가 다시 재상을 세울 테고 그러면 자신의 권력이 나뉠 것을 알고 있었습니다. 다시 공작에 들어갔습니다. 노기는 이부시랑吏部侍郎 관파關播를 천거합니다. 관파는 학문이 있고 후덕하여 풍속을 진무할 수 있을 거란 이유를 댑니다. 관파는 중서시랑中書侍郎 평장사平章事가 되었는데 실제 일은 모두 노기가 결정했고 관파는 그저 팔짱만 끼고 있을 뿐, 가부를 논하는 일은 없었습니다.

한번은 황제가 재상들과 어떤 사안을 논의할 때, 관파가 불가하다는 생각에 일어나 말을 하려고 하자 노기가 눈짓으로 말렸습니다. 중서성으로 돌아오자 노기가 관파에게 따졌습니다.

"족하足下께서 신중하고 말이 적었기 때문에 이렇게 재상으로까지 끌어들였는데 어쩌자고 입을 열어 말을 하려고 하였습니까?"

오창익 관파가 무슨 말을 한 것도 아니고 말하려는 시늉으로도 이렇게 야단을 맞네요. 완전히 협박이네요. 이러면 다음부터 관파는 입도 벙긋하지 못하겠습니다.

채경 휘종을 쾌락에 빠뜨려 북송을 끝장냈다.

오항녕 간신이 나라를 맘대로 주무를 때는 혼자서만 하는 게 아닙니다. 쉽게 통제할 수 있는 사람을 2인자로 구합니다. 주관도 없고 나약한 사람이 필요한 거죠.

송나라 때 채경蔡京은 사마광 등을 간당으로 몰았던 권신입니다. 진회秦檜는 남송南宋 고종高宗 때 명장 악비岳飛를 죽이고 장준張浚, 조정趙鼎 등을 귀양 보내는 등 정권을 천단擅斷하였습니다. 한탁주韓侂冑는 영종寧宗 때 정권을 잡고 주자朱子 등을 위학僞學이라고 지목하고 금지시킨 인물입니다.[2]

능력도 자질도 없는 사람을 하루아침에 재상의 자리까지 높여주었으니 그 은혜를 갚을 길이 없다고 여기는 사람이 어떻게 감히 반대 의견을 낼 수 있겠습니까? 노기가 관파를 등용한 까닭이 이와 같았습니다.

---

2 「간신열전姦臣列傳」, 『송사宋史』 권 472, 권 474.

오창익　일을 잘하는 사람을 뽑는 게 아니라 일부러 무능한 사람을 뽑아서 오로지 자기만 따르게 하는 것도 간신에겐 하나의 용인술이 됩니다.

오항녕　덕종 건중建中 4년(783), 이희열李希烈이 반란을 일으키자, 황제가 노기에게 계책을 물었습니다. 노기가 아룁니다. "학문이 있고 정의로운 중신이 성상의 명을 받들고 반역의 부당성을 설명하면 이희열이 반드시 마음을 고쳐먹고 자기 잘못을 뉘우칠 겁니다. 그러면 군대를 동원하는 수고를 하지 않더라도 복종시킬 수 있을 겁니다. 안진경은 세 임금을 모신 오랜 신하이고 충직하며 강건하여 천하에 명성이 무거워 사람들이 믿고 따르니, 이 일에 적격입니다."

　황제가 옳다고 생각하고 안진경에게 이희열이 있는 허주許州로 가서 이희열을 잘 설득하라고 명합니다. 황제의 조서가 내려가자 조정의 모든 신하들이 깜짝 놀랍니다. 이면李勉이란 사람은 "원로 한 사람을 잃는 것은 나라의 수치입니다"라는 글을 올려 한탄합니다.

오창익　이희열의 난을 이용해 안진경을 치겠다는 속셈입니다. 안진경이란 분은 앞서 살펴보았듯이, 학문이 높고 특히 글씨로도 유명한데, 노기의 입장에서는 능력이 출중하다는 이유만으로 불편한 존재, 부담스러운 존재였을 겁니다.

오항녕　안진경은 허주에 도착하자마자 이희열에게 억류당합니다. 이희열은 그를 회유했습니다. 그러나 안진경은 오히려 이희열을 꾸짖고 책망합니다. 원로다운 언동이었지만 안진경은 이희열에게 3년이나 억류당하다가 결국 살해당하고 맙니다.

오창익　간신 한 사람 때문에 얼마나 많은 사람들이 고초를 당하는지 모르겠습니다. 당대만이 아니라 이후 천년 넘게 이름을 떨친 명필마저도 노기의 수작으로 목숨을 잃습니다. 간신들은 이렇게 능력 있는 사람들을 아무 까닭 없이 정적으로 만들고, 또 죽여버리는 일을 서슴지 않습니다.

오항녕　예부상서禮部尙書 이규李揆는 능력과 명망이 있는 사람이었습니다. 그러니 노기의 미움을 받을 수밖에 없었습니다. 노기는 이규를 미워해서 변방 너머 토번吐蕃(티베트)에 들어갈 회맹사會盟使로 추천합니다. 이규는 황제에게 "신이 먼 길을 꺼리지는 않지만, 가는 길에 죽어서 조명詔命(황제의 명령)을 마치지 못할까 두렵습니다"라고 하자, 황제가 이 말을 듣고 측은하게 생각했습니다.

　그러자 노기는 "먼 오랑캐에게 보내는 사신은 조정의 옛 일에 대해 익히 아는 사람이 아니면 안 됩니다. 이번에 이규가 토번에 가게 되면, 이제부터는 이규보다 나이가 어린 사람은 먼 곳에 가는 사신을 사양하지 못할 것입니다"고 하였습니다. 나이가 많아 먼 곳으로의 여행이 어려운 이규를 기어코 보내려던 것입니다. 결국 이규는 가던 길에 죽습니다.

오창익　역시 노기만 욕할 일이 아닙니다. 황제 덕종에겐 신하를 아끼는 마음이 없었습니다. 좋은 사람들의 보좌를 받아 좋은 정치를 펼칠 생각 자체가 없는 것처럼 보입니다. 매번 같은 말씀을 드리게 되는데, 간신의 존재 여부는 전적으로 군주의 자질이 관건입니다.

오항녕　이러면 상황이 좋아질 리 없습니다. 지금의 안휘성安徽省 지역인 경원涇原에서 군사들이 일으킨 반란 때문에 덕종은 봉천奉天으로 피난하게 됩니다. 이 틈을 타 주자朱泚가 반란을 일으켜 봉천을 포위하여 공격하니 가히 점입가경인 상황이었습니다. 이때, 이회광李懷光이 황제의 명을 받아 주자의 군대를 물리치고 포위를 풀었습니다. 큰 공을 세운 것입니다. 그러나 노기가 이걸 그냥 두고 보기는 어려웠을 겁니다. 노기는 조찬 등과 함께 참소를 하여 이회광이 봉천에 들어와 황제를 알현하지도 못하게 합니다. 이회광이 노기에 대해 비판적이라는 것도 미리 속셈에 넣어두었겠지요. 이회광은 노기가 병졸들에게 줄 군수품을 빼돌려 군대를 운용하는 게 너무 힘들었기에 노기에게 당연히 비판적이었습니다.

오창익 어떤 면에서는 이회광쯤 되어야 노기를 비판할 수 있었다는 겁니다. 천릿길을 달려와 황제를 구한 사람, 종묘사직을 구한 큰 공이 있으니까요. 그리고 그리할 수 있었던 군대가 자기 휘하에 있으니 아무리 노기의 위세가 등등해도 노기를 비판할 수 있었을 겁니다. 이에 대한 노기의 대응이 또 시작되는군요.

오항녕 노기의 말을 들어보시죠.

"이회광은 종묘사직에 공훈이 있고, 역적들은 간담肝膽이 깨질까 두려워하고 있습니다. 지금 그 위세대로라면 단박에 평정할 수 있습니다. 만일 이회광이 조정에 오는 것을 허락하여 잔치를 베풀어주고 봉천에 머물게 하면, 역적들이 남은 군대를 수습할 시간을 갖고 다른 계책을 마련할 것입니다. 그러면 도모하기가 어렵습니다. 아예 승기를 잡은 김에 곧바로 장안을 평정하여 파죽지세로 밀어붙이느니만 못합니다."

덕종은 노기의 말이 그럴듯하다고 생각합니다. 이회광에게는 조서를 내려 황제를 만나러 들어오지 말고 섬서성 함양시 서남쪽에 있는 편교便橋 지역에 주둔하라고 합니다. 이회광은 장안에서 쫓겨나 봉천에 와서도 반란군에게 포위당한 황제를 구하기 위해 천릿길을 달려와 어렵게 공을 세웠는데, 간신의 말 한마디에 막혀 황제를 만나지도 못하게 된 것입니다. 당연히 불만을 품기 마련입니다. 그래서 거꾸로 반란을 일으켜 봉천을 포위했던 주자와 손을 잡고 반란을 모의합니다.

게다가 이런 사태를 만든 노기 등의 죄악을 드러내며 문제제기를 합니다. 이회광은 큰 공을 세운 사람이라 그의 말에는 힘이 있었습니다. 그러자 드디어 여론이 비등해졌고 모두들 노기가 문제라고 입을 모읍니다. 그제야 덕종은 노기를 광동성 신주新州 사마로 좌천시켰습니다. 노기의 파당이었던 환관 적문수翟文秀는 이회광의 건의에 따라 죽였습니다.

소식蘇軾, 당송팔대가의 한 사람이죠, 송나라 소식은 "이사李斯가 몽염이 자신의 권력을 빼앗을까 걱정하여 이세 황제를 세웠다가 나라를 망쳤다. 노기는 이회광이 자기의 악행을 비판할까 두려워 덕종을 잘못 판단하게 함으로써 다시 이회광의 반란을 초래하였다. 그 마음은 본래 자신의 권력을 잃을까 두려워하는 데서 생겼으며 그 화는 바로 나라를 망치는 데 이르렀다"고 한 적이 있습니다.[3]

오창익 소식의 말처럼 간신들은 오로지 자기만 생각하다 나라를 망치는 사람들인데, 여러 간신들을 보면 아예 처음부터 나라의 운명 같은

---

3 「상황제서上皇帝書」(『동파전집東坡全集』 권 51)에 나온다.

것은 염두에 두지 않았던 사람들처럼 보입니다. 그러니 간신들이 어리석다는 것이겠죠. 적당한 선에서 멈추지 못하고 탐욕이 끝이 없어 결국은 나라를 망치고 자기 자신마저 망친다는 걸 깨닫지 못한 겁니다. 그런데 참 이상합니다. 역사에는 숱한 간신들이 나오고 간신들을 경계해야 한다는 가르침도 많은데 막상 간신들은 그걸 왜 깨닫지 못하는 걸까요. 그만큼 권력의 중독성이 강한 탓일까요.

오항녕 그런 권력을 가져본 적이 없어 모르지만 아마 그렇겠지요. 이회광은 황제를 지키기 위해 천 리를 달려왔습니다. 그래서 종묘사직을 지키는 공을 세웠지만 결국 천자를 한 번 보지도 못했습니다. 그러니 이회광의 충심이 역심으로 변하는 겁니다. 가장 큰 죄를 물으라면 덕종에게 물어야 합니다. 스스로 밝지 못했으니까요.

정원貞元(덕종의 세 번째 연호, 785~805) 연간에 덕종은 조용히 이필李泌을 불러 자신이 즉위한 이래 재임했던 재상에 대해 논의하였습니다. 그때 황제는 "노기는 충성스럽고 청렴하며 강개하다. 사람들은 노기가 간사하다고들 하는데, 나는 전혀 그런지 모르겠다"고 합니다.

이필이 답합니다. "사람들이 노기를 간사하다고 하는데, 폐하께서는 그 간사함을 전혀 모르는 것이 바로 노기가 간사한 까닭입니다. 만일 폐하께서 깨달으셨다면, 어찌 건중建中의 난이 있었겠습니까?" 건중建中(덕종의 첫 번째 연호, 780~783) 연간이던 783년에 주자朱泚에게 봉천을 포위당했던 수모를 왜 겪었냐고 물은 겁니다.

그래도 덕종은 "노기는 소심하여 내가 말하는 것을 따르지 않은 것이 없었다"고 합니다. 이필이 다시 말하길, "노기가 폐하의 말을 따르지 않은 것이 없었다는 것만으로 어찌 충신이라고 하겠습니까? 나를 거스르

172

지 않았다는 그 말이 바로, 공자가 말한 '한마디 말로 나라를 망하게 하는 일'입니다"라고 했습니다.

오창익 노기가 실권한 다음에도 노기를 그리워하네요. 그런데 이 사람의 묘호廟號가 왜 덕종德宗인지 모르겠습니다. 하긴, 묘호란 것이 꼭 그 군주의 업적을 그대로 따르는 것은 아니겠지만, 이 사람은 참으로 덕이 없는 사람입니다. 그런데 이필이 했다는 말, '한마디 말로 나라를 망하게 하는 일(一言而喪邦)'이라는 표현이 마음에 남네요.

오항녕 노魯나라 정공定公이 한마디 말로 나라를 잃는 경우가 있냐고 공자께 묻자, 공자께서 "그 말이 선하지 않은데도 어기는 사람이 없다면, 한마디 말로 나라를 잃는 것과 비슷하지 않겠냐?"고 하였습니다. '선하지 않은 말을 아무도 반대하지 않고 순순히 따르는 것'이 한마디로 나라를 잃는 경우라는 겁니다. 『논어』「자로子路」에 나오는 말입니다.

오창익 그런 의미에서 내부비리를 고발한 분들은 나라를 구한 분들입니다. 국군보안사령부(지금의 기무사령부) 윤석양 이병, 군부재자 투표의 진실을 폭로한 이지문 중위, 방산비리를 폭로한 사람들, 최근 박근혜 게이트의 노승일 씨에 이르기까지, 아무도 반대하지 않고 순순히 따르다 나라가 망할 위기에 처해 있을 때마다 그래도 우리에겐 용감한 고발자들이 있었습니다. 고마운 일인데, 현준희 감사관이 그런 말씀을 하셨다더군요. "고발은 짧고, 고통을 길다." 나라가 망할 위기에서 나라를 구한 분들이 거꾸로 직장에서 쫓겨나고 생계를 잃게 되고 주변에서 왕따를 당하는 등의 고초를 겪지만 보상은 아무것도 없는 잘못된 제도는 바꿰어야 합니다. 잘못된 일을 말할 수 있도록 언로가 트여 있어야 그리고 잘못을 고발하면 그에 맞는 상을 받을 수 있어야 나라 망하는 걸 막을 수 있습니다.

오항녕 "고발은 짧고, 고통은 길다." 가슴이 답답해집니다. 정작 우리 사회가 차츰 나아졌던 데는 이분들의 고발이 큰 몫을 한 건데, 고발만 듣고 고통은 모른 척하고 살았습니다.

기자헌
방납으로 쌓은 축재

오항녕　보통 사람들, 왕조시대의 백성들에겐 무엇이 가장 중요한 문제였을까요?

오창익　그건 옛날이나 지금이나 별로 다르지 않을 겁니다. 가장 중요한 것은 먹고사는 거죠. 먹고사는 게 제일 중요합니다.

오항녕　"백성들은 먹는 것을 하늘로 삼는다(民以食爲天)"란 말이 있습니다. 조선시대 정책 담당자들이 자주 했던 말입니다. 가난하든 부유하든 먹고사는 것은 삶의 기본조건입니다. 나라의 존재이유가 바로 여기에 있습니다. 먹고사는 조건을 확보해주는 메커니즘이 제대로 돌아가기 위해서는 세금 정책이 가장 중요합니다. "모든 나라는 세금 때문에 흥하고 망한다." 이게 제가 그동안 역사를 살펴본 결과입니다.

오창익 담뱃세를 올려서 서민들은 더 큰 고통에 시달리고, 부자감세로 부자는 더 부자가 되는 게 오늘의 현실입니다. 이런 상황에서 법인세 현실화, 초고소득자들의 소득세 인상 같은 쉬운 과제마저 외면당하고 있는 게 또한 오늘의 현실입니다.

오항녕 지금의 세금은 모두 화폐로 납부하지만 조선시대에는 지금과 경제체제가 달라서 현물로 납부하는 세금도 있었습니다. 그걸 공납貢納이라고 합니다. 논밭에서 걷는 세금인 조租, 특산물이 나는 지역에서 거두는 공납인 조調, 노동력을 제공하는 요역徭役, 이들을 합쳐 '조용조租庸調' 체제라고 합니다. 군대에 가는 것도 요역의 하나였습니다.

오창익 오 교수님의 관찰에 따르면, 조용조 체제가 공정하게 또 원활하게 작동하냐 그렇지 않냐에 따라 나라의 흥망성쇠가 달려 있는 것이군요.

오항녕 어떤 지역에서 어떤 특산물을 국가에 바쳐야 하지만 세월이 흐르면서 더 이상 생산되지 않는 특산물이 생길 수도 있습니다. 당연히 공납제도는 시대에 따라 개혁이 필요하게 됩니다. 그런데 개혁작업이 시의적절하게 이뤄지지 않으면 일정한 대가를 받고 생산되지 않는 공물을 대주는 전문 업종, 즉 '방납防納'이 생깁니다.

> **기자헌奇自獻(1562~1624)**
>
> 자는 사정士靖. 호는 만전晩全. 초명은 자정自靖으로, 광해군을 즉위시키는 데 공헌하고 관료로서 방납을 통해 막대한 이익을 거두었다.

오창익 방납이란 말을 들으면

바로 떠오르는 말이 폐단입니다. 각종 농간이 생기고 이 과정에서 엄청 난 부를 챙기는 사람도 있겠지만 이중삼중으로 수탈을 당하는 사람들 이 늘어나게 되겠죠.

오항녕 그렇습니다. 그저 수수료나 좀 받는 수준에서 멈추지 않는 겁니다. 그래서 공납을 현물이 아닌 전세田稅로 받자는 개혁안이 제시되었고, 이게 대동법大同法으로 연결되는 겁니다.

그런데 공납제도가 무너진 건 자연스러운 일이 아니었습니다. 인재 人災였습니다. 재정 조달은 지방 → 각사各司 및 호조 → 의정부 → 국왕 이라는 행정 체계를 통하여 이뤄지게 마련이었습니다. 연산군은 조선 역사에서 이럴 때마다 빠지지 않고 등장하는 인물입니다. 연산군 때에 는 사옹원司饔院(왕실 음식 담당 관청)이나 내수사內需司(왕실 경비 담당 관청) 가 국왕에게 곧장 보고하게 하면서 기존의 행정체계를 무너뜨립니다. 이런 일은 무오사화 이후 더 심해졌고, 갑자사화가 일어나던 연산군 10 년에는 내수사 직계제가 확립되면서 왕실의 사적인 이익 추구가 제도 화됩니다.

연산군이 나라 살림을 살피지 않고 마음껏 써버렸으니 조정은 늘 재 정 부족에 시달릴 수밖에 없었습니다. 재정 남용에 따른 부족분은 다음 해나 그다음 해에 사용할 공물을 미리 당겨쓰거나 육의전六矣廛 등의 상인 조직에서 필요한 공물을 강제로 교환하는 무납貿納을 통하여 메 워나갔습니다.

오창익 그렇게 내년, 내후년 것까지 당겨 쓴다는 게 아직 생산되지도 않은 것을 당겨 쓸 수는 없는 노릇이니 그만큼 각지의 백성들을 더 짜내겠다는 것 아닙니까. 백성의 고통이 얼마나 컸을지 짐작이 됩니다.

오항녕 연산군이 어느 정도 재정을 탕진했는가 하면, 사섬시司瞻寺에서는 면포 80만 필을 불과 20일 만에 써버릴 정도였습니다.

오창익 예, 궁궐에 머무는 사람들의 숫자, 아니 도성 인구나 조선 인구를 봐도 그건 거의 불가능한 일이 아닌가요. 쓰지도 않고 버리면 몰라도 어떻게 그렇게 심한 낭비를 할 수 있을까요?

오항녕 연산군이 가장 좋아하는 진상품은 사슴의 꼬리와 혀였다고 합니다. 참 식성도 독특하지요.

오창익 사슴 꼬리와 혀를 조달하려면 농사짓는 농민들이 온통 사슴 잡기에만 나서야 합니다. 차라리 사슴 고기를 좋아했다면 그런대로 조달했을지 모르지만, 사슴 한 마리를 잡아도 조금밖에 나오지 않는 '특수부위'만 즐겼다니, 이걸 갖다 바쳐야 하는 농민들의 고충이 어떠했을지요.

오항녕 이쯤 되면 막 가자는 겁니다. 공물의 수량과 출처를 기록한 기존 공안貢案이 무의미해지고, 또 물자도 부족해지는 겁니다. 그러자 공안의 현실화라는 미명 아래 추진한 것이 공안 개정이었습니다. 하지만 연산군이 추진한 공안 개정은 진짜 개정이 아니라 백성들을 더 많이 수탈하기 위한 것이었습니다. 해당 지역에 '추가 징수했던' 공물과 진상을 '원래 있던' 공물과 진상으로 간주하는 조치였습니다. 특별한 계기가 있어 추가로 내던 세금이었는데 앞으로는 늘 내야 하는 세금이 된 것입니다.

오창익 그게 무슨 개혁입니까. 사람을 더 죽이자는 거죠. 홍길동이 허균許筠의 소설에만 나오는 허구가 아니라 실제로 연산군 때 존재했던 도적이었던 것도, 다 그런 사정에서 비롯된 것이겠죠. 도저히 견딜 수 없게 짜내면, 정든 고향과 집을 떠나 도적이 될 수밖에 없는 게 바로 민중들의 삶이죠. 그렇게 해서라도 먹고살아야 하니까요. 먹고사는 게 제일 중요하니까요.

오항녕 예를 들어, 경기도민들은 1년에 진상할 물고기 7천518마리 중에서 추가 별진상別進上이 4천8백 마리나 되었습니다. 추가 진상이니 나라 살림이 평시로 돌아오면 2천7백여 마리만 내면 될 텐데, 그 추가, 특별, 예외를 일반, 일상으로 만들어버린 것입니다.

　그렇게 백성들을 괴롭히며 분탕질 치던 연산군은 재위 12년 만에 중종반정中宗反正(1506년)으로 쫓겨납니다.

오창익 폭군 연산이 사라졌고 연산군 시기에 가장 힘들었던 게 바로 세금으로 인한 백성의 고초였으니, 중종의 '반정反正' 이후에는 연산군의 잔재를 청산하고 백성의 삶을 어루만지며 국가를 정상적으로 운영하는 것이 가장 큰 국정 목표였겠습니다.

오항녕 분명 그렇습니다만, 반정 공신들에 둘러싸인 중종은 연산군 때의 폐습에 안주하려는 경향을 보였습니다. 중종 재위 10년을 전후하여 국가 경영을 바로 잡으려는 조광조 등의 개혁세력이 공안을 개혁하려고 했으나 기묘사화己卯士禍로 좌절을 겪었습니다. 개혁의 실패로 민중의 삶은 여전히 어렵기만 했습니다. 그래도 사관들은 왕의 행태에 대한 비판의 붓을 놓지 않았습니다. 중종 25년 1월에서 2월 사이에 궁궐에서 사용한 물품 수량까지 정확히 적어가면서 대놓고 비판하기도 했습니다.

> "정월부터 오늘까지 대궐 안에서 사용한 물품 수량을 따져보았더니, 기름 7석石, 밀가루(眞末) 10석, 꿀 10석, 솜 2백 50근, 색실色絲 150근, 설탕과 침향沈香 각각 1백 근, 황밀黃蜜 2백 근, 단목舟木 4백 근, 갖가지 과실果實이 24석이었으며, 다른 물건도 하도 많아서 이루 다 기록하기 어렵다."

겨우 선조 때 가서야 율곡 이이李珥의 주창으로 공납 개혁안이 마련되었고 이원익李元翼의 제안으로 광해군 즉위년 5월 7일, 선혜청이 설치됩니다. 광해군이 즉위한 게 2월 2일입니다. 선왕이 돌아간 다음 서너 달은 상례를 치러야 하는 상황이니 선혜청 설치는 이미 선조 때 추진하기로 했던 사안이었습니다. 하지만 왕실과 권세가들이 얽힐 대로 얽힌 방납 비리는 쉽게 개혁하기 어려웠습니다.

오창익 광해군 때의 선혜청 설치를 두고 광해군이 상당한 자질을 가진 군주라는 평가들이 있는데, 시기를 정확히 살펴보면 꼭 그런 게 아님을 알 수 있습니다. 오 교수님께서 영화 〈광해〉가 공전의 히트를 기록할 무렵 쓰신 책 『광해군, 그 위험한 거울』이란 책이 생각납니다.

오항녕 선혜청이 설치되자 방납으로 제 잇속을 챙기던 세력의 반격이 시작됩니다. 우선 언론플레이부터 시작합니다. 조정에서 대동법을 곧 폐지할 거라며 여론을 흔드는 것입니다. 사간원司諫院이 그런 현상을 고발했습니다.

오창익 사간원이라면, 홍문관·사헌부와 함께 언론 삼사言論三司라고 불리는 곳의 하나지요?

오항녕 그렇습니다. 간쟁諫諍과 논박論駁을 관장하고 올바른 공론을 만들어가야 할 책무를 지닌 부서지요. 조선왕조실록朝鮮王朝實錄 중 하나인『광해군일기』에 나오는 사간원의 문제제기를 보시죠.

> "조정에서 건의해 선혜청을 설치한 것은, 백성들의 피해를 제거하는 데 힘써서 백성을 안쓰럽게 여기시는 성상의 인자함을 본받고자 함이었습니다. 오늘날 백성을 괴롭히는 일이 방납하고서 교활한 방법으로 대가를 곱절로 징수하는 폐단보다 심한 것이 없습니다. 때문에 경기도의 1년 공납 및 온갖 부역의 대가를 절감해 헤아려서 결수結數를 계산하여 쌀로 거두도록 하였습니다. 이렇게 될 경우, 대개 백성들이 무거운 짐을 벗고 편히 쉴 수 있는 것이 전일 방납한 사람들이 지나치게 함부로 징수하던 수에 비교하면 몇 갑절이 줄어든 정도가 아닙니다. 그런데 일이 시행되기도 전에 논의가 분분하고, 방납하는 사람들은 그 이익을 잃을 것을 두려워하여 따라서 교란시키니, 일이 장차 중도에 폐해지게 될 형편인지라 진실로 한심합니다."[4]

---

4 『광해군일기』(중초본) 1년 2월 28일.

백성들은 편하다고 하는데 방납배들이 대동법을 교란시키고 있다, 이런 우려를 표합니다. 이렇게 정책을 흔드는 세력도 있지만 김상용金尚容 같은 분은 경기 도민들과 연명 상소를 올려 대동법이 민생에 편리하다고 거듭 강조했습니다. 곽재우郭再祐 같은 분도 마찬가지였습니다.

오창익　임진왜란 때 의병장이었던 그 곽재우 말씀입니까?

오항녕　바로 그분입니다. 곽재우는 강원도 등 다른 데까지 대동법을 확대 실시할 것을 요구합니다. 그러나 이런 요청은 광해군의 반대에 부딪혔습니다. 광해군은 오히려 기존의 임토작공任土作貢, 즉 토산물이 나는 곳에 공물을 나누어 배정한다는 관례에 기초한 현물 납부를 포기할 수 없는 원칙으로 생각했습니다.

이 대목은 무척 이상한데요. 광해군이 어떤 사람입니까. 선조 후반, 정확하게는 임진왜란이 나던 선조 25년(1592)부터 15년 이상 세자로 있던, 국정 운영의 두 번째로 중요한 책임자였습니다. 그런데 선조 때 한창 논의하던 공납제 개혁의 기본 방향도 인식하지 못하고 있던 셈입니다.

오창익　그게 영화 속에서 이병헌이 연기하던 광해군과 역사적

기자헌 간신의 전형적인 특성을 두루 갖추었다.

현실로서의 광해군의 차이였겠지요. 아무튼 이상한 일이 분명합니다. 백성을 살리는 정책에 대한 이해도 부족하고 의지도 없던 것 아닌가요?

오항녕　이해가 부족해서인지 아니면 의지가 부족해서인지 모르지만, 광해군은 선혜청의 경기 대동법과 자신의 견해가 다르다고 명확히 선언합니다. 광해군의 이러한 태도는 인사에서 더욱 확연히 드러납니다. 광해군이 즉위한 다음 유영경柳永慶이 쫓겨나고 그 대신 기자헌奇自獻이 좌의정에 임명되는데, 이 사람이 바로 방납 커넥션의 주인공이었습니다. 이런 인사를 두고 사헌부의 지평 유석증兪昔曾과 사간원의 정언 윤형언尹衡彦은 좌의정 기자헌을 다음과 같이 탄핵합니다.

> "좌의정 기자헌은 본디 음흉하고 속임수를 가진 사람으로서 많은 불의의 짓을 하고 탐욕과 교활한 짓을 하면서 기탄없이 방자하였습니다. 전에 재상의 자리에 있을 때 위세를 크게 떨치니 사람들은 그를 승냥이나 호랑이보다 더 무서워하였습니다. 사소한 원한도 보복하지 않음이 없어 드디어 형적도 없는 일로 조진趙振 등을 모함하여 큰 옥사를 일으키고, 자기의 생각대로 자행하면서 곧 풀어줄 것을 청하는 등 죽이고 살리는 것을 조정하여 자기의 뜻대로 하였습니다.
>
> 심지어는 각사各司의 공물까지도 각각 그 사람들과 내통하여 방납하지 않은 것이 없었으며, 가격을 갑절로 받아들여 한 푼도 빠뜨리지 않았습니다. 백성들의 집터를 빼앗아 크게 저택을 지은 것이 세 군데나 되었으며, 뇌물이 밀려들어 문 앞은 저자를 이루었습니다. 밖으로는 고을 백성들과 안으로는 시정 사람들치고 원망하지 않는 자가 없어, 인심이 더없이 억울해합니다.

왕위를 이은 처음에 다시 재상의 자리에 앉히니, 중외에서 실망하여 심지어는 기가奇哥의 유가柳哥를 바꾸었다는 조롱까지 있습니다. 인심의 거취와 나라의 존망이 모두 이 사람의 진퇴에 매였으니, 관작官爵을 삭탈하여 문밖으로 내쫓으십시오."[5]

오창익 사간원에서 그래도 용기 있는 관원들이 바른 말로 임금에게 직언을 하는군요. 이런 게 조선이 5백 년을 이어갈 수 있었던 하나의 원동력이었을 겁니다. 자, 관원들의 직언을 들은 광해군의 반응은 어땠습니까?

오항녕 그것도 광해군의 육성을 직접 들어보겠습니다.

"나의 뜻은 이미 일렀으니 번거롭게 하지 말라. 대신의 체면은 매우 중하여 함부로 논의할 수 없는 것인데, 더구나 산릉山陵의 일을 총지휘하고 있지 않은가. 윤허하지 않는다."

오창익 그게 전부입니까. 죄 없는 사람을 모함하여 큰 옥사를 일으켰고 방납 비리에다 백성의 재산을 빼앗아 큰 저택을 세 채나 지었고 뇌물을 받는 등의 구체적인 죄상을 알렸는데, 광해군은 그저 대신의 체면이나 따집니다. 더구나 기자헌이 선조의 산릉山陵 일을 감독하고 있다는 이유로 신하들의 직언을 내치는군요.

---

5 『광해군일기』(중초본) 즉위년 4월 19일.

오항녕 이런 논의가 있었던 날이 광해군 즉위년 4월 19일이었습니다. 선혜청이 설치된 게 5월 7일이었으니 20일도 남지 않았을 때의 일입니다.

오창익 김영삼 대통령의 치적 중의 하나가 이를테면 금융실명제일 겁니다. 가령 김영삼 대통령이 금융실명제 실시 20일도 남지 않은 때에 금융실명제를 정면으로 반대하고 금융실명제 도입으로 큰 손해를 볼지도 모르는 사람을 기획재정부 장관으로 임명했다는 것과 다르지 않네요. 물론 김영삼 대통령은 그렇게 하지 않았고 금융실명제를 뚝심 있게 밀어붙였지만, 광해군은 해도 너무 하네요.

오항녕 방납 세력가인 기자헌을 좌의정에 임명한 것만으로도 대동법의 미래는 예측할 수 있었습니다.

오창익 그런 저항 때문에, 또 방납 세력과 어울려 백성은 돌보지 않는 왕의 무능함 때문에, 대동법 시행은 거의 1백 년이란 세월이 필요했던 거군요. 1608년에 경기도에 시험적으로 시행하다 평안도, 함경도를 제외한 전국에서 시행된 게 1708년의 일이니 딱 1백 년입니다. 기득권 세력이라 그렇다 쳐도, 왕만은 제대로 백성을 살폈어야 하는데 이런 행태를 보면 왕도 그저 기득권의 핵심으로밖에는 보이지 않습니다.

오항녕 결국 경기 대동법 실시를 주장하며 선혜청 설치에 앞장섰던 영의정 이원익은 병을 핑계로 조정을 떠나고 대동법은 광해군의 반대 등으로 1년도 못 되어 흐지부지됩니다. 호조판서로 있던 황신黃愼이 홀로 대동법을 지키려고 애썼지만 그마저 광해군 5년 계축옥사癸丑獄事로 귀양을 가면서 실오라기처럼 이어지던 대동법 추진세력의 명맥마저 끊어지게 됩니다.

오창익 연산이나 광해나 다 쫓겨날 만해서 쫓겨난 왕들이었습니다. 그나저나 백성들의 궁핍한 상황이 걱정입니다. 게다가 거대한 전란을 겪은 다음인데…….

오항녕 통상 조선시대에 경작지에서 나오는 산출물로 내는 전세가 결結 당 4말, 나중에 현종~숙종 때 대동법이 시행된 뒤 내는 세금이 12말이었습니다. 1:3의 비율입니다. 그렇지만 방납이 성행하던 시기에는 적게는 사오십 말, 많게는 백 말이 넘었다고 합니다. 정상적인 공납보다 적게는 서너 배, 많게는 열 배에 달했던 것입니다. 세금을 많이 거뒀다 하더라도 그게 백성을 위해 제대로 쓰였다면 또 모르지만, 이렇게 거둔 돈이 국가 재정으로도 들어가지 않고 왕실이나 권문세가의 주머니로 들어갔던 것입니다. 광해군을 혼군昏君이라고 불렀던 이유입니다.

오창익 대동법 이야기를 오래 하다 보니 기자헌에 대한 논의가 좀 줄었습니다만, 기자헌도 만만치 않은 간신입니다.

오항녕 기자헌은 정부 관료면서도 방납을 통해 막대한 이익을 착복했습니다. 정부 관료라는 유리한 자리를 이용해 오로지 사적 이익을 추구하는 데만 골몰했습니다. 역시 간신의 전형적인 모습입니다. 기자헌은 허균의 역모 사건에도 연루되어 있습니다. 우리는 허균을 『홍길동전』

의 저자로만 알고 있는데, 광해군 때 허균의 정치 행각은 『홍길동전』의 저자라고는 도무지 믿기지 않을 지경입니다. 허균은 이이첨李爾瞻과 결탁하여 나라를 혼탁하게 만든 사람이었습니다. 이 이야기는 다음 장에서 보다 자세히 다루겠습니다.

아무튼 간신들의 공통점, 백성과 나라는 아랑곳하지 않고 오로지 제 뱃속만 채운다는 점을 살펴봤습니다. 사리사욕을 채우기 위해 민생을 도외시하고 국가재정도 파탄나게 한다는 것을 기자헌 등 광해군 시기의 권력자들이 잘 보여주고 있습니다. 그야말로 간신들입니다.

5장

남을 모함하여
제 이익을 챙기다

이이첨
실록까지 손댄 역사의 간신

오창익 지난 장에서 허균 이야기를 꺼내만 놓고 다루지는 않았으니, 허균 이야기부터 했으면 합니다. 우리가 아는 허균의 가장 대표적인 이미지는 『홍길동전』의 지은이입니다. 시인으로 이름 높은 허난설헌이 누이이기도 하죠. 그리고 허균이 반역을 했다는 것은 누명을 썼다는 주장도 많습니다. 허균은 개혁사상가라는 거죠. 한 인물을 두고도 이렇게 전혀 다른 해석이 있을까 싶기도 합니다.

오항녕 내친김에 허균

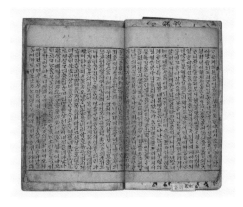

허균의 『홍길동전』. 홍길동전의 저자로 유명한 허균은 이이첨과 결탁해 폐모론을 주장한 뒤 패배했다. 광해군은 그를 '역적 허균'이라 부르며 혐의 사실을 기정사실화한다.

(1569~1618) 얘기부터 하고 가겠습니다. 광해군 10년은 인목대비의 폐위가 마무리된 뒤, 권력을 전횡하던 북인北人의 내부 균열이 가속화된 때입니다. 그중 대표적 사례가 허균의 옥사입니다. 허균이 이이첨 세력에게 밀려 죽임을 당한 일입니다.

맞습니다. 허균은 『홍길동전』을 쓴 바로 그 사람입니다. 그런데 허균이 계축옥사는 물론 폐모론廢母論 때도 권신 이이첨과 보조를 맞췄던 인물이라는 점에서 의아하기까지 합니다. 특히 폐모론 때는 이이첨의 입이 되었던 사람이기도 합니다.

그래서 허균의 작품과 정치 역정 사이의 간극은 얼마나 될까 하는 질문이 떠오릅니다. 허균의 아버지는 허엽許曄으로 선조 때의 유력 정치인이고, 형 허성許筬 역시 광해군 때 판서를 지낸 인물입니다. 어떤 분들은 허균을 두고 '시대의 이단아' 운운하기도 하는데 전혀 사실이 아닙니다. 다만 『홍길동전』 때문에 허균에 대해 이단아 같은 이미지가 생겼겠지만, 허균의 실제는 이단아와는 거리가 멀었습니다.

오창익 맞아요. 우리 시대에도 김지하 같은 시인이 그렇죠. 1970년대의 김지하와 지금의 김지하가 같은 인물이라고 생각할 수 없을 정도로 그 간극은 넓기만 합니다. 그런데 한 인물에 대한 역사적 평가를 한다면 그 기준은 아무래도 역사적 기록이겠죠?

오항녕 맞습니다. 조선왕조실록을 비롯한 우리의 자랑스러운 기록유산들이 그 역할을 해줍니다. 우리가 기억하고 싶어 하는 이미지가 아니라, 역사의 실제 기록을 통해 그 인물을 평가해야 합니다.

허균의 옥사는 허균이 경운궁慶運宮으로 편지를 묶은 화살을 쏘아 보냈다고 영의정 기자헌이 지적하면서부터 시작됩니다. 광해군 9년 2월, 인목대비가 머물던 경운궁에 누군가 투서를 한 일이 있었습니다. 인목대비의 아들 영창대군과 아버지 김제남金悌男은 계축옥사로 이미 죽임을 당한 다음이었습니다. 이 편지 사건에 대해 광해군 9년 12월, 기자헌

의 아들 기준격奇俊格이 장문의 상소를 올려 허균이 김제남과 연계되었다고 고발함으로써 본격적으로 점화되었습니다.

기준격은, 허균이 이이첨은 곧 패망하리라고 말하였고, 자신이 "전에는 대비가 수렴청정하도록 하고 의㼁(영창대군의 이름)를 임금으로 세운다고 하다가 지금은 어찌 대비를 폐하자고 말하는가?"라고 하니, "말세 사람은 화살 떨어지는 곳에 과녁을 세우면 세상을 살아가는 데 걱정이 없을 것이다"라고 했다고 허균의 죄를 고발했습니다. 허균이 인목대비를 의지하여 영창대군을 세우려고 했다는 것이지요.

서로 밀릴 수 없는 치열한 싸움이 시작되었습니다. 허균 역시 장문의 상소를 올려 변명하며 기자헌·기준격 부자에게 반격을 가했습니다. 그러나 양측의 공방만으로 사실 관계를 밝힐 수는 없었습니다. 사헌부와 사간원에서 이 사건을 논박했지만 광해군은 사건이 번지는 것을 원치 않았습니다. "조용히 조섭調攝하고 있는 때에 합사까지 하면서 꼭 귀찮게 할 일이 아니다. 허균 등의 일도 그렇다"고 말하곤 입을 닫았습니다.

오창익 왕이 귀찮아하더라도, 이미 일이 벌어진 마당에 그냥 덮을 수도 없을 것 같습니다. 게다가 사헌부와 사간원까지 나서서 일을 따지는 상황입니다. 이미 여론은 비등해졌으니 뭔가 매듭을 지어야 할 것 같습니다.

오항녕 세상이 시끄러워지자 광해군은 기준격과 허균의 상소를 추국청推鞫廳에 보내 의논하게 합니다. 추국청에서는 둘을 국문하지 않는 한 사안을 판단할 수 없다고 보고했고, 그 보고에 따라 정국庭鞫(궁궐 뜰에서 열린 추국)이 열려 그들로부터 진술서를 받았습니다.

오창익 어차피 상소문에 썼던 것 그대로 반복할 뿐일 텐데요. 둘이서 목숨을 걸고 상소를 하는 마당에, 앉혀놓고 진술서를 받으면 뭐 달라지는 게 있나요?

오항녕 그렇게 풀릴 일은 애초에 아니었습니다. 진술서에서도 양쪽의 주장이 팽팽히 맞섰으니까요. 결국 대질심문을 했는데 이때 광해군에게 비밀 보고가 삼사三司에서 올라왔고 광해군도 그에 대한 답을 봉하여 내려보냈습니다. 이에 대해 사관은 당시 정황을 이렇게 설명합니다.

"이때 허균이 무사를 많이 모으고 은밀히 승군僧軍을 청해서는 곧바로 대비궁을 범하여 일을 먼저 일으키고 나중에 아뢰려고 하였는데 왕도 이미 허락하였다. 그런데 삼창三昌(이이첨李爾瞻, 박승종朴承宗, 유희분柳希奮, 세 사람의 부원군 호에 모두 창昌 자가 들어 있어 흔히 이렇게 부름)의 집에서 그 반란의 상황을 염탐해 알아내고는 허균이 '중대 논의'(곧 폐모론)를 가

탁假託하여 남몰래 반역을 도모한다고 비밀 보고를 올리니 왕이 크게 놀라 마침내 기준격 등의 상소를 추국청에 내려서 마치 이전의 일을 캐묻는 것처럼 한 것이다. 그러자 삼사에서는 또 허균이 반역을 도모한 정상을 아뢰고 아울러 상소를 올린 유생을 다스리기를 청하였으므로 이에 사방으로 체포하러 나간 것이다. 허균이 이미 이이첨과 폐모론의 주도권을 다투었던 데다가 이이첨은 또 허균이 필경 반역을 꾀하리라는 것을 알고서 마침내 유柳·박朴과 함께 같은 내용으로 고변을 하여 그 입을 막으려고 한 것이다."[1]

오창익 광해군 10년 8월 21일 자 『광해군일기』를 보면, 조정이 매우 급박하게 움직입니다. 허균의 집을 수색하고 허균과 기준격을 대질하고 허균을 국문하고 '역적' 허균을 금부를 시켜 하옥하는 일이 하루에 일어납니다. 그런데 전날까지 조용하다가 갑자기 하루에 수많은 일들이 일어나는 걸 보면 엮은 게 아닌가 싶기도 합니다.

오항녕 당연히 이이첨 일당이 엮은 일입니다. 허균이 김제남, 인목대비와 연대했을 가능성은 거의 없습니다. 허균은 끝까지 이이첨과 함께 폐모론을 주장한 인물입니다. 그런데 폐모론 국면을 거치면서 삼창 세력과 대립하였고 그 결과 권력투쟁에서 패한 것으로 보는 편이 사실에 가까울 것입니다. 방금 말씀하신 것처럼, 광해군은 이날 삼사 보고 이후 바로 허균을 '역적 허균[賊均]'이라 부르며 혐의 사실을 기정사실화했습니다. 동시에 허균의 일파인 하인준河仁浚, 황정필黃廷弼에 대한

---

1 『광해군일기』(중초본) 10년 8월 21일.

심문도 급히 마무리했습니다. 형문이 가혹해서 한두 차례의 형신에도 죽어나갔습니다. 이이첨이 옥사를 빨리 끝내려고 서두른 것입니다.

오창익　정적이 반격할 기회를 주지 않고 전광석화처럼 끝낸다는 겁니다. 불과 얼마 전까지 같은 패거리였으니까, 허균 등에게 말할 기회를 주면 자기들 처지도 위태로워질지 모른다는 계산이 깔렸던 겁니다.

오항녕　8월 24일에는 광해군이 직접 창덕궁 인정문에서 국문을 했습니다. 광해군은 이이첨에게 앞으로 나오라고 하여 "속히 정형正刑을 해야겠지만 심문할 것을 물어본 뒤에 정형하는 것이 어떻겠는가?"라고 했습니다. 정형正刑이란, 심문 절차를 다 거쳐 법에 비춰 처벌을 정하는 것을 말합니다. 요즘 말로는 양형量刑입니다. 그렇지만 이이첨은 "도당들이 모두 승복했으니, 달리 물어볼 것이 없습니다. 죄인을 잡아내어 도성의 백성들이 기뻐 날뛰고 있으니, 즉시 정형을 해야 한다고 생각합니다. 오늘도 지연시키면 뭇사람들의 마음이 답답하게 여길 것입니다. 무슨 다시 물어볼 만한 일이 있겠습니까"라고 이들에 대한 처형을 독촉했습니다. 광해군은 끝내 군신들의 협박을 받고 어쩔 수 없이 따랐습니다.
　이때 이이첨과 한찬남韓纘男의 무리들은 허균과 김개金闓를 다시 국문하면 자기들의 모함이 드러날까 두려웠습니다. 이이첨의 무리들은 광해군이 친국을 통해 실상을 캐물으려고 하자 당황하여 어쩔 줄 몰랐습니다. 하여 이이첨 일당들은 광해군에게 실상을 은폐하기 위해 친국이 더 이상 진행되지 않도록 협박했던 것입니다. 이이첨은 또 허균과 친했던 김응진金應珍과 허균의 종 석을한石乙漢도 군기시軍器寺에서 추국하여 입을 막고자 했습니다. 군기시는 무기를 만드는 관청인데, 청계

천 수표교 근처에 있었습니다. 군기시 앞은 죄인을 추국한 뒤 처형 장소로 이용되기도 했지요.

오창익　제대로 된 심문 절차도 없이 바로 죽여버리고 싶었고, 왕을 압박해 자기들 뜻대로 허균을 죽였군요. 아무리 그래도, 절차도 없이 사람을 죽이면 여론이 나빠질 텐데, 그런 것쯤은 아랑곳하지 않았군요.

오항녕　허균과 다퉜던 기자헌조차 허균이 죽었다는 말을 듣고, "예로부터 형신도 하지 않고, 최종 판결문도 받지 않은 채, 단지 공초만 받고 사형으로 나간 죄인은 없었으니, 훗날 반드시 이론이 있을 것이다"라고 했답니다. 허균과 달리 기자헌의 아들 기준격은 유배로 마무리되어 허균과 비교하면 공정하지 못하다는 여론이 있었습니다.

　이 사건의 배후에 이이첨이 있었습니다. 이이첨은 이극돈李克墩의 현손玄孫(고손자)으로 알려져 있습니다. 앞서 살펴본 연산군 때의 무오사화 때, 김일손金馹孫이 김종직의 「의제를 조문하는 글(弔義帝文)」을 사초에 실었는데, 그것이 세조를 빗댄 비판이라고 연산군에게 일러바쳐 사화를 일으켰던 인물입니다. 이 때문에 이극돈은 두고두고 비판을 받았지요.

오창익　남을 모함하는 게 집안 내력이라고 해도 할 말이 없는 집안입니다. 허균을 단박에 죽음으로 내몬 이이첨은 어떤 사람인가요?

오항녕　이이첨은 광릉光陵(세조의 능) 참봉으로 있다가 남명 조식曹植의 제자 정인홍鄭仁弘에게 배웠습니다. 문과에 급제한 뒤엔 사가독서賜

暇讀書를 합니다. 사가독서는, 학문으로 촉망받는 관원에게 휴가를 주어 연구만 할 수 있게 하는 제도입니다. 홍문관 관원이나 홍문관 출신 관원에게 자격을 줍니다. 이황, 이이 같은 분들이 사가독서를 거쳤습니다. 똑똑하고 촉망받는 인재였던 셈입니다.

이이첨은 1608년 광해군이 즉위하자, 유영경柳永慶과 임해군臨海君을 죽입니다. 유영경은 선조 때 잘나가던 신하였고 선조 말년에 영의정으로서 왕의 뜻에 따라 영창대군을 광해군 대신 옹립하려 했고 선조에게 특별히 영창대군을 부탁받은 유교 칠신遺敎七臣의 한 사람이었으니 그럴 수도 있을지 모릅니다. 하지만 임해군을 죽인 것은 터무니없는 무함이라는 느낌을 지울 수 없습니다.

1608년 2월 14일 장령 윤양, 지평 민덕남, 헌납 윤효선, 정언 이사경 등이 어전에서 임해군의 치죄를 간청합니다. 광해군이 즉위하자마자 임해군이 몰래 사병을 양성하고 있으니 처벌해야 된다는 것입니다.

오창익 임해군이 선조가 죽고 광해군이 즉위하자 사병을 양성하고 광해군의 보위를 빼앗으려 했다는 고발이네요. 광해군이 즉위한 날이 2월 2일인데 불과 열흘 남짓에 몰래 사병을 양성했다는 게 믿기 힘듭니다.

오항녕 임해군이 그랬다는데 그 증거라는 게 기껏해야 칼 몇 자루, 창 몇 자루, 몽둥이 몇 개였습니다. 그걸로 어떻게 궁궐로 쳐들어가 광해군을 죽이고 자신이 왕이 될 수 있겠어요?

임해군이 반역을 했다는 고발은 선조가 죽자마자 사간원에 의해 이뤄지는데, 광해군은 즉위 보름도 안 되어 임해군을 진도로 유배를 보냅니다. 거기서 강화도 교동으로 옮겨서 위리안치圍籬安置시킵니다. 임해군은 이듬해 목 졸려 죽임을 당합니다. 임해군이 고초를 겪을 때 이항복李恒福, 이원익 등은 그래도 형이니까 은혜를 베풀어야 한다고 주장합니다. 중국 사신이 조사를 나왔던 탓에 죽을 위기를 넘기기도 했지만 결국 임해군은 살해당하고 맙니다.

오창익 실제 혐의 때문에 죽은 게 아니라 광해군의 형이어서 죽은 것입니다. 광해군은 형님을 두고 왕 노릇을 하다가는 문제가 생길지도 모른다는 생각을 했겠고 이 때문에 자기 생각으로는 미리 화근을 제거한다고 여겼을 겁니다. 임해군을 고발한 신하들은 왕의 뜻을 잘 살핀 것에 불과합니다. 왕의 형님을 죽이는 절차도 매우 간단하네요.

오항녕 광해군 5년에 벌어진 계축옥사 역시 역옥逆獄이라고 하기에는 허술한 데가 많습니다. 박응서朴應犀, 서양갑徐羊甲 등이 조령鳥嶺(새재)에서 은상銀商을 죽이고 은 수백 냥을 강탈한 사건이 일어났는데 이들은 모두 서얼庶孼 출신들이었습니다. 자기들끼리 '강변의 일곱 친구(江邊七友)'라고 부르며 어울리는 한량들이었는데 전국을 돌아다니며 도적질을 하다가 잡혔던 겁니다. 이이첨이 이들을 회유하였고 "영창대군을 옹립하여 역모를 일으키고자 했다"고 허위자백을 받아냅니다.

그들은 인목대비의 아버지 김제남이 우두머리이고 대비도 역모에 가담했다고 자백했습니다. 나아가 김제남과 인목대비가 선조의 제1왕비였던 의인왕후懿仁王后의 무덤에 저주했다는 혐의도 더해졌습니다. 이로 인해 김제남은 사사되었고 그의 세 아들 역시 처형당했습니다. 영창대군은 폐서인되어 강화도에 유배되었다가 이듬해 살해되었습니다. 이 일로 이항복, 이덕형李德馨을 비롯한 서인西人과 남인南人이 무함에 걸려 대부분 조정을 떠나고 대북大北 정권의 독재가 시작되었던 것입니다.

오창익 즉위하자마자 친형도 죽인 사람이니 이복동생을 죽이는 건 일도 아니었나 봅니다. 광해군이 이토록 권력에 집착했던 건 자신의 욕망도 있었지만, 주변에서 그의 권력욕을 부추기며 이익을 챙기려는 사람들도 있었겠죠. 역시 대표적인 사람이 이이첨이었습니까?

인목대비의 아버지와 형제들, 그리고 아들인 영창대군까지 모두 죽었고 그 혐의가 영창대군을 내세워 광해군을 쫓아내려 한다는 것이었으니, 그 다음은 인목대비를 겨냥하는 게 자연스러울 수도 있겠습니다. 그래서 이이첨 등이 폐모론을 주장한 것이군요.

오항녕 1616년(광해군 8)부터 이이첨은 정인홍과 함께 폐모론을 주장하였고, 1618년에는 인목왕후를 서궁西宮에 유폐시켰습니다. 이 무렵, 이이첨의 전횡을 비판하는 성균관 유생들의 상소가 빗발치기도 했습니다만, 이이첨은 광창부원군廣昌府院君으로 봉해졌고 오히려 더 승승장구했습니다. 1618년 판의금부사, 예조판서, 약방제조, 1619년 대제학을 거쳐 1620년 다시 예조판서가 되었습니다. 이이첨은 광해군의 방조 아래 막강한 세력을 구축했고 그 과정에서의 전횡으로 악명을 떨쳐가고 있었습니다.

오창익 앞서 말씀하신 삼창이라는 것도, 이이첨·유희분·박승종의 부원군府院君 명칭에 모두 창昌 자가 들어간다고 생긴 것이지만, 그것보다는 이 세 사람의 전횡이 심각해서 붙인 것이겠죠.

오항녕　이들은 모두 광해군과 왕비 유 씨와 혼인관계로 얽혀 있었습니다. 조정의 권력을 틀어쥔 것은 물론, 매관매직과 뇌물로 나라의 근간을 흔들었습니다. 민생이 파탄 난 것도 물론입니다. 광해군 12년 9월의 기사를 보면, "왕은 신료들을 일체 접견하지 않았다. 이이첨과 유희분이 왕의 사랑을 받으면서부터는 얼굴 한번 볼 수가 없었고, 위아래가 꽉 막혔으며 언로도 오래 끊겼다"고 되어 있습니다.

오창익　자기 마음에 드는 신하만을 상대하고 다른 신하들은 아예 만나지도 않으면서 정사를 돌보지 않는 게 모자란 군주의 특성이고, 또 왕과 신하들의 소통을 끊는 게 모든 간신들의 공통점이네요.

오항녕　인조반정이 일어나자 처음에는 이 일이 이이첨이 일으킨 것이 아니냐고 의심하는 사람들도 있었답니다. 광해군을 권좌에서 내쫓고 자기가 훨씬 더 통제하기 쉬운 새로운 왕을 내세웠다는 것이죠. 못할 짓이 없는 자가 바로 이이첨이라고 세상 사람들은 의심했던 것입니다.

　이이첨은 반정이 일어나자 아들 이대엽李大燁과 함께 영남 지방으로 도망쳤지만, 경기도 광주에서 관군에게 붙잡혀 참형을 당했습니다. 이이첨의 스승이라는 정인홍鄭仁弘은 반정이 일어나자, "멀리 떨어진 곳에 사는 저는 일찍이 국정에 간여한 적이 없었고, 폐모 논의가 한창 벌어졌을 때 절대 안 된다는 뜻을 이이첨에게 편지를 보내 알렸습니다"라고 발뺌했습니다.

오창익　정인홍은 그냥 이이첨의 스승 정도가 아니라, 광해군 때 정승까지 지낸 사람이 아닙니까. 그런데 국정에 간여한 적이 없다고 발뺌을 했다고요?

오항녕 정인홍도 반정 과정에서 죽임을 당합니다. 그런데 이이첨의 간신으로서의 면모는 이것뿐이 아닙니다. 진짜 나쁜 짓은 역사까지 속이려고 했던 것입니다. 사관의 기록입니다.

> "『선조실록』을 편찬할 때 이항복 등이 수찬을 끝내지 못하고 기자헌, 이이첨이 대신하게 되자, 역사기록이 아주 잘못되었다."

오창익 무슨 말인가요? 이항복이 맡았던 실록 편찬을 기자헌과 이이첨이 대신하면서, 내용을 대폭 고쳤다는 건가요?

오항녕 조선왕조실록은 인터넷으로 언제든 볼 수 있습니다. 아시지요?

오창익 예, 포털사이트에서 '조선왕조실록'이라고 검색하면, 바로 사이트가 나오더군요. 홈페이지(sillok.history.go.kr)에 들어가면 각각의 임금과 년, 월, 일에 해당하는 기사를 모두 볼 수 있더군요. 가끔씩 들어가 보는데, 재미있는 기사가 꽤 많습니다.

오항녕 조선왕조실록 홈페이지의 첫 화면을 보십시오. 1대 태조부터 조선의 왕들의 이름이 쭉 나옵니다. 태조, 정종, 태종, 세종 식으로 나오고, 그 이름을 클릭하면 연, 월, 일별로 기사를 볼 수 있습니다. 그런데 다시 첫 화면을 보면 13대 명종까지는 그냥 왕의 이름만 나오다가 갑자기 선조에 오면 선조 밑에 '선조 수정'이란 항목이 나옵니다. 곧, 선조는 '선조실록'과 함께 '선조수정실록'이라고 실록이 하나 더 있는 겁니다. 여기에 비밀이 있습니다.

아시다시피 조선시대에는 국왕 재위 단위로 실록을 편찬했습니다. 광해군 때도 광해군 원년 10월에 『선조실록』 편찬을 시작했습니다. 책임자인 총재관總裁官은 이항복이었습니다. 이정귀李廷龜가 광해군 3년 11월에 대제학이 됐고 이정귀의 건의로 신흠申欽이 합류했으니 실록 편찬의 진용은 이항복-이정귀-신흠이라는 당대 최고의 학자이자 관료로 짜인 것이었습니다.

그런데 계축옥사와 관련해 광해군 5년에 이항복이 인재 천거를 잘못했다는 이유로 한직으로 밀려났고, 광해군 9년에는 인목대비를 서궁에 유폐하는 데 반대했다가 함경도 북청으로 유배당합니다. 백사 이항복은 다음해 그곳에서 세상을 뜹니다.

이항복만이 아니었습니다. 이정귀와 신흠 역시 계축옥사와 관련되어 파직당합니다.

오창익 선조실록을 편찬하는 책임자 세 명이 모두 계축옥사와 관련해 자리에서 쫓겨났어도 실록 작업을 멈출 수는 없는 일이니 다른 학자 또는 관료가 그 일을 맡아서 했을 거 아닌가요?

오항녕 물론입니다. 문제는 이들을 대신한 것이 이이첨이었다는 겁니다. 이이첨은 계축옥사 와중이던 광해군 5년 8월에 예조판서 겸 대제학이 되어 실록 편찬을 주도하게 됩니다. 이이첨이 편찬한 『선조실록』에서 자신을 비롯한 북인들 몇몇은 치켜세우고, 서인이나 남인은 깎아내리며 근거 없는 비난을 합니다. 이전까지 찾아볼 수 없는 조잡한 내용으로 실록을 채웁니다. 몇 가지 예만 들겠습니다.

- 유성룡柳成龍: 『선조실록』에는 "왜倭와 강화講和를 주장하였고, 부모님을 뵈러 가서는 술을 마셨다"라고 악평을 했습니다. 유성룡은 임진왜란 때, 전란 수습을 위해 부단히 노력했던 사람입니다. 그의 노력은 당시에도 세간의 인정을 받았고 학행學行과 효우孝友로 주변의 칭찬이 자자했습니다. 또한 부친을 극진히 간병했던 사람입니다. 완전히 거꾸로 적어놓은 것입니다. 유성룡이 남인인 까닭입니다. 유성룡이 퇴계 이황의 제자로 안동의 도산서원에서 공부할 때, 퇴계가 유성룡을 두고 "이 청년은 하늘이 내린 사람이다"고 칭찬하기도 했습니다. 그가 죽자, 서울의 백성 천여 명이 그가 살던 옛 집터에 모여 통곡을 했다고 합니다. 이런 명재상마저 간단히 불충, 불효한 사람으로 둔갑시켜버린 겁니다.
- 이이첨(편찬자 본인): 『선조실록』에는 "영특하고 기개가 있었으며 간쟁하는 기품이 있었다"라고 했습니다. 이건 정말 재미있습니다. 자기 자신에 대해 이렇게 평가하면서도 부끄러움이 전혀 없었다는 게 놀랍기만 합니다.
- 한준겸韓浚謙: 『선조실록』에는 "겉은 관대했지만 속은 음험했다. 사류士類를 공격했고 유성룡 다음으로 나라를 망친 죄인이다"라고 했습니다. 그렇지만 한준겸도 당시에 위인이라고 칭송이 자자한 사람이었고 선조가 죽으면서 뒷일을 부탁한 '유교 칠신遺教七臣' 중 한 명입니다.
- 기자헌(편찬 참여자): 『선조실록』에는 "과묵했으며 바르고 아부하지 않았다"라고 했습니다. 실제로는 음험하고 흉악하면서도 폐모론에는 참여하지 않는 기회주의자이기도 했습니다.

• 이정귀李廷龜: 『선조실록』에는 "사부詞賦에 재능이 없어 인망에 부족했다"라고 했습니다. 그렇지만 이정귀의 문장은 당대 제일이었습니다. 광해군 후반, 중국 사신을 대응할 문관이 없자 이정귀를 다시 불러들였을 정도였고 조선 중기 4대 문장가 중 한 명이었습니다.

오창익 역사교과서 국정화 파동을 보는 것 같습니다. 상대 당파는 깎아내리고 자신을 비롯한 자기 당파는 치켜세우면서 역사를 왜곡하는데, 이런 일은 전에 없었던 역사 왜곡 아닙니까?

오항녕 그렇습니다. 그 전에는 이렇게까지 하지는 않았습니다. 최소한의 품격 같은 게 있었습니다. 대략 조사해보니까 『선조실록』에 실린 인물 평가 중에서 나중에 『선조수정실록』에서 재평가한 인물이 40명입니다. 모두 이이첨의 자기중심적 역사왜곡이 부른 파행이었습니다. 이이첨의 만행은 당대에 그치지 않고 역사마저 왜곡하였고 지금까지도 그 업보가 남아 있습니다.

오창익 그러니까 인조반정 뒤에 『선조수정실록』이 다시 나온 것인데, 이전까지는 당색과 무관하게 실록 편찬의 기준 같은 것이 잘 지켜졌는데 이때부터는 당색에 따른 왜곡, 그리고 이를 바로잡는다는 명목을 내세운 재편찬이 시작됩니다. 모두 이이첨에서 비롯된 일입니다.

오항녕 다행스러운 것은 『선조수정실록』을 편찬한 사람들이 『선조실록』이 '왜곡된 역사'라고 생각했지만 그 판단은 후세 사람들이 하는 것이다, 그러니 『선조실록』도 남겨야 한다, 이렇게 결론을 냅니다. 그래서 그 뒤로 재편찬을 하더라도 앞의 실록을 남겨두는 관례가 생깁니다. 조선 정치가들은 적어도 이 정도의 격조는 있었습니다.

오창익 기록이 얼마나 중요한지를 알 수 있습니다. 말이 나온 김에 기록에 대한 이야기를 좀 더 해보죠. 오 교수님은 국가기록물에 대한 관심이 많으시잖아요. 마침 박근혜 탄핵 이후 대통령 기록물을 어떻게 관리하느냐가 현안으로 떠올랐습니다.

오항녕 박근혜 정권은 국가기록물에 대한 기본적인 인식조차 없었습니다. 비서관 정호성이 최순실에게 연설문을 비롯해 각종 국가기록들을 전달해줍니다. 도대체 이게 뭡니까? 최소한의 책임의식도 없는 사람들입니다.

오창익 대통령과 관련한 기록물에 대해서도 뭔가 기준이랄까 하는 게 있지 않나요?

오항녕 있습니다. '대통령기록물 관리에 관한 법률(대통령기록법)'도 있고 '공공기록물 관리에 관한 법률'도 있습니다. 법률을 기준으로 보면 박근혜-최순실 국정농단 사태는 대부분 불법·탈법입니다. 물론 법령상 미비점도 있습니다. 대통령기록법을 만들 때 탄핵까지는 고려하지 못했으니까요. 그래서 이번처럼 대통령이 파면될 때는 비공개할 기록은 누가 지정하는가, 수사가 필요하다면 수사기관은 어떻게 자료를 확보해야 하는가, 압수했더라도 그 기록은 어떻게 관리해야 하는가, 수사나 재판이 끝나면 바로 국가기록원-대통령기록관에 이관해야 하는 것이 아닌가 등 따져봐야 할 미비점이 많습니다.

오창익 청와대는 검찰이나 특검의 압수수색을 거부했고, 자기들 입맛에 맞는 무의미한 자료만 임의제출 형식으로 내보냈습니다. 당연히 문제가 될 만한 자료들은 빼돌리거나 없앴을 거란 의심이 듭니다.

오항녕 그럴 가능성이 농후합니다. 지금까지 행태를 보면 그렇습니다. 이명박 정권 때는 대통령 기록을 이관할 때, 목록조차 비밀로 지정했습니다. 기록물이 제대로 생산된 것인지, 어떻게 관리했던 것인지조차 모르게 만들었습니다.

오창익 범죄자들이 자기 범죄를 숨기려 하는 차원에서의 쟁점도 있지만, 대통령이라는 국정 최고책임자와 관련된 기록은 국정운영의 경험을 후대에 물려주기 위한 중요한 자산이기도 합니다. 우리가 이 책에서 간신들을 살펴볼 수 있었던 것도 모두 기록유산 때문에 가능한 일이었듯, 예전에 어떻게 했는지를 알면 실수도 시행착오도 줄일 수 있습니다.

오항녕 그래서 대통령기록물 문제는 누구와 친한지, 또는 정당이나 이념, 이해관계로 접근할 문제가 아닙니다. 민주주의 체제에서 정권교체는 너무 흔한, 일상적인 일입니다. 그러니 정해진 기준대로 기록물을 관리하는 게 매우 중요합니다. 기록물 문제 역시 간신을 살펴야 하는 것처럼 시민들이 분명하게 살피지 않으면 소홀해지기 십상입니다.

여희
부자지간마저 갈라놓은 남다른 술수

오창익 간신들은 어쩌면 어느 시대에나 있었던 것 같습니다. 간신들이 죄 없는 사람을 모함하고, 그로 인해 무고한 사람들이 피해가 많았습니다. 남을 해치고 나라를 망치고 겨우 자기 뱃속이나 채웠지만 결국 그 간신들의 말로도 결코 좋지는 않았습니다.

오항녕 간신들에 대한 원성은 옛날부터 있었습니다. 간신이 판을 치면, 당장 백성들의 삶이 너무 힘들어지기 때문입니다. 오래된 노래집 『시경』에도 그에 대한 노래가 많습니다. 『시경』에 나오는 「시월지교十月之交」라는 시가 있는데, 그 8장을 보시죠. 주周나라의 어리석은 유왕幽王을 풍자하는 시로 알려져 있습니다.

> 부지런히 힘써 일하며　　　黽勉從事
> 감히 괴롭다 말을 못하고　　不敢告勞

죄 없고 허물없어도	無罪無辜
모함하는 소리 들끓는구나	讒口囂囂
못난 백성이 받는 재앙	下民之孼
하늘이 내린 것 아니로다	匪降自天
앞에서 칭찬하고 뒤에서 미워하니	噂沓背憎
다투어 해치는 사람 때문이로다	職競由人

옛날에는 일식日蝕을 하늘이 내린 재앙으로 여겼습니다. 태양이 생명의 근원이니 해가 사라지는 건 재앙이었겠죠. 그런데 시인은 하늘의 재앙이 하늘 때문이 아니라 인간에게서 비롯된 것이라 노래합니다. 죄 없고 허물없는 사람들이 모함을 당하는 원한이 하늘에 닿아 하늘이 재앙을 내렸다고 본 것입니다. 그러니 재앙을 내린 건 하늘이 아니라, 사실은 사람들이 저지른 짓 때문이라는 겁니다. 위의 시 구절 중에서 '앞에서 칭찬하고 뒤에서 미워한다'는 말이 가슴에 닿습니다. 이런 게 바로 참언讒言입니다.

오창익 '앞에서 칭찬하고 뒤에서 미워한다', 옛날 일만은 아닙니다. 지금도 그런 부류들이 많습니다. 뒤에서 미워하는 데서 그치지 않고, 다투어 해치기도 하니까 백성이 재앙을 받는다는 시인의 안타까운 마음이 느껴집니다.

오항녕 같은 『시경』에 나오는 「항백巷伯」이란 시에도 참언에

여희驪姬(?~BC 650)

중국 춘추시대 진나라 헌공의 비妃로, 헌공의 총애를 받아 왕비가 된 뒤 태자인 신생을 모함하여 죽이며 커다란 정치 혼란과 참극을 불러왔다.

대한 이야기가 나옵니다. 그중 한 구절에 "작은 무늬 짜 맞추어 조개무
늬 비단같이 만들었네(萋兮斐兮, 成是貝錦)"라는 말이 나옵니다. 이것저것
가져다 붙여 그럴듯한 말을 지어낸다는 겁니다. 참언이란 무릇 이렇게
이뤄집니다.

『시경』에 나오는 시 한 편만 더 보죠. 「청승」이란 시가 참언으로 무
고하는 사람들에 대해 잘 그리고 있습니다. 한번 보시죠.

앵앵거리는 쉬파리, 울타리에 앉았네　　　營營青蠅止于樊

온화한 군자여, 참소하는 말 믿지 말라　　　豈弟君子無信讒言

앵앵거리는 쉬파리, 가시나무에 앉았네　　　營營青蠅止于棘

참소하는 자 끝없어 온 나라 교란하도다　　　讒人罔極交亂四國

앵앵거리는 쉬파리, 개암나무에 앉았네　　　營營青蠅止于榛

참소하는 자 끝없어 우리 둘 얽어매도다　　　讒人罔極構我二人

'청승青蠅'은, 번역문에서 보시듯, 쉬파리를 말합니다. 쉬파리는 더러
운 오물 속에서 생겨나지만, 사람들이 먹는 맛난 음식을 좋아합니다.
항상 시끄럽게 날아다니며 사람들의 음식을 탐냅니다. 거기서 멈추는
게 아니라 사람들의 밥과 국, 고기와 채소를 부패하게 만듭니다. 쉬파
리가 바로 간신이죠. 간신은 온갖 더러운 짓을 하면서 자기 이익 때문
에 다른 사람을 상하게 하고 사물을 망가뜨린다는 비유입니다.

오창익　꼭 예민한 사람이 아니라도 파리가 윙윙거리며 날아다니는 소
리는 불쾌한 소음일 때가 많습니다. 단순한 소음을 넘어서 사람에게 해
를 끼치는 것도 좋지 않습니다. 쉬파리가 백해무익한지, 아니면 나름

자연의 이치에 따라 긍정적인 역할도 하고 있는지 모르겠지만, 쉬파리 같은 사람들이 백해무익한 건 틀림없습니다. 뭔가 시끄럽게 굴지만 들어보면 죄다 남을 헐뜯고 해치는 이야기만 하는 사람들은 그 자신을 비롯한 누구에게나 해로운 존재입니다.

오항녕 진晉나라 헌공獻公의 일입니다.[2] 진 헌공이 태자 신생申生을 낳고, 또 융戎이란 곳에서 두 여자를 아내로 맞아 중이重耳와 이오夷吾를 낳았습니다. 또 진나라가 여융驪戎을 정벌하면서, 여희驪姬란 여자를 아내로 삼았는데 여희와의 사이에서 해제奚齊를 낳았습니다. 여희의 자매에게서 탁자卓子를 낳았습니다. 당장 진 헌공의 다섯 부인의 이야기가 나오니, 좀 헷갈리시죠?

여희가 진 헌공의 총애를 받아 자기 아들을 태자로 세우려고 헌공이 아끼는 신하 양오梁五와 동관東關에 있던 신하 오五에게 뇌물을 주어 헌공에게 말하도록 하였습니다.

> "곡옥曲沃은 임금의 고향이고, 포蒲와 굴屈은 임금의 영토이니 주관하는 사람이 없을 수 없습니다. 고향땅에 주인이 없으면 백성들에게 위엄이 서지 않고, 영토에 주인이 없으면 융이 넘볼 마음을 갖게 됩니다. 태자에게 곡옥을 다스리게 하고 중이와 이오가 각각 포와 굴을 다스리게 하면 백성들에게 위엄이 서고 융을 두렵게 할 수 있을 것이며 군주의 공적을 밝게 드러낼 수 있을 것입니다."

---

2 「진세가晉世家」, 『사기』 권 39.

여희가 또 양오와 오 두 사람을 시켜 한목소리로 말하게 합니다. "융적戎狄의 영토는 끝없이 넓으니 두 공자를 보내 진나라 땅으로 삼을 만합니다. 진나라가 땅을 개척하는 일이야 당연하지 않겠습니까?" 그러자 진 헌공은 기뻐하였습니다.

태자를 곡옥에 살게 하고 중이를 포에, 이오를 굴에 살게 했지요. 오직 여희 자매의 아들들만 강絳 지역에 있었습니다.

오창익 넓은 땅을 개척하였으니 그 땅을 잘 다스려야 한다는 명분을 내세워 앞선 부인들에게서 낳은 자식들은 모두 외곽으로 내보내고 여희 자매의 자식들만 가까운 곳에 살게 하였군요. 눈에서 멀어지면 마음마저 멀어지는 게 인지상정이니 일단은 왕에게서 떼어놓고 그다음을 도모하자는 겁니다.

오항녕 그렇습니다. 바로 다음 수가 다시 양오와 오를 시켜 다른 공자들을 헐뜯게 하고, 여희의 자식인 해제奚齊를 태자로 세우는 것이었습니다. 진나라 사람들은 이를 두고, "두 오五가 함께 쟁기를 끌었다"고 하였답니다.

이때, 여희가 시施라는 진 헌공의 광대와 정을 통하였습니다. 여희가 시에게 묻습니다. "내가 어려운 일을 하려고 하는데, 어떻게 시작하면 좋겠는가?"

오창익 자기 자식을 태자로 올리는 '어려운 일'을 묻는 거군요?

오항녕 광대 시가 답합니다. "그러자면 반드시 신생申生부터 시작해야

212

합니다. 그 위인이 소심하고 깔끔한데, 깔끔하면 쉽게 모욕감을 느끼며 너무 정갈하면 반드시 어리석으니 먼저 신생을 참소해야 합니다"고 하였습니다. 그러면서 시는 여희에게 한밤중에 울면서 헌공에게 다음과 같이 말하라고 했지요.

> "저는 신생이 매우 어질고 또 굳세다고 들었습니다. 그런데 신생은 지금 임금께서 저에게 유혹당하여 나라를 어지럽히리라 여길 겁니다. 저 때문에 신생이 임금께 포악한 짓을 하지 않을까 걱정입니다. 차라리 저를 죽이시어 첩 하나 때문에 백성을 어지럽히지 마십시오."

오창익 묘한 이야기입니다. 신생을 제거하려는 계략인데 신생에 대한 험담을 일체 하지 않습니다. 오히려 자기 때문에 왕이 욕을 먹거나 또는 나라와 백성이 곤란한 일이 생기면 안 된다며 자기를 죽여달라는 여희가 보통 수준은 아닙니다.

오항녕 그렇습니다. 이런 말은 아무나 하는 게 아닙니다. 헌공은 신생의 인물됨을 믿고 있었습니다. 그래서 여희를 안심시키기 위해 "신생이 어찌 백성들에게는 은혜로우면서 아버지에게 은혜롭지 않겠는가?" 하였습니다. 왕과 여희와의 관계 때문에 신생이 문제제기를 하여 곤란한 일이 생기는 일은 없을 거란 말입니다. 그러자 여희가 말합니다.

> "어진 행동을 하는 것과 나라를 위하는 것은 같지 않습니다. 어진 행동을 하는 사람은 어버이를 사랑하는 것을 어질다고 하지만, 나라를 위하는 사람은 나라에 이로운 것을 어질다고 합니다. 그러므로 백성의 우두

머리는 사사로운 마음에서 어버이를 편들기보다 백성 대중을 어버이로 삼습니다. 진실로 백성에게 이익이 되고 백성들이 화합할 수 있다면 어찌 임금이라고 꺼리겠습니까?"

오창익 이런! 상당히 높은 단수입니다. 여희의 말을 들어보면 하나도 틀린 말이 없습니다. 아비 입장에서 어진 아들을 뭐라 변명하기도 어렵고 그렇다고 눈물을 흘리며 자기를 죽여달라는 애첩에게 딴소리를 할 수도 없게 만드네요.

오항녕 여희는 부모에 대한 사랑과 나라에 대한 사랑을 절묘하게 분리시키고는 결국 신생이 진 헌공을 공격할 수도 있다는 협박을 하고 있는 겁니다. 그러니 이제는 진 헌공이 여희에게 어떻게 하면 되겠냐고 물을 차례입니다.

그러자 여희는 또 전혀 엉뚱해 보이는 이야기를 합니다.

> "임금께서 이미 늙으셨으니 정치를 신생에게 맡기십시오. 그가 정치를 맡아 바라는 바를 하게 되면 임금을 풀어줄 것입니다."

오 국장님이 진 헌공 입장이라면 뭐라 답하시겠습니까?

오창익 어려운 숙제네요. 첩 때문에 임금이 욕먹는 게 두렵다는 데서 시작한 문제가 왕위를 넘겨주거나 최소한 정권을 태자에게 넘겨주라는 이야기까지 넘어왔습니다. 글쎄요. 아버지 체면이 있지, 자식 보기가 두려워서 아들에게 정권을 넘겨준다는 게 가능할까요?

오항녕 어려울 거 같습니다. 여희가 작아 보이는 문제에서 시작해서 이제 정권을 건 문제로까지 판을 키웁니다. 이젠 헌공이 발끈할 차례가 되었습니다.

"나는 용맹과 위엄을 가지고 제후가 되었다. 내가 아직 죽지 않았는데 정치를 하지 않는 것은 용맹이라고 할 수 없고 자식이라고 하여 누르지 못한다면 위엄이라고 할 수 없다. 여희는 걱정하지 말라. 내가 장차 대책을 마련할 것이다."

오창익 헌공이 갑자기 정색하며 나오니 이쯤 되면 여희의 계략에 왕이 점점 더 빠져드는 형국입니다.

오항녕 기회를 놓치지 않고 여희가 말합니다.

"고락皐落의 오랑캐들이 우리 변방을 괴롭히고 있습니다. 임금께서는 신생으로 하여금 오랑캐를 정벌하게 하십시오, 만약 정벌에서 실패한다면 백성들에게 신생의 패배를 보여주는 것이 될 것이고 또한 이기지 못하고 살아오더라도 그 죄를 면치 못할 것입니다. 또한 적을 이기고 돌아오면 신생이 자기 영향력을 확대하려 할 테니 그때 가서 대책을 튼튼히 하시면 될 것입니다."

이 말을 듣고 헌공은 기뻐했고 여희가 일러주는 대로 신생에게 정벌을 나가라 했습니다. 그런데 신생이 정벌에서 승리하고 돌아왔습니다. 그러자 여희의 참언이 더욱 심해졌습니다.

오창익 애첩이 지속적으로 왕에게 태자의 일을 이야기하면, 왕은 곤혹스러웠겠습니다. 게다가 태자 신생은 왕은 물론, 안팎의 사람들이 모두 인정하는 어진 사람이었으니 말입니다.

오항녕 여희는 헌공에게 "제가 듣기에, 신생의 음모가 더욱 깊어진다고 합니다. 신생이 백성의 마음을 얻지 못했다면 어떻게 오랑캐를 이길 수 있었겠습니까? 신생은 지금 오랑캐를 물리친 업적을 자랑하며 자기 뜻을 더욱 넓혀가고 있습니다. 임금께서 지금 신생을 도모하지 않으시면 장차 어려움이 닥칠 것입니다"라며 신생을 치라며 닦달했습니다. 그렇지만 헌공은 신생의 문제는 잊지 않았지만 신생이 죄를 지은 적이 없다며 곤혹스러워하였습니다.

오창익 그러면 이제 여희가 또 다른 꾀를 낼 차례입니다. 신생이 왕권에 위협이 되는 인물이라는 것은 부각했지만 그렇다고 딱히 지은 죄는 없으니 벌을 줄 수 없다는 왕을 설득할 다음 카드는 뭔가요?

오항녕 여희에게 지침을 주던 사람, 광대 시가 있었습니다. 여희와는 정을 통하던 사이입니다. 여희는 시에게 상의합니다. 여희는 신생을 죽이는 건 문제도 아니라고 여겼습니다. 문제는 안팎의 여론이었습니다. 여희의 말을 들어보시죠. "임금이 이미 나에게 태자를 살해하고 해제를 세우도록 허락하였으나 나에게는 이극里兒이 어려우니 어떻게 하겠는가?"라고 물었습니다.

오창익 임금이 태자가 위협이 될 수도 있다고 여겼다는 것만으로도 이제 태자 신생을 죽이는 건 문제도 아니라고 본 것이네요. 죄가 없다는 문제쯤이야 적당한 죄를 뒤집어씌우면 된다고 여겼네요. 일단 부자 지간의 신뢰를 깨뜨려버렸으니 이제는 거칠 것이 없었겠네요.

오항녕 여희가 걱정한 이극은 진나라의 실력자로 대부였습니다. 광대 시는 여희에게 "제가 이극을 이쪽으로 오게 하는 데 하루면 됩니다. 당신은 양 한 마리를 잡아 잔치를 준비해주십시오"라고 장담합니다.

여희는 알았다며 상을 차려주고 광대 시와 이극의 술자리가 벌어집니다. 술을 마시던 중에 광대 시가 일어나 춤을 추었고 이어 노래하기를,

> "즐겁게 물속을 헤엄치는 것이 새들만 못하네.
> 사람들은 모두 울창한 숲속에 모이는데,
> 자기 홀로 고목에 사는구나."

하였습니다.

오창익 이제 권력이 단박에 움직일 텐데, 당신은 권력의 향배와 상관 없이 홀로 고목에 사는 새처럼 외로운 신세라고 빗대어 실없는 말로 놀리는 거네요.

오항녕 이극이 의지할 곳을 선택하지 못했다는 겁니다. 그러자 이극은 웃으면서 "무엇을 울창하다 하고, 무엇을 고목이라고 하는가?"라고 물었습니다. 그러자 광대 시는 정색을 하며 "그 어머니는 부인夫人이 되고 그 아들은 임금이 될 것이니 울창하다고 하지 않겠는가?"라고 말합

니다. 바로 여희 모자를 일컫는 것입니다. 또 말하기를, "그 어미는 이미 죽었고 그 아들 또한 비방에 시달리니 고목이라고 하지 않겠는가?"라고 합니다. 이번엔 신생 모자를 가리키는 말입니다.

처음엔 웃으면 물었던 이극이었지만 이번엔 진지하게 묻습니다. 지금 하는 말이 농담인지 아니면 실제로 뭔가 들을 게 있는지를 광대 시에게 다시 묻습니다. 그러자 광대 시는 진 헌공이 이미 태자를 죽이고 해제를 태자로 세우겠다고 여희에게 말했고 태자 신생을 죽이는 모의도 이미 성공했다고 말합니다.

오창익 이극 입장에서는 웃자고 했던 이야기인 줄 알았는데 심각한 상황에 놓이게 되었습니다. 이제 태자는 죽게 되었으니 당신은 어느 쪽에 설 것인지 양자 간에 택일을 하라는 겁박이기도 합니다.

오항녕 이극은 그래도 신중한 사람이었습니다. 이극이 광대 시에게 말하길, "임금을 휘어잡고 태자를 죽이는 일은 내가 차마할 수 없다. 오랜 교유를 뒤집는 일은 내가 감히 할 수 없다. 중립을 취해도 되겠는가?"

광대 시는 흔쾌히 그건 가능하다고 말합니다. 이렇게 해서 여희는 이극을 중립화시키는 데 성공합니다.

오창익 이른바 대권을 향해 한걸음씩 나가는 형국이라 하겠네요. 이극에게야 태자 신생을 이미 제거한 거나 다름없다고 말했지만, 실제로 그런 일이 벌어지지 않았으니 이젠 진짜로 신생을 없앨 계략을 꾸밀 차례겠습니다.

오항녕　여희는 신생을 없애고 자기 아들 해제를 태자로 세울 꾀를 냅니다. 어느 날 여희가 태자 신생에게 "임금께서 그대 모친 제강齊姜 꿈을 꾸었으니, 어서 제사를 올려라"라고 합니다.

오창익　태자를 없애려고 하는 사람이 거꾸로 태자를 챙겨주네요.

오항녕　다 속셈이 있습니다. 태자가 곡옥曲沃에서 제사를 올리고 헌공에게 제사 음식을 보냈습니다. 그런데 헌공은 사냥을 나갔고 그 음식은 그대로 궁궐에 두었습니다. 엿새가 지나 헌공이 돌아오자, 여희는 그 음식에 독을 넣어 두었다가 헌공에게 바쳤습니다. 헌공이 땅에 고수레를 하니, 땅에 균열이 갔고 그 음식을 개에게 주었더니 개가 곧 죽어버렸습니다.

오창익　고수레 풍습은 우리만의 풍습은 아니군요. 제사 음식 같은 신성한 음식을 먹기 전에 귀신에게 먼저 음식을 드린다는 뜻으로 음식을 조금 떼어 던지면서 "고수레"라고 말하는 거죠.

오항녕　여희가 음식에 독을 넣었으니 개가 먹고 죽은 게 당연하지요. 그런데 여희는 여기서 멈추지 않고 그 음식을 내관에게도 주었답니다.

오창익　내관도 죽었겠네요. 애꿎은 목숨을 없애네요.

오항녕　그러자 여희가 헌공 앞에서 울면서 태자가 드디어 왕을 없앨 음모를 실행에 옮기기 시작했다고 말합니다. 상황은 급박하게 돌아갑니다.

오창익　부왕父王을 살해하려 했다는 의심을 받게 된 태자는 어떻게 합니까?

오항녕　태자는 일단 신성新城으로 도망쳤습니다. 누군가 태자에게 전후 사정을 잘 설명하면 헌공이 분명히 지혜롭게 판단할 것이라고 조언합니다. 그러자 태자 신생은 "임금께서는 여희가 아니면 잠자리도 불편해하시고 음식도 들지 못하신다. 내가 해명하면 필시 여희가 죄를 받을 것이다. 임금께서는 이미 늙으셨고, 나 또한 그리 하고 싶지는 않다"고 말합니다. 착한 아들이지요?

오창익　그동안의 평판처럼 어진 아들임이 분명합니다. 그러나 자기 목숨이 경각에 달린 사람이 그렇게 착하기만 해서야 쓰겠습니까. 어디 헌공이나 여희의 손이 닿지 곳으로 피하기로 해야 하는 것 아닌가요?

오항녕　주변에서 당장 멀리 떠나라고 조언합니다. 그런데도 태자는 "임금께서 아들의 죄를 제대로 살피지 못하여, 이런 이름을 얻고 남에게 도망친다면, 누가 나를 받아주겠는가?"라고 탄식하며, 신성에서 자살합니다.

오창익　앞서 광대 시가 태자 신생을 일컬어, 소심하고 깔끔하고 깔끔하면 쉽게 모욕감을 느낀다고 평했던 대목이 떠오릅니다. 여희 입장에서는 신생을 없앴으니 이제 소망을 이룬 건가요?

오항녕　거기서 멈출 사람이 아닙니다. 여희는 헌공의 다른 두 아들도 임금을 죽일 계략을 모두 알고 있었다고 참소합니다. 결국 중이重耳와 이오夷吾도 다른 나라로 도망쳤습니다. 헌공과 신생, 그리고 중이와 이오. 부자 사이의 정이 돈돈惇惇하고 늘 소통하니까, 여희는 여러 가지 술수로 부자지간을 갈라놓은 것입니다. 먼저 신생을 비롯한 세 아들을 지방으로 내보내도록 합니다. 떨어져 있으면 서로 소통하기가 어려워지니까요. 그런데 이런 일은 헌공이 강토를 넓히려는 야망이 있고 치적을 쌓고 싶은 욕심이 있었기에 가능한 일이었습니다.

광대 시가 태자 신생을 두고 했던 말은 앞서 말씀드린 한나라 때 석현이 소망지를 모함한 일과 매우 비슷합니다.

오창익 그저 여희와 그의 정부였던 광대 시의 입장에서만 보면, 그들의 계략이 성공한 것입니다. 태자를 없애고 두 공자는 다른 나라로 도망쳐버렸으니 이제 여희의 아들 해제가 태자가 되었겠습니다.

오항녕 헌공이 죽은 다음 해제가 왕으로 즉위합니다. 그런데 사태는 여기서 멈추지 않습니다. 진나라의 실력자요 대부였던 이극이 해제를 죽여버립니다. 헌공이 없는 일종의 권력 공백 상태에서 실력자가 실력 발휘를 한 것입니다. 해제 다음에는 여희의 자매에게서 낳은 탁자卓子가 왕위를 계승하지만, 이극은 탁자마저 죽여버립니다.

오창익 온갖 공작을 벌여 태자 신생을 죽이고 자기 아들을 왕좌에 앉혔지만, 그 권력은 잠깐에 불과했습니다. 이러려고 그 못된 짓을 벌였나 싶습니다.

오항녕 그다음 왕으로 이오夷吾가 즉위하였으나 무사히 마치지 못하였고, 진나라는 중이重耳가 즉위하고서야 안정되었습니다.

오창익 태자 신생이 죽을 때 외국으로 도망쳤던 형제들이 돌아온 다음에야 진나라가 안정이 되는군요.

오항녕 『춘추좌씨전』에 따르면, 희공僖公 9년 10월, 진나라 대부 이극이 헌공의 아들 해제를 죽이고 11월에는 공자 탁자를 죽였다고 합니다. 그다음 해인 희공 10년에 이오가 진秦나라에서 진晉나라로 귀국하여 왕으로 즉위하였습니다. 이오는 이극에게 "그대가 아니었으면, 내가 왕이 되지 못하였을 거다. 그렇지만, 두 임금과 한 대부를 죽였으니, 그대의 임금이 되기는 어려운 일이 아니겠는가?"라며 이극을 죽여버립니다. 이오의 뒤를 이어 이오의 아들 회공懷公이 왕위를 이었는데, 재위 5개월 만에 중이가 회공을 죽여버리고, 자기가 왕이 됩니다.
　이렇게 왕위를 둘러싼 진나라의 혼란은 20년 동안 지속됩니다. 여희라는 궁중 세력과 간신들의 탐욕이 빚어낸 혼란이었고, 참극이었습니다.

오창익 일종의 봉인이 풀린 것 같은 상황이었군요. 헌공을 1대 왕으로 치면, 그 뒤에 신생을 죽이고 태자가 되었던 해제가 2대 왕, 그리고 2대 왕인 해제는 대부 이극이 죽이고, 탁자가 3대 왕에 오르자, 다시 이극이 죽여버립니다. 외국에서 돌아온 이오가 4대 왕이 되어 이극을 죽이고, 이오의 뒤를 이어 이오의 아들인 회공이 5대 왕이 되자, 삼촌인 중이가 조카를 죽이고, 다시 6대 왕이 되었습니다. 중이도 헌공의 아들인데, 헌공에서 중이까지 이어지는 혼란의 시기에 진나라의 형편이 어떠했을지는, 보지 않아도 알겠습니다.

장탕
속마음에 주는 벌을 창시하다

오항녕 소인이 군자를 참소하고 깎아내릴 때는 반드시 군주의 의중을 먼저 탐지합니다. 그러고는 말로 군주를 현혹시키는 겁니다. 초나라 회왕(楚懷王)은 신하 굴원屈原(B.C. 340~278)의 현명함을 알고 신임했습니다. 그런데 상관대부上官大夫의 참언을 한 번 듣고 갑자기 화를 내며 멀리하였습니다. 그렇게 지은 글이 『이소離騷』라는 작품으로 남았습니다. 잠깐 굴원 이야기부터 하고 가겠습니다.

오창익 굴원은 어떤 사람인가요? 『사기』의 평가가 대단합니다. "흙투성이 허물을 벗고 매미가 빠져나오는 듯한 삶이었다. 혼탁한 세상에서 빠져나온 듯 티끌 하나 묻히지 않고 살아간 사람이다." 중국 단오절端午節(5월 5일)의 유례가 된 바로 그 사람이죠?

오항녕 그랬나요? 몰랐습니다. 그는 대단한 지식인이었습니다. 책을 많이 읽었고 기억력도 좋았습니다. 역사의 변화에 밝았고 법령에 익숙했습니다. 외교에도 능숙해서 조정에서 초회왕과 국정을 의논할 때는 왕에게 큰 신임을 받았습니다.

상관대부가 굴원과 같은 반열에 있었지만 능력은 한참 모자라는 사람이었기에 늘 굴원을 시기하면서, 그를 깎아내리려고 했습니다.

굴원 대단한 지식인이자 왕에게 두터운 신망을 받던 굴원은, 그를 시기하는 간신배에 몰려 귀양 갔다가 끝내 투신한다.

오창익 만약 능력이 모자라면 따라 배우려고 노력하거나 그게 아니라도 상대를 있는 그대로 인정하면 그만인데, 시기하고 깎아내리려 한다는 점이 바로 소인배들의 공통점인 것 같습니다.

오항녕 언젠가 회왕이 굴원에게 법령을 짓게 하였습니다. 굴원이 초고를 작성하고 있었는데 상관대부가 그걸 보고 빼앗으려고 했습니다. 굴원은 아직 완성되지 않은 거라 주지 않았는데, 이에 앙심을 품고 상관대부가 회왕에게 굴원을 모략했습니다.

"왕께서 굴원에게 법령을 만들도록 한 것은 모르는 사람이 없는데, 매번 법령이 나올 때마다 굴원은 자신의 공을 뽐내며 '내가 아니면 할 수 없는 일이다'라고 합니다."

오창익 한마디로 재주는 있지만, 건방지다는 이야기네요.

오항녕 회왕이 이 말을 듣고 화가 나서 굴원을 멀리합니다. 마침 굴원이 병이 들었는데, 회왕은 이 소식을 듣고도 못 들은 척했습니다. 굴원은 참소와 아첨이 밝음을 가리고 간사함과 왜

장탕張湯(?~B.C. 115)

중국 한 무제 때의 간신. 황제의 속마음을 잘 읽어 신임을 얻고 정적을 숙청, 조정의 모든 대사를 좌지우지하다.

곡이 공정성을 해치며 정직함이 용납되지 않는 것이 싫었습니다. 시름에 잠겨 '이소離騷'를 짓는데, '이소'란 '걱정을 만났다'는 뜻입니다.

임은 내 충정을 살피지도 않고	荃不察余之中情兮
도리어 모함만 믿고 화를 내신다	反信讒而齌怒
나는 직언의 해로움을 알지만	余固知謇謇之為患兮
차마 놔두고 볼 수가 없도다 (중략)	忍而不能舍也
옥 브로치 얼마나 빼어난가	何瓊佩之偃蹇兮
뭇사람들 이를 가리고 있네	衆薆然而蔽之
오직 이 무리들 무지한 탓에	惟此黨人之不諒兮
질투하다 이를 꺾일까 두렵도다	恐嫉妒而折之
시절은 어지럽게 변해가는데	時繽紛其變易兮
또 어찌 오래 머물 수 있으리	又何可以淹留
난초 변하여 향기롭지 못하고	蘭芷變而不芳兮
향초 변하여 띠풀이 되었도다	荃蕙化而為茅
어찌 지난날 향내 나던 풀이	何昔日之芳草兮
지금 이러한 쑥덤불 되었는가	今直為此蕭艾也

오창익 바른 사람은 부러지기 쉽다더니, 굴원이 꼭 그렇습니다. 이 시를 통해 굴원이 받았을 모욕과 상처가 얼마나 큰지 알겠습니다.

오항녕 굴원은 호남성湖南省(후난성)에 있는 상수湘水라는 강 근처로 귀양 갔다가 울분을 참지 못해, 멱라수汨羅水에 투신하였습니다. 그가 어부와 문답을 하는 형식으로 지은 「어부사漁父辭」의 한 구절은 그의 심정을 잘 표현하고 있습니다.

세상은 모두 혼탁한데 나 홀로 깨끗하고	擧世皆濁我獨淸
모든 사람 취해 있는데 나 홀로 깨어 있네(중략)	衆人皆醉我獨醒
다 끝났다	已矣哉
세상에 나를 알아주는 사람 하나 없으니	國無人莫我知兮
어찌 옛 서울을 마음에 품으리	又何懷乎故都
어찌 맑고 깨끗한 몸으로	安能以皓皓之白
더러운 것들 받아들일 수 있으리	而蒙世俗之塵埃乎
차라리 흐르는 상수에 몸을 던져	寧赴湘流
물고기 배 속에 장사를 지낼지언정	葬於江魚之腹中

오창익 마치 유서와도 같은 시네요. 굴원이 물에 빠지자 굴원의 시신을 찾기 위해 어부들이 배를 띄우고 그물을 드리웠고, 이때 물고기들이 시신을 건드리지 못하도록 강에 음식을 뿌렸던 데서 중국 단오절이 유래했다더군요. 물론, 한국의 단오절은 유례가 많이 다르지만, 아무튼 굴원의 죽음을 안타깝게 여긴 중국 사람들의 마음이 새로운 풍속을 만들어냈고 2300여 년이 지난 지금껏 그의 시가 읽히는 까닭이겠네요.

오항녕 「어부사」를 읽으면 굴원의 마음에 바로 가 닿을 수 있습니다. 굴원처럼 선한 사람, 아니 그냥 보통 사람들은 남들에게 차마 못할 짓은 하지 않습니다. 몹쓸 짓을 어떻게 하냐는 겁니다. 하지만 간신은 무슨 짓이든 합니다. 선한 사람이나 보통 사람과는 반대입니다. 정말이지 무슨 짓이든 합니다. 그래서 보통 사람들은 간신을 당해내기 어렵습니다. 그래서 역사에서나 현실에서나 보통 사람들이 간신들에게 늘 당하는 것처럼 보입니다.

오창익 그런데 역사는 간신을 간신이라 하지, 간신더러 충신이라거나 착한 사람이라고 하는 경우는 없습니다. 적어도 역사에는 그렇게 기록되어 있습니다. 현실에서도 마찬가지입니다. 세상을 움직이는 것처럼 큰 권력을 쥐고 국정을 농단한다고 해도, 그 사람에 대한 평가가 달라지지는 않습니다.

오항녕 그건 세상에 간신보다 선한 사람, 법 없이도 양심만으로도 살 수 있는 보통 사람들이 훨씬 많기 때문이 아닐까요?

오창익 그 많은 사람들, 실제로 세상을 지키고 세상을 이끌어온 사람들이 간신 같은 작자들에게 당하지 않기 위해서라도 간신의 실제 모습을 제대로 알아야겠습니다.

오항녕 한 무제 때 안이顔異는 청렴하고 곧아서 관직이 구경九卿에 이르렀습니다. 무제가 어사대부 장탕張湯과 '흰 사슴 가죽 화폐'를 만들기로 하고 안의에게 의향을 물었습니다. "지금 여러 왕과 제후가 조하朝賀

를 하는 데 들어가는 푸른 옥의 가치가 수천인데, 그 가죽 화폐가 도리어 40만이니 본말이 상응하지 않습니다." 아마 요즘으로 치면 고액권 화폐의 발행을 놓고 벌어진 일인 듯합니다. 한 무제는 뭔가 정치자금 조달 같은 필요가 있어서 그런 화폐를 논의했던 듯합니다. 안이의 말에 황제는 기뻐하지 않았고 이 일을 추진하던 장탕과도 틈이 생겼습니다.

오창익 황제가 하고 싶은 일이라도 사리에 맞지 않으면 그건 안 된다고 말하는 사람이 용기 있는 충신인데, 황제 등속은 그런 말을 싫어합니다. 그러면 틈이 벌어지기 마련입니다. 그렇다고 간신들처럼 황제가 말을 하기도 전에 그 뜻을 미리 헤아려 아첨을 하면 나라 살림이 엉망이 되겠죠. 안이 같은 사람은 황제가 싫어할 것을 뻔히 알면서도 어쩔 수 없이 신하의 도리를 다한 것입니다.

오항녕 어떤 사람이 안이를 다른 사안으로 고발했는데, 황제는 이 사안을 감찰 업무를 맡고 있던 장탕에게 내려 다스리게 했습니다. 그 무렵 안이가 손님과 이야기를 나누다가 손님에게서 법령 가운데 불편한 것이 있다는 말을 들었습니다. 안이는 손님의 말에 대꾸하지 않고 그저 입술만 조금 씰룩거렸다고 합니다. 이 일을 두고 장탕은 안이가 구경의 자리에 있으면서도 법령의 불편함을 알고도 말을 하지 않고 속으로 비방하였다고 탄핵하여 죽였습니다.

오창익 아무 말도 하지 않고 입술만 조금 움직였는데, 그게 죽을 까닭이라고요? 세상에 그런 식이면 누구라도 목숨을 건사할 수 없을 겁니다.

오항녕　안이의 죽음 이후에 '복비법腹非法'이란 것이 생겼습니다. '뱃속에서 비난하는 죄를 다스리는 법'입니다. 속마음을 읽고 벌을 준다는 겁니다. 드러난 일도 심판하기 어려운데 도대체 속마음을 어떻게 알고 심판한단 말일까요?

오창익　예전에 박정희, 전두환 정권 시절에 간첩, 용공분자, 불순분자들을 "척보면 안다"는 사람들이 있었는데, 바로 국정원, 경찰 보안수사대, 검찰 공안부 등에서 일하는 공안세력들이었습니다. 문제는 그때만이 아니라 지금도 이 사람들은 '그냥 보면 안다'고 주장하고 있습니다. 북한 관련 기사를 자기 SNS에 올린 사람이 있을 때, 자기들이 보면 저게 북한을 이롭게 하려는 의도에서였는지, 아니면 순수한 동기인지를 그냥 보면 안다는 겁니다. 말씀하신 '복비법'이란 게 지금도 유효한 세상입니다. 국가보안법의 처벌 기준이 "정情을 알면서"이기 때문입니다. 실제가 중요한 것이 아니라 자기들이 처벌을 하고 싶다는 욕구가 중요한 거죠.

오항녕　송宋나라 때도 이런 일이 있었는데 '막수유莫須有(아마 반드시 있을 것)'의 고사입니다.[3] 송나라 때 간신인 진회秦檜는 금金나라와의 화의에 반대하는 장군 악비岳飛를 죽이기 위하여 악비의 아들 악운岳雲이 악비의 장수 장헌張憲에게 편지를 보내 국론을 어기고 대역을 꾀했다는 누명을 씌웠습니다. 증거가 없다는 것을 알았던 한세충韓世忠이 그 부당함을 따지자, 진회는 "악비의 아들 악운이 장헌에게 편지한 것은 분

3　「악비열전岳飛列傳」, 『송사』 권 365.

명치 않지만 사안의 성격으로 볼 때 아마 반드시 있었을 것이다(飛子雲與張憲書雖不明, 其事體莫須有)"라고 대답했습니다. 한세충은 어이가 없어서 "막수유 석 자로 어떻게 천하 사람들에게 설득력을 갖겠는가?"라고 혀를 찼다고 합니다. 이런 식으로 남을 억울하게 죄로 몰아가는 것이 복비법과 다름이 없습니다.

오창익 죄를 밝혀내는 수사를 두고 흔히 '실체적 진실을 밝히는 과정' 이라고 합니다. 교과서에 나오는 가장 기초적인 이야기입니다. 죄를 밝히고 벌을 주는 과정 자체가 진실을 밝히는 과정이지만, 그게 그냥 자기 심중에 둔 자기만의 진실이 아니라 실체實體로서 진실이어야 한다는 게 동서고금의 가장 중요한 원칙입니다. 이걸 깨뜨리면 왕조시대에는 폭군이고, 지금은 독재겠지요.

오항녕 중국 송나라 역사학자 호인胡寅은 복비법에 대해 다음과 같이 말하였습니다.

"복비법은 정말 이상하지 않은가? 요순堯舜과 같은 대성인도 오히려 사람을 아는 것을 어렵게 여겼으니 사람을 아는 길은 반드시 말을 듣는 데서 시작하였다. 마음속에 숨은 것을 탐지하여 죄를 주었는데, 인심은 하늘을 아는 것보다도 헤아리기 어렵거니와 뱃속에 감추고 있는 것을 무슨 수로 검증한다는 말인가? 효자를 지목하여 '네가 아버지에게 패륜하고자 한다'고 하고, 충신을 지목하여 '네가 임금을 배반하려고 한다'고 하며, 청렴한 사람을 지목하여 '네가 벽을 뚫고 담장을 넘어 도둑질을 하려고 한다'고 하고, 의로운 사람을 지목하여 '네가 도적이 되려고 한다.

네가 비록 말을 하지 않고 행동에 옮기지 않았어도 네 마음을 알 수 있다'고 하면, 자기가 싫어하는 누군들 죽이지 못하겠는가?"

오창익 "네 죄를 네가 알렸다!"식의 추궁은 좋게 보면, 스스로 죄를 자백하고 벌을 달게 받으라는 권유이기도 하지만, 한편으로는 고문받기 싫으면 자백하라는 협박이기도 합니다. 네 마음이 그렇다는 식의 단정이라면 죄가 없는 사람에게 죄를 주는 방법은 간단하기만 합니다. 하지만 호인처럼 이성적 접근을 호소하는 분들이 있기에 위로가 됩니다. 이를테면 공안세력이 마음속을 꿰뚫어본다고 득의양양할 때, 적어도 법원은 인권의 보루로서 철저하게 증거에 입각한 재판을 해야 하는 것과 같은 이치입니다.

위징·육지·송경·배도
간신의 타깃이 된 뛰어난 재상들

오항녕 참소가 통한다고 군주가 다 어리석은 것은 아닙니다. 연호를 따서 '정관貞觀의 정치'라는 말이 융성한 치세를 나타내는 상투어로 쓰이게 만들었던 당 태종唐太宗도 예외는 아니었습니다. 바로 '황제의 거울'이라는 별명을 들었던 위징魏徵이 참소의 피해자, 그 주인공입니다.

오창익 '황제의 거울'이란 표현이 재미있네요. 황제가 제대로 하고 있나 그렇지 않나를 비춰보는 거울 같은 존재라는 겁니다. 위징은 당 태종 때의 명재상으로 유명한 사람이죠?

위징 당 태종의 '거울'이라 불린 명재상이나 간신들의 참소를 피하지 못했다.

오항녕 원래 수隋나라 말 혼란기에 이밀李密의 군대에 참가하였으나 곧 당 고조唐高祖에게 귀순하여 고조의 장자 이건성李建成의 유력한 측근이 되었습니다. 황태자 이건성이 아우 이세민李世民, 즉 태종과의 경쟁에서 패하였으나, 위징의 인품에 끌린 태종의 부름을 받아 중용되었습니다.

위징은 당 태종의 '세 가지 거울(三鑑)' 중 하나였습니다. 태종은 위징이 죽은 뒤에 탄식하기를 "구리로 거울을 만들면 의관을 바르게 할 수 있고, 옛 역사를 거울로 만들면 흥망성쇠를 알 수가 있고, 현인을 거울로 만들면 득실을 잘 알 수가 있다. 짐이 일찍이 세 가지 거울로 자신을 비춰보며 허물을 짓지 않으려고 노력하였는데 이제 위징이 세상을 떠났으니 거울 하나를 잃었도다"[4]라고 하였습니다.

오창익 태종의 말이 참 좋습니다. 옛날에야 유리가 없었으니 구리로 거울을 만들었겠죠. 세 가지 거울로 늘 자신을 비춰봐야 허물을 짓지 않을 수 있다는 태종의 태도가 좋습니다.

오항녕 당 태종의 명석함을 보여주는 일화는 참 많은데 그중 하나만 소개하겠습니다. 당 태종이 궁궐 안에 있는 나무를 감상하면서, "이것 참 훌륭한 나무로다"고 하니 호위를 맡던 우문사급宇文士及이 곁에서 아름답다고 찬탄해마지않았습니다. 그러자 황제가 정색하며, "위징은 일찍이 나에게 아첨하는 사람을 멀리하라고 하였다. 아첨하는 자가 누군지 몰랐는데 지금에야 위징의 말을 믿을 수 있겠다"라고 했습니다.

---

4 「위징전魏徵傳」, 『신당서』 권 97.

오창익 약간 오버한다는 느낌이 있을 정도로 강경한 태도입니다. 나무가 아름답다는 것을 굳이 아첨이라고 할 까닭이 있을까 싶지만 주변의 아첨하는 말을 경계하려는 태도만은 배울 점이 있습니다.

오항녕 보통 사람이라면 황제의 말을 듣고 가슴이 서늘했을 겁니다. 이때 우문사급은 사죄를 하며 말하길, "조정 신하들이 대놓고 반대하고 쟁론하는데도 폐하께서는 손 하나 쓰지 못하십니다. 지금 신이 다행히 좌우에서 모시면서 조금이라도 순종하지 않는 바가 있으면 아무리 귀하기가 천자라도 무슨 낙이 있겠습니까"라고 했더니, 태종이 마음을 풀었습니다.

오창익 정사는 엄격하게 보되, 나무가 좋다는 이야기쯤은 그냥 편하게 대하라는 말이네요. 그렇죠, 이런 말을 들으면 마음을 풀어야죠.

오항녕 그때 일을 기록한 사관은 이렇게 적었습니다. "태종은 우문사급이 한 말이 농담임을 알고 마음을 풀었고 또 배척하지 않을 수 있었다. 그러나 태종만 못한 저 중간 정도의 자질을 가진 군주가 아첨에 현혹되지 않기를 바라기는 어려울 것이다."

오창익 '정관지치貞觀之治', 정관 시대의 훌륭한 정치가 그냥 나온 건 아니었습니다. 왕도 주변에서 호위하던 우문사급도, 또 이 일을 기록한 사관마저 보통 이상입니다. 자세도 좋고 안목도 좋습니다. 자, '황제의 거울' 위징 이야기를 좀 더 말씀해주시죠.

오항녕 태종은 위징을 간언을 맡는 간의대부諫議大夫로 삼았습니다. 위징은 그동안 생각했던 것을 모두 글로 펼쳤는데 숨기는 게 없었습니다. 모두 2백여 편의 상소를 올렸는데 내용은 절실하고 또 합당해서 황제의 마음에 닿았습니다. 이런 태도 때문에 간의대부가 된 것인데, 위징이 자리를 맡자 위징이 친척들과 당파를 지어 일을 공정하게 처리하지 않는다고 헐뜯는 자가 있었습니다. 황제는 온언박溫彦博을 시켜 살펴서 조사하도록 하니 위징에 대한 고발은 모두 사실이 아니었습니다.

온언박이 황제에게 말했습니다. "위징에게는 사람들이 말하는 흔적이 없었고, 고발하는 혐의와는 거리가 멀었습니다. 다만, 날조된 비방을 받았으니 이는 의당 문책해야 합니다." 그래서 황제가 온언박을 시켜 위징에게 조심하라고 일러주었습니다.

그래도 당 태종 정도나 되었기에 위징에 대한 조사와 검증을 소인배들이 아닌, 온언박에게 맡긴 겁니다. 온언박은 왕규王珪나 위징 같은 수준의 인물은 아니었지만 또한 훌륭한 신하였습니다. 온언박이 위징의 억울함을 바로잡아 황제가 헛소문 때문에 현자를 죄 주지 않도록 하였으니 귀한 일을 한 것입니다. 그렇지만, 위징을 험담하던 자들에 대해서는 그 죄를 바로잡지 못했습니다.

오창익 뛰어난 사람이 있어도 주변에서 험담에 시달린다면 결코 버티기 쉽지 않았을 겁니다. 온언박이 적절한 역할을 해주었고 이 때문에 위징이 화를 면할 수 있었습니다. 결국 태종이 온언박을 고른 게 지혜로운 선택이었습니다.

오항녕 위징이 병에 걸려 앓아눕자 황제가 태자와 함께 위징의 집을 찾아 문병하기도 했습니다. 황제는 딸 형산공주衡山公主를 위징의 아들 위숙옥魏叔玉에게 시집보내려고 했습니다. 얼마 안 있어 위징이 죽자, 황제는 직접 비문을 짓고 묘비의 글씨도 썼습니다.

오창익 그야말로 극진한 사랑입니다. 황제가 이렇게 신하를 사랑하며 챙기면 이게 본이 됩니다. 충직하면 상을 받고 간사하면 벌을 받는다는 평범한 원칙을 실천할 사람은 오로지 전권을 쥔 황제뿐입니다. 어디서나 지도자의 역할이 중요합니다.

오항녕 그런데 일이 생겼습니다. 위징이 살아 있을 때, 두정륜杜正倫과 후군집侯君集이 재상의 재목이라고 천거한 적이 있었습니다. 그런데 위징이 천거했던 두정륜은 죄를 지어 쫓겨났고 후군집은 반란을 꾀하다 주륙되었습니다. 이런 일이 생기자 황제는 위징이 가까운 사람들과 파당을 만든 게 아닌가 의심하기 시작했습니다. 또 위징이 황제에게 올렸던 글을 기록해두었다가 역사를 기록하는 기거랑起居郎과 저수량褚遂良에게 주었다는 말도 듣게 되자, 황제의 의심은 더욱 깊어졌습니다. 그래서 위징의 아들 위숙옥을 사위로 삼으려 했던 일을 없던 일로 물리쳤고 자신이 비문을 짓고 글씨도 썼던 묘비는 쓰러뜨렸습니다.

오창익 비록 위징이 죽은 다음이지만 태종의 처사는 못내 아쉽습니다.

이번에도 온언박처럼 지혜로운 사람을 시켜서 진상을 제대로 조사했으면 좋았을 텐데, 아쉽습니다.

오항녕 위징과 같은 경우가 당 현종 때의 송경宋璟 같은 사람입니다. 송경은 요숭에 이어 재상에 올라 현종을 보좌하면서 '개원의 치세'를 이루었습니다.[5]

송경 간신배들의 전횡에 맞서 조정의 기강을 바로잡고 비리를 척결하고자 한 명재상이었다.

오창익 당 현종이 아직 망가지지 않았을, 집권 초기의 좋은 시절을 이끌었던 재상이군요.

오항녕 송경은 죄를 짓고도 변명하며 호소하는 자들을 어사대御史臺에 보내 조사하고 죄를 다스리도록 하였습니다. 마침 하늘이 가물자 광대들이 가뭄 귀신인 발魃의 모습을 하고 황제 앞에서 연극을 했습니다. 그 장면을 잠깐 볼까요?

> 황제: "무엇 때문에 나왔느냐?"
> 발: "상공相公을 처분하고자 합니다."
> 황제: "무엇 때문이냐?"
> 발: "억울하게 죄를 지고 있는 자가 2백여 명인데, 상공이 모두 옥에

---

5 「송경열전宋璟列傳」, 『구당서』 권 96.

가두었기 때문에 발이 나오지 않을 수 없었습니다."

황제는 실제로 그러겠다 싶어 얼마 있다가 송경을 재상에서 파직했습니다. 송경이 조정의 기강을 잡고 비리를 근절하기 위해 노력하자 황제의 인척이나 소인배들은 좌불안석이었습니다. 이들은 마침 가뭄이 들자 광대를 시켜 이런 연극을 하게 했던 겁니다. 그저 공연 중에 던진 무심한 대사인 것처럼 보이지만 현종은 광대의 말을 믿었고 갑자기 송경을 재상에서 파직시킨 것입니다. 그러면, 송경을 파직시키도록 이렇게 만든 사람은 누구였을까요?

오창익 송경의 개혁정치가 두려운 사람들이었겠죠.

오항녕 물론, 구체적으로 누구인지는 알 수 없습니다. 당시 상황을 살펴보면 양사면楊思勉이라는, 황제의 총애를 받는 내시가 있었습니다. 그렇지만, 양사면은 송경이 말조차 섞지 않은 사람이라고 합니다. 또한 강교姜皎는 오랜 훈신으로 현종이 총애했는데, 송경은 그의 세력이 지나친 것을 경계했다고 합니다. 왕인교王仁皎란 사람은 황후의 아버지였는데 무덤을 쌓을 때 규정을 지나쳤으므로 송경이 지적하였습니다. 왕인침王仁琛은 현종이 초왕楚王이었을 때부터 연고 있던 관리로 관직 임명이 규정을 지나쳤으므로 송경이 또 간쟁하였습니다. 이런 사람들이 평소 송경에게 앙심을 품었을 가능성이 있는 사람들입니다. 광대의 연극은 필시 이 무리들이 사주했을 겁니다.

오창익 크고 작은 앙심들이 모여 훌륭한 재상 한 명을 쉽게 보냈습니다. 여러 차례 거듭 확인할 수 있는 것은 이런 얕은 수에 빠져 재상을 파직시키는 현종의 책임이 가장 무겁다는 것입니다.

오항녕 당 덕종 때도 명재상이 있었습니다. 육지陸贄입니다. 그는 참소하는 간신들에 대해 이렇게 진단합니다.

> "참소하는 무리들은 대부분 사실로 믿을 수 없는 말을 하며 중상모략이 도움이 된다고 생각하고 공적인 논의를 두려워합니다. 어떤 때는 참소하면서 '세월이 이미 오래되어 실상을 찾을 수 없다'고도 하고, '일을 하는 원칙에 방해가 될 수 있으니 은인자중해야 한다'고도 하며, '악한 행적이 아직 드러나지 않았으니 다른 일을 명분으로 삼아야 한다'고도 하는가 하면, '단지 그 사람만 내치면 되지 굳이 명백한 말로 문책하고 욕보여야 하는가'라고 합니다. 이 말들은 모두 이치에 가까운 듯하고 상대를 배려하는 듯하지만 실은 무함을 가리는 것입니다. 선한 사람들이 주로 이런 방식으로 중상을 당하고 간사한 모략에 넘어갑니다."

오창익 육지가 정확하게 지적한 것입니다. 남을 모함할 때는 여러 가지 그럴듯한 말을 하지만 중요한 건 그 말이 향하는 바일 것입니다. 남을 해치려는 말이 아무리 근사하면 뭘 합니까? 결국 말이 칼이 되고 또 창이 되고 마는 거니까요.

오항녕 육지의 말이 섬세합니다. 육지는 참소하는 간신들의 논리를 잘 알고 있었습니다. 간신들의 모략은 대개 사실에 근거한 게 아니기 때문에, 드러내놓고 시시비비를 가린다면 분명히 사실을 밝힐 수 있을 겁니다. 그렇기 때문에 간신들은 공론의 과정을 거치기보다는 몰래 중상모략함으로써 군주가 스스로 화를 참지 못하게 만들어버리는 겁니다. 옛날부터 선한 사람이 꼼짝없이 화를 입는 것도 다 이런 이유 때문입니다.

오창익 누군가에 벌을 주는 일을 도모할 때는 그래서 공개적으로 모든 걸 드러내놓고 하는 게 맞습니다. 그래서 오늘날 재판도 공개재판이 원칙인 것입니다. 누구나 원하는 사람들이 다 들여다보아도 문제가 없다고 여길 때 처벌을 해도 정당성을 얻는 것입니다.

오항녕 당 경종唐敬宗 초 배도裴度 역시 그런 일을 당했던 인물입니다.[6] 배도가 지방 흥원興元에서 조정으로 들어왔을 때 간신 이봉길李逢吉의 무리가 온갖 계책으로 헐뜯었습니다. 이에 앞서 민간에서 다음과 같은 노래가 퍼졌다고 합니다.

<blockquote>
비단옷 입은 작은 아이 배 내놓고 있으니   緋衣小兒坦其腹

하늘 위에 있는 입이 조정에서 쫓겨났네   天上有口被驅逐
</blockquote>

비단옷(緋衣)은 '배裵' 자를 가리키고, '복腹' 자는 '두肚' 자로도 쓰기 때문에 배도의 이름인 '도度'를 말합니다. '하늘 위에 있는 입'은 곧 '구천口天'인데, 통상 '오吳' 자를 말합니다. 이는 덕종 때 오원제吳元濟가 채주蔡州에서 반란을 일으키자 배도가 창의군절도사彰義軍節度使로 토

---

6 「배도전裴度傳」, 『신당서』 권 173.

240

벌에 나섰던 것을 말합니다. 배도는 채주를 함락시킨 후에 오원제 밑에 있던 채주의 병졸들을 처벌하지 않고 자신의 수비병으로 임용하였고, 이 때문에 채주 사람들을 감동시킨 적이 있었습니다. 그런데 이렇게 배도를 칭송하는 노래가 퍼진 것을 두고 배도가 민심을 얻고 있으며 나아가 역심을 품고 있다고 모략할 빌미로 삼은 것입니다. 이런 빌미는 다른 모략과 연결되어 있습니다.

장안의 성안에 여섯 고개가 있는데 가로로 걸려 있어서 마치 『주역』 '건괘乾卦'의 형상과도 같았습니다. 위아래로 모두 천(☰)인 괘를 건괘라고 합니다. 배도의 집이 우연히 다섯 번째 언덕에 있었습니다. 이를 두고 장권여張權輿가 상언하기를, "배도의 이름이 도참圖讖과 상응하고 집이 언덕배기에 자리 잡고 있는 데다, 조정에서 황제께서 부르지 않았는데도 왔으니 그의 의도를 알 수 있습니다"라고 무함합니다.

민간에 퍼졌던 노래와 배도의 집터를 가지고 무함한 것입니다. 덕종은 비록 나이는 어렸으나 그것이 무함임을 다 알아채고 더욱 배도를 후하게 대우하였다고 합니다. 그러고 보면, 간신의 등장은 군주의 자질, 노력과 밀접한 연관이 있음을 알 수 있습니다. 이제 우리 시대에는 군주가 아니라 시민의 노력과 밀접한 연관이 있다고 해야겠습니다.

오창익 이제는 군주가 주권자가 아니라, 시민이 주권자이니 간신이 판치느냐 그렇지 않으냐, 간신들의 모함으로 선한 사람들이 억울한 일을 당하느냐, 그렇지 않느냐는 전적으로 시민들에게 달려 있습니다. 민주공화국에서 시민들이 주인 노릇을 하기 위해서라도 더 똑똑해져야 하고, 사리판단을 제대로 할 수 있어야 합니다. 결코 쉽지만은 않은 일이지만 그렇다고 포기할 수도 없는 일입니다.

6장

도적 떼보다
심한 고통, 세금

상홍양
세금을 장악해 나라를 흔들다

오창익 여러 유형의 간신들을 살펴보았습니다. 이제 마지막 순서인데요. 이번엔 어떤 유형의 간신들을 살펴볼까요?

오항녕 마지막으로 살펴볼 유형은 백성들로부터 세금과 재물을 거두어들이는 것을 자신의 일로 삼는 관원들입니다. 이른바, '세금을 긁어모으는 신하(聚斂之臣)'들입니다.

오창익 관원들이 세금을 모으는 것은 가장 기본적인 책무인데 이게 어떻게 간신들이 하는 짓이 되는 거지요?

오항녕 먼저 국가 재정과 민생에 대한 원칙을 확인해볼 필요가 있습니다. 사서四書의 하나인 『대학』에서 중요한 원칙을 제시하고 있습니다.

나라 재정을 늘리는 데는 대도大道가 있다. 땀 흘려 생산하는 자를 많게 하고 먹기만 하는 비생산자를 적게 한다. 일하는 자는 신속히 도와주며, 거둔 세금을 사용하는 데는 천천히 한다. 그러면 국가의 재정은 항상 풍족할 것이다.

맹헌자孟獻子는 말했다. "사두마차 정도의 말을 기르는 신분이라면 닭과 돼지를 길러 돈 벌 생각은 하지 않는다. 얼음을 잘라 제사 지내는데 쓰는 정도의 대부大夫 신분이라면 소나 양을 길러 돈 벌 생각은 하지 않는다. 사방 백리의 영지를 소유하는 경대부의 신분이라면 영지의 인민들로부터 무거운 세금을 거두어들이는 신하를 거느리지는 아니 한다. 무거운 세금을 거두어들이는 신하를 둘 바에는 차라리 도둑질하는 신하를 두어라."

이것을 일컬어, 나라는 이익을 취하는 것만을 이利로 삼지 아니 하고, 의義를 구현하는 것을 이利로 삼는다고 하는 것이다.

앞서도 말씀드렸지만, 모든 나라는 세금으로 망합니다. 세금을 걷는 일에서 가장 중요한 것은 공평하게 또 적절하게 걷는 것입니다. 잘 걷는 게 제일 중요하지요. 간신이 하는 행태 가운데 빼놓을 수 없는 것이 세금을 거둬 군주에게 아첨하는 것입니다.

오창익 그 경계를 가르는 것이 쉽지는 않아 보입니다.

오항녕 세금을 걷는다는 게 나라의 기본 정책이라는 외피를 쓰고 있어서, 세금 징수에 문제가 있으면, 이게 얼핏 볼 때 단순한 정책 판단의 오류인지 아니면 간신의 농간인지가 판단이 안 될 수도 있습니다. 그래

서 더 유의해 보아야만 하는 사
안입니다.

한 무제 때 낙양雒陽 상인의
아들 상홍양桑弘羊은 암산이 뛰
어나 나이 13세에 시중侍中이 되
었다고 합니다.[1] 그다음에는 곡
식을 관장하는 치속도위治粟都尉

가 되어 재정 관청인 대농大農을
이끌면서 천하의 소금과 철을 모두 관장하였습니다. 상홍양이 한 무제에
게 청하였습니다.

"모든 상인과 관청이 각자 사고팔며 서로 이익을 많이 보려고 경쟁을
하여 물건 값이 앙등하는가 하면, 천하에서 부세賦稅를 운송하는데 더러
비용을 충당할 수 없습니다. 따라서 대농부승大農部丞 수십 명을 두어 지
방을 나누어 맡도록 하고 각각 고을로 가서 균수관均輸官과 염철관鹽鐵官
을 배치하여주십시오.

서울에서 멀리 떨어진 지방에서는 그 물건을 상인이 비싸게 전매하여
이익을 남기는 경우 세금으로 부과하거나 또는 지역 상호간 물건이 유
통되도록 해야 합니다. 서울에서는 평준관平準官을 두어 천하에서 보내
오는 물건들을 모두 받아들이고, 공관工官으로 하여금 수레를 관리하고
기물을 제조하되 모든 비용은 대농에 의존하여 공급해야 합니다. 그리
고 또 대농의 관원들이 천하의 화물을 모두 장악하여 귀해지면 팔고 싸

---

1 「평준서平準書」, 『사기』 권 30.

지면 바로 사들이면 부유한 상인이 모리牟利를 취할 데가 없게 되니 근본인 농업으로 돌아가고 모든 물건은 값이 뛸 수 없게 될 것입니다. 때문에, 천하의 물건을 누른다는 뜻으로 이름을 '평준'이라고 한 것입니다."

이런 제도를 균수법均輸法이라고 합니다. 국가가 전매사업을 하고 상인들에게 세금을 매기자는 요청이었습니다. 황제는 상홍양의 제안이 옳다고 여겨 그렇게 하라고 허락했습니다. 그러니 백성들에게 세금을 더 걷지 않았는데 나라살림은 훨씬 더 풍족해졌습니다.

오창익 꼭 백성들에게 부담을 지워야만 나라살림을 꾸려가는 게 아니라는 상홍양의 제안이 그럴듯하군요. 기본적인 원리는 시장에 맡기되 핵심적인 길목에서 국가가 역할만 조금 하면, 세금을 바로 걷는 것만큼의 효과가 있다는 거죠.

오항녕 그런데 어느 해 날이 가물어 황제가 관원에게 기우제를 지내게 했습니다. 기우제를 맡은 복식卜式이 이렇게 말합니다.

"지방관은 조세로 먹고 입을 뿐인데, 지금 상홍양이 관리들로 하여금 시장에 나가 가게를 열고 물건을 팔며 이익을 챙기게 하고 있으니, 상홍양을 삶아 죽여야 하늘이 비를 내릴 것입니다."

오창익 아무리 인권 개념이 없는 옛날이라지만, 말이 무섭습니다. 상홍양으로 인해 국가 재정이 풍족해졌는데 왜 이렇게 험한 말까지 나오는 걸까요?

오항녕 상홍양의 균수법은 어떤 면에서 보면 상인의 이익을 빼앗아 국가에 귀속시키는 것이었습니다. 결국 황제가 장사하는 백성들의 원망을 살 뿐이지 황제와 백성이 두루 만족할 수 있는 법은 아니라는 겁니다.

사실, 이 사안은 쉽게 설명하기 어려운 방대한 분량의 이해가 필요한 대목입니다. 아마 따로 책 한 권을 써야 설명이 가능할지도 모르겠습니다. 왜냐하면, 이는 제국이 성립한 뒤에 그 제국을 어떻게 운영할 것인가에 대한 매우 폭넓은 논쟁과 연관된 것이기 때문입니다. 역사에서는 이 대논쟁을 '염철론'이라고 부르고 있습니다.[2]

일면 소금과 철의 국가 전매를 둘러싼 찬반 논쟁으로 보이지만, 핵심은 국가운영을 어느 쪽에 무게를 둘 것인가 하는 핵심 과제와도 닿아 있는 것입니다. 말하자면, 제국帝國 자체가 논쟁 대상이었습니다.

오창익 세금을 어떻게 걷느냐, 국가운영의 재원을 어떻게 마련하는가가 따지고 보면 국가의 핵심 의제라는 말씀입니다. 그건 한漢나라나, 현대 국가나 마찬가지겠지요.

오항녕 그렇습니다. 염철론은 한 소제漢昭帝 시원始元 6년(81년) 2월부터 7월까지 벌어진 논쟁이었습니다. 한 무제 초기부터 70년간 평화가 지속되었지요.

오창익 대제국을 건설한 다음에 온 평화, 로마의 아우구스투스 이우

---

2 환관 지음, 김원중 옮김, 『염철론鹽鐵論』, 신원문화사, 1998. 『염철론』을 논의할 때 필요한 경우 필자가 다소 번역을 바꾸었다. 또 다른 국내 번역본으로는, 김한규 번역의 『염철론』(소명출판사, 2002)도 있다.

2백 년간 지속된 팍스 로마나Pax Romana에 비견될 만한 제국의 평화였지요.

오항녕 자연재해도 없었고 물자는 풍부했으며 백성들의 생활은 안정되었습니다. 그렇지만 10여 년 동안 계속된 흉노 정벌로 한나라의 살림은 매우 어려워졌고 국내에서의 크고 작은 토목공사 때문에 재정 압박이 심한 상태였습니다.

오창익 전쟁을 벌이든 대규모 토목공사를 하든, 모두 전형적인 과대소비입니다. 이는 곧바로 재정압박으로 이어집니다. 요즘도 4대강 공사니 뭐니 해서 한나라에서나 있을 법한 재정 낭비, 과대소비가 반복되고 있습니다.

오항녕 당장의 국가위기를 타개하기 위해 벌어진 정책 논쟁이 바로 염철론입니다. 염철론은 동아시아, 특히 중국의 경제정책과 대외정책의 한 골격을 형성하게 됩니다. 이 논쟁은 부국강병을 주장하는 상홍양을 필두로 한 간관諫官이 한편이 되고, 안민安民을 중요한 가치로 여기는 유학자 계열의 현량賢良과 문학文學이 한편이 되어 벌인 논쟁입니다. 제국 운영의 기본 원칙에 대한 일대 논쟁이었습니다.

논쟁을 벌인 당사자들의 육성을 듣고 싶은데 다툰 쟁점도 많고 쏟아낸 말도 많아서 간략하게 요약해보았습니다. 염철론은 결국 백성의 고통을 덜게 할 방도가 무엇인지에 대한 답을 찾는 과정에서 제기된 논쟁이었습니다.

오창익 백성들이 왜 아파하는지 백성들이 힘든 건 무엇인지 백성들이 편안하게 지내려면 국가는 어떤 역할을 해야 하는지에 대한 그야말로 근원적인 질문을 던진 것이군요.

오항녕 좀 길지만, 요약하면서 인용해보겠습니다.

> 문학: "치인治人의 도리는 방탕한 근원을 막고 도덕의 단서를 넓히며, 말단의 이익을 누르고 인과 의를 열어 이익을 보이지 않은 연후에 교화가 흥성하고 풍속을 바꿀 수 있을 것입니다. 지금 지방과 서울에서는 소금과 철, 술의 권한을 균수관에게 맡겨 백성들과 이익을 다툼으로써, 돈후한 소박함이 흩어지고 탐욕스럽고 비루한 변화만 생겼습니다. 그래서 백성들이 근본(농업)으로 가는 자는 적고 말단(상업)을 쫓는 자는 많습니다. 모두 혁파하시기 바랍니다."

> 상홍양: "이는 곤란합니다. 균수법은 국가의 대업大業으로, 사방의 오랑캐를 제어하고 변방을 안정시키는 재용財用의 근본이므로, 혁파하는 것은 편치 않습니다."

> 문학: "나라를 다스리는 사람은 백성이 적음을 걱정하지 않고 백성들의 삶이 고르지 못함을 걱정하고, 가난을 걱정하지 않고 편안하지 못함을 걱정하는 법입니다. 그러므로 천자는 많고 적음을 말하지 않고, 제후는 이익과 손해를 말하지 않으며, 대부는 얻음과 잃음을 말하지 않습니다. 인의를 축적하여 풍족하게 하고, 덕행을 넓혀 심복心腹하게 합니다. 그래서 가까운 자는 친하게 지지하고 먼 자는 기뻐서 복종합니다. 어진

정치는 천하에 적이 없으니, 어찌 비용을 쓰겠습니까.

또한 나라에 비옥한 벌판이 풍요로운데도 백성들의 먹을 것이 부족한 것은 공상工商이 흥성하고 본업이 황폐하기 때문이며, 산과 바다의 물자가 있는데도 백성들의 재화가 부족한 것은 백성들에게 힘쓰지 않고 과도한 사치품이 많기 때문입니다. 고제高帝가 상업을 금하고 상인이 관직에 나올 수 없게 한 것은 탐욕스럽고 비루한 풍속을 막은 것입니다. 시장을 열지 못하게 하고 이윤이 생길 문을 막았는데도 백성들이 오히려 나쁜 짓을 했는데 하물며 윗사람이 이익을 얻겠습니까.

전傳에 '제후가 이利를 좋아하면 대부가 비루해지고, 대부가 비루해지면 서민이 도둑질하게 된다' 했으니, 이것은 이익의 구멍을 열어놓고 백성에게 죄의 사다리를 만들어주는 것이기 때문입니다.

문제文帝 때는 염철의 이익이 없었는데도 백성들이 부유했으며, 지금은 있는데도 백성들이 곤궁합니다. 또한 이利는 하늘로부터 온 것도 아니요, 땅으로부터 나온 것도 아니요, 한결같이 백성들에게서 취한 것입니다. 오얏과 매실의 열매가 많이 열리면 다음 해에는 이것 때문에 나무가 쇠해지고, 새로운 곡식이 익으면 구곡舊穀은 이것 때문에 이지러집니다. 천지로부터 두 개가 한꺼번에 이득을 볼 수는 없는 것이니, 하물며 인사에 있어서이겠습니까. 그러므로 여기에서 이利를 보면 저기에서 손해를 보는 것입니다. 상군商君이 법을 엄격하게 하고 이익을 장려하니 진나라 사람들이 살아갈 희망을 잃고 서로 효공孝公을 보고 통곡했으며, 진나라는 날로 위태로워졌습니다.

옛날 토지 제도는 백성들을 부양하는 데 충분했고, 백성들은 그것으로 위를 받들 수 있었습니다. 천승千乘의 나라와 백리의 땅에서 공公·후侯·백伯·자子·남男이 각각 구하는 것을 충족하였고 바라는 것을 넉넉히

채웠습니다. 진秦나라는 모든 나라의 땅을 겸병했고 사해의 부를 차지했는데도 뜻에 만족하지 않았으며, 궁궐이 작지 않고 재용이 소박하지 않았는데도 욕심이 많아서 아랫사람들이 그 욕구를 감당할 수 없었습니다. '부엌에 썩은 고기가 있으나 나라에 굶주리는 백성이 있고, 마구간에 살진 말이 있으나 길에는 굶어죽은 사람이 널려 있다'는 말이 있습니다. 지금 개와 말을 기르고 벌레와 짐승을 먹이고, 쓸데없는 관직과 급하지 않은 공사에다가 성과도 없이 입고 먹는 현관縣官(지방관)이 많습니다. 그러므로 위는 부족하고 아래는 곤핍困乏합니다. 지금 그 근본을 줄이지 않고 백성들과 목초를 다투고 상인들과 시장의 이익을 다투는 것은 군주의 덕을 밝히고 나라를 돕는 방도가 아닙니다."

조금 길었나요? 핵심은 이렇습니다. 문학으로 대표되는 유학자들의 주장은 "상홍양의 균수법, 염철 전매 이후 국가 재정은 풍족해졌지만 백성들의 생활은 궁핍해졌다"는 것입니다. 그것은 "나라가 백성들과 목초지를 다투고, 상인들과 시장의 이익을 다투기 때문"이라는 것입니다. 이 논의는 승상 전천추田千秋가 "선왕先王의 도리가 사라진 지 오래되어 복원하기 어렵습니다. 현량과 문학의 말은 심원하지만 시행하기 어려워 당세에 미칠 수 있는 바가 아닙니다"라고 하여, 더 이상 진행되지 못하였습니다.

오창익 당장 어떤 입장이 옳은가를 따지기 전에, 아주 오래전의 관원들이 어떻게 하면 백성을 살필까를 걱정하며 일대 논쟁을 벌이는 모습은 참으로 보기 좋습니다. 이게 관원들의 기본적인 자세여야겠지요. 자신의 근본이 백성이니 백성이 살아야 자기도 살 수 있다는 측면에서도 그렇고, 관원이 된 까닭이 모두 백성에 닿아 있으니 백성의 삶을 걱정하는 게 기본 중의 기본인 것입니다.

오항녕 송나라 진덕수는 "한 무제 치세에, 안으로는 사치를 벌이고 밖으로는 사방 오랑캐와 사단을 만들었다. 이에 세금을 긁어모으는(聚斂) 신하가 염철법, 균수법, 주권법酒權法을 시행했고, 이익을 말하는 자들은 터럭을 쪼갤 정도로 각박하게 세금을 거두어 백성들이 감당할 수 없었다"고 진단하였습니다. 이 논쟁의 결과는 술 전매를 혁파한 것뿐이었지요.

오창익 진덕수가 말한, 터럭을 쪼갤 정도로 각박하게 세금을 거둔다는 말이 실감납니다. 내년 농사짓기 위한 종자까지 거둬간다는 말 아닙니까. 그렇게 백성의 삶이 도탄에 빠졌는데도 이른바 '대논쟁'을 벌였는데 겨우 술 전매를 없앤 것 말고는 성과가 없었다는 것도 너무 싱겁습니다.

오항녕 이 사안은 송나라 때 왕안석王安石에 대한 논의를 상기시킵니다. 왕안석도 상홍양의 계책을 비조鼻祖로 삼았습니다. 그렇기 때문에 시역법市易法을 만들고 또한 재물을 잘 다스리면 세금을 더 내지 않고도 임금의 재용이 풍족할 것이

사마광 초상

라고 말하였습니다. 그러나 사마광은 이러한 정책을 비판하면서, "천하에 어찌 이런 이치가 있는가? 천지가 낳는 재화와 백 가지 물건은 일정한 한도가 있어서, 백성에게 있지 않으면 관청에게 있다. 비가 내리는 데 비유해보자. 여름에 큰물이 나면 가을에 가무는 것과 같다. 백성들이 세금을 더 내지 않고도 위의 재용이 풍족한 것은 법을 만들어 은밀히 백성들의 이익을 빼앗는 것이니, 그 폐해가 세금을 더 걷는 것보다 심하다. 이야말로 상홍양이 한무제를 속였던 말이다"라고 하였습니다.

왕안석 불세출의 개혁가, 그러나 국가재정확충, 세금 징수로 이어지는 정책으로 민생 파탄을 낳았다.

전통적으로 왕안석은 그 탁월한 능력에도 불구하고 정책에 관한 한 소인小人으로 평가받았습니다. 왕안석이 추진한 신법新法을 복구했던 장돈章惇 · 채경蔡京 · 채변蔡卞 등이 사마광, 문언박文彦博, 정이程頤, 소식蘇軾 등을 탄압했던 간신이었다는 점도 신법당의 역사적 평가를 박하게 만들었던 이유일 것입니다.

오창익 왕안석이 가진 능력에 비해 박한 평가를 받아 소인 취급을 받는데, 그렇다면 소인과 다른 군자는 어떤 존재일까요?

오항녕 군자는 학습과 성찰을 반복하여 그게 몸에 밴 존재, 몸의 훈련을 통해 도달하는 인격일 것입니다. 종종 군자와 소인의 차이를 도덕적으로만 이해하려는 경향이 있는데 물론 그런 점도 있지만, 군자인지 아닌지를 가르는 것은 경험적, 실증적 규정이 더 타당할 것입니다.

옛사람들이 말하는 군자 대 소인의 구도는 오늘날 흔히 말하는 진보 대 보수의 구도와는 물론 다릅니다. 현대 왕안석 연구자들은 왕안석의 신법을 진보적 개혁으로, 사마광 등 구법당舊法黨을 보수로 부르는 경우도 있습니다. 사마광 등의 입장에 구舊 자가 들어가니, 당연한 일이겠지요.

요즘 연구자들이 이렇게 보는 까닭은 송대 성리학자들의 국가와 공동체에 대한 태도를 잘 모르기 때문입니다. 왕안석의 정책에 대한 당시의 논쟁을 올바로 이해하지 못했던 것이지요. 예를 들어, 농민을 고리대로부터 보호하려는 취지에서 만든 왕안석의 청묘법青苗法에 대해 주자朱子는 "청묘법은…… 백성들에게 곡식이 아니라 돈을 지급하며, 처리 단위가 현縣이지 향鄕이 아니다. 그 자리에 관리를 임명하고, 지역사회의 사군자士君子를 임명하지는 않는다. 따라서 한 읍에는 시행할 수는 있지만, 천하에 시행할 수는 없다"라고 비판했습니다.[3]

오창익 좀 어려운 개념입니다. 주자가 말한 현縣이나 향鄕의 차이가 뭔가요?

---

3 「무주금화현사창기婺州金華縣社倉記」, 『주문공문집朱文公文集』 권 79.

오항녕   주자에게 '현縣'은 중앙 정부의 연장이자 국가 권력을 표현하는 말이었습니다. 국가에서 고리대에 시달리는 농민들에게 돈을 지급하는 일이 일견 긍정적으로 보이지만 그것은 국가 중심의 해결 방식이라는 이유에서 비판한 것입니다.

돈은 국가가 통제할 수밖에 없는 것입니다. 그러므로 주자는 시폐時弊를 국가 중심으로 해결하려는 시도, 즉 향촌이나 마을 같은 지역의 자발성에 기초하여 해결하지 않는 시도의 위험성을 읽었던 것입니다. 왕안석의 신법은 곧 국가 권력의 강화, 관료기구와 법제의 강화를 의미하였고 패도覇道로 가는 길이라고 인식했던 것입니다. 이것이 왕안석이 소인이라는 평가를 받았던 이유라고 생각합니다.

상홍양이나 왕안석은 후대 사람들이 간신으로 평가하는 것을 부당하게 여길지도 모릅니다. 하지만 국가 재정의 확충과 세금 징수에 중점을 둔 정책은 곧잘 민생의 부담, 나아가 파탄으로 이어진 것이 사실이었습니다.

오창익   국가재정을 튼튼히 하는 것이 현대적 의미에서의 사회보장과 사회복지를 위한 것이 아니라면 의미가 없다, 그저 국가재정이란 것이 황실만을 위한 것일 때 백성의 먹고사는 일을 도외시한 세금 징수는 간신배가 하는 짓이란 건 분명히 확인할 수 있었습니다. 그 무엇에도 백성이 중심이 되어야 정당성을 가질 수 있다는 말씀입니다. 세금 징수의 기준을 명확히 해야 한다는 말씀이기도 하구요.

오항녕   어려울 수 있는 주제입니다. 특히 근대사회가 국가-중심적 사고가 더 강합니다. 그래서 이런 논의의 핵심을 이해하기가 더 힘든데 잘 정리해주셨네요.

위견

무덤도 징발하라!

오항녕 당 현종 개원 연간에 호부시랑戶部侍郞 우문융宇文融은 성격이 정확하고 민첩하여 응대할 때 말주변이 좋았고 재정과 세금을 관리하는 일로 황제에게 총애를 얻었습니다. 호부戶部를 맡았다는 것 자체가 경제 분야의 전문가라는 말이지요. 처음에 여러 '사使'를 널리 설치하여 경쟁적으로 세금을 거두었는데, 이 때문에 백관들은 차츰 관직을 잃었지만 황제의 마음은 더욱 사치스러워졌고 백성들은 모두 근심하며 고통스러워하였습니다.

개원 9년(721)에 우문융이 장부에 수록되지 않은 은닉 토지인 선전羨田과 요역에 잡히지 않은 가호家戶인 도호逃戶를 색출하고 자수하게 하여 6년간 세금을 면제해줌으로써 80만여 호와 세금 상당량을 확보했습니다.[4]

---

4 「식화지食貨志」, 『구당서』 권 48.

오창익 아무리 중국 땅이 크고 사람이 많다고 해도 당나라 시절에 그만큼의 추가 세수를 확보했다는 것은 엄청난 성과입니다. 지금도 지하자금을 확인하지 못해 세금을 제대로 걷지 못하는 경우가 있어서 늘 골치인데 우문융의 성과가 대단합니다.

오항녕 사실은 주현州縣에서 실호實戶를 객호客戶로 등록하는 등, 그 수를 부풀려 보고하였던 것입니다. 그러니 별 실효가 없었습니다.

오창익 아, 그냥 숫자 놀음이었군요.

오항녕 나중에 누군가 익명의 글을 올려 우문융이 관청의 돈을 은닉하였다고 고발했고 우문융은 이로 인해 죄를 추궁당해 유배 가다가 도중에 죽었습니다.

　우문융을 이어 양신긍楊慎矜이 황제의 정치자금 마련으로 총애를 얻었습니다. 이때 위견, 왕홍王鉷의 무리가 등장합니다. 원래 당 현종 초기에 위견은 책임감이 있고 민첩하다는 말을 들었습니다. 그래서 현종은 그에게 강회江淮의 세금 수송을 감독하게 하였습니다. 위견은 산수滻水를 끌어와 금원禁苑 동쪽 망춘루望春樓 아래까지 이르게 하고 연못을 만들어 강회의 운반선을 모았습니다. 일꾼들이 배로 화물을 실어 나르기 위한 운하를 개통하면서 백성들의 무덤을 파헤치고 징발하는 바람에 운하가 시작하는 강회부터 운하의 도착지인 경성京城까지 민간의 원성이 끊이지 않았습니다.

오창익 운하 때문에 백성들의 원성이 끊이지 않았다고요. 남의 나라 이야기 같진 않네요. 이런 대규모 토목공사를 벌이는 것도 무모한 일인데, 노동력 확보를 위해 백성들을 징발하고 운하 길을 내기 위해 남의 무덤까지 파헤치니 백성들의 원망이 컸겠습니다.

오항녕 2년이 지나 운하가 완성되자 황제가 망춘루에 나아가 새로 만든 연못을 보았습니다. 위견이 새로 건조한 선박 수백 척에 각 군郡의 이름을 두루 내걸었는데 군에서 나는 진귀한 재물을 배 뒤에 늘어놓았습니다. 쭉 늘어선 배들 위의 돛대만으로도 수십 리가 이어졌다고 하니, 참으로 어마어마한 규모였지요.

　위견은 황제 앞에 무릎을 꿇고 비단 등 여러 고을의 값진 재물을 바쳤습니다. 황제는 기뻐서 하루 종일 잔치를 열었고 운하의 엄청난 위용을 구경하는 사람들로 인산인해를 이루었답니다. 위견에게는 벼슬을 더해주고 위견 주변 사람들이나 운하 개통에 참여한 관원들에는 푸짐한 포상이 주어졌습니다.

오창익 황제가 운하의 근사한 모습을 보고 기뻐서 돈 잔치를 벌이네요. 운하 건설만으로도 백성들이 등골이 휠 지경인데 운하 개통한답시고 또 잔치를 벌여 흥청망청이니 황제와 운하를 개통한 위견은 좋았겠지만 사람들의 고통은 더 극심해졌겠습니다.

오항녕 당 현종은 호부낭중 왕홍王鉷을 호구색역사戶口色役使로 삼았습니다. 호구 조사를 담당하는 관원인데, 부역이나 군역을 징발하는 관직입니다. 당 현종은 황제로 즉위한 이후 세월이 흐를수록 초기의 명민한 모습은 사라지고 씀씀이가 날로 커지고 또 사치스러워졌습니다. 자신이 예뻐하는 후궁에게 내리는 상은 절도가 없었으며 국고인 좌우장左右藏의 상태가 어떠한지 돈이 얼마나 남아 있는지는 헤아리지도 않고 마구잡이식으로 가져다 썼습니다.

오창익　그러면 곧 사달이 나겠네요. 황실 재정이 무슨 화수분도 아니고 매일처럼 흥청망청 써대는 걸 감당할 수는 없겠죠.

오항녕　왕홍은 황제의 마음을 알아채고 해마다 바치는 세공歲貢의 정액 외에 돈과 비단 수십만 냥을 궁궐 안에 있는 내고內庫에 저축해놓고 궁중의 잔치나 황제의 하사품으로 쓸 수 있게 했습니다. 그러면서 황제에게는 이 돈들은 모두 조용조租庸調에서 나온 것이 아니니 마음대로 쓰셔도 된다고 말했습니다.

오창익　조용조는 왕조 시절 국가 재정의 바탕이 되는 세 가지 수익을 말한다고 앞서도 배웠습니다. 토지에서 나는 전세田稅, 노동력을 동원하는 신역身役, 그리고 특산물을 내는 공납貢納을 말하는 거죠?

오항녕　네. 그러나 진짜로 조용조가 아니었다 치더라도 나라의 모든 생산물은 생산계급, 곧 백성들이 담당하는 것입니다. 나라에서 쓰는 물건치고 백성에게서 걷지 않은 물건은 하나도 없습니다.

오창익 그래요, 황제와 관원들이 뭘 먹고 뭘 마시든, 뭘 입고 어떤 짓을 하고 놀든 거기에 소요되는 모든 것이 바로 백성에게서 나온 것이죠. 황제가 농사짓고, 길쌈하고, 소나 양을 키우는 것도 물고기를 잡는 것도 아니니까요.

오항녕 그런데도 황제는 어리석게도 왕홍이 나라를 부유하게 할 수 있다고 생각하고 더욱 후하게 대했습니다. 나라가 모두 황제의 것이었으니까요. 그러나 왕홍이 각박하게 세금을 거두어 오로지 황제에게만 아첨하자 당연히 안팎에서는 원망이 커졌고 백성들의 삶은 더욱 고단해졌습니다. 이런 게 바로 간신입니다.

배연령
허위 장부로 얻은 총애

오항녕　당 덕종 정원貞元 8년(792), 덕종은 사농소경司農少卿 배연령襄延齡을 판탁지判度支로 삼았습니다. 다시 말해, '판判'은 주관한다는 말이고 '탁지'는 호조戶曹입니다. 그러니까 국가 재정을 주관하는 요직에 임명한 것입니다. 판탁지가 된 배연령이 황제에게 아뢰길, "각 고을의 손실난 전錢 8백만여 민緡(돈 꾸러미)을 검사하여 감독하였으며 고을에서 바친 물건은 30만여 민입니다. 창고를 설치하여 관장하게 하십시오" 하였습니다.

오창익　국가 재정이 손실이 생겼는데 결국은 백성을 매우 심하게 꾸짖고 몹시 재촉해서 부족분을 채워놓았다는 보고네요.

오항녕　그렇습니다. 국가 재정의 결손분은 결국 각 고을의 부담, 그러므로 백성들의 부담이 그만큼 커졌다는 걸 의미합니다. 그렇지만, 당장 먹고살기도 힘든 가난한 백성들은 그 결손분을 감당할 조건이 전혀 아니었습니다. 이때도 숫자놀음을 합니다. 각 고을에서 바쳤다는 명주明紬는 사실은 궁궐 창고인 좌장左藏에 있던 물품이

배연령裵延齡(?~?)

중국 당나라 덕종 때의 간신. 과장되고 거짓된 국고 장부로 황제를 미혹하고 권세를 누리는 동안 백성의 등골은 휘어갔다.

었다고 합니다. 배연령은 단지 따로 창고만 설치하고 명목과 숫자를 허위로 과장하여 황제를 미혹하였던 것입니다. 덕종은 배연령의 말만 믿고 나라가 부유하게 되었다고 배연령을 총애하였지만 실제로 늘어난 부는 아무것도 없고 오로지 관원들이 거짓 장부를 쓰느라 고생했을 뿐입니다.

다음 해에도 배연령은 황제에게 "좌장고의 물품을 대부분 잃어버리고 누락하였습니다. 근래 검열관이 장부를 만들어놓는 과정에서 거름 더미 속에서 은銀 30만 냥을 얻었으며, 비단과 여러 재화도 백만 냥 남짓한데 이는 쓰고 남은 물건입니다. 모두 잡고雜庫로 옮겨 넣어두었다가 별도로 명하여 지출하여 쓸 때 제공하게 하십시오"라고 하였습니다.

오창익 똑같은 농간을 벌이는군요. 아니, 이번에는 좀 더 과감합니다. 황제에게 마음껏 쓰라고 내어준 것도 하늘에서 뚝 떨어진 것이 아니니 장부 조작을 했든 이 창고에 있던 것을 저 창고로 옮긴 것이든 뭔가 농간을 부렸겠습니다. 그것도 아니라면, 훨씬 더 가혹하게 백성들을 쥐어짠 결과가 아니겠습니까. 그런데 거름 더미 속에서 은 30만 냥이 나왔다면 너무 지나친 거짓말이라는 게 뻔히 보이는데 이상한 일입니다.

오항녕 누가 봐도 이상한 일입니다. 그러니까 태부소경太府少卿 위소화韋少華가, 그건 모두 매월 보고하여 재고가 파악된 물품이니까 더 조사하라고 이의를 제기하기도 하였습니다. 그렇지만 황제가 위소화의 요청을 받아들이지 않았습니다.

명재상이었던 육지가 상서하여 배연령의 간사함을 철저하게 논했습니다. 그 대략을 소개하겠습니다.

> "배연령은 세금 징수를 좋은 대책으로 여기고, 기만을 훌륭한 계책으로 여기고 있습니다. 가혹하게 세금을 거두어 원한을 사는 행위를 마치 자신을 돌보지 않고 일하는 것으로 여기고, 남을 참소하는 일도 아무렇지 않게 여기며 그런 행위를 절개를 다한다고 여기고 있습니다. 그의 간사한 폐해를 보면 날로 자라고 달로 불어나고 있습니다. 그런데도 폐하께서는 그를 보전하고자 일찍이 힐문한 적도 없기 때문에 배연령이 이런 사실을 감추고 주상을 미혹시킬 수 있다고 여기고 두려워하지 않습니다. 동쪽에 있던 것을 옮겨다 서쪽에 놓고 마음대로 자신의 성과로 삼고, 여기서 가져다 저기에 두고 마침내 쓰다 남은 물건이라고 하니, 조정을 우롱하는 것이 어린아이 장난과 같습니다."

육지는 이런 짓을 옛날 조고가 사슴을 가리켜 말이라고 했던 것보다 심하다고 말했습니다. '지록위마'는 앞서 다루었지요? 조고는 사슴이나 말은 같은 동물을 가지고 기만했으니 그래도 낫다는 것이지요. 배연령은 있는 것을 없다고 하고 없는 것을 있다고 했으니 조고보다 더한 간신이라고 했습니다.

오창익 육지의 말이 맞습니다. 조고는 천하의 간신이지만 그래도 사슴더러 말이라 했을 때, 같은 네 발 달린 짐승이라는 공통점이라도 있었지만 배연령은 아예 없는 것을 있다 하는 정도니 조고보다 더 나쁜 간신이라는 지적입니다. 육지의 이런 지적을 받은 황제의 대응은 어땠을까요?

오항녕 그제라도 뭔가 잘못된 일이 없는지 살폈으면 좋았겠지만 육지의 상주가 올라간 뒤에도 황제는 배연령을 더욱 후대하였습니다. 게다가 얼마 안 있어 육지를 재상에서 파직하고 또 충주 별가忠州別駕로 좌천시켰습니다.

나중에 배연령이 죽자, 조정과 민간의 사람들이 서로 축하하며 기뻐했는데 오로지 황제만 홀로 배연령의 죽음을 안타까워하고 애도했다고 합니다.

오창익 정말 바보같은 사람입니다. 당나라의 국고가 아무리 넉넉하다고 해도 거름 더미 속에서 은銀 30만 냥이 뚝딱 나온답니까. 은이 곧 돈인데, 어떻게 거름 더미에 버려두었다가 마침 황제가 돈을 펑펑 쓰고 싶을 때 갑자기 땅에서 솟아난 듯, 그렇게 큰돈이 나타날 수 있단 말입니까. 황제야말로 소인입니다.

오항녕 송나라 때 범조우范祖禹는 덕종을 두고, "덕종의 성품은 소인과 부합하고, 군자와 다르다"고 했습니다. 황제가 조금만 신경을 썼다면, 어린아이처럼 당장 주어진 선물에만 희희낙락하지 않았다면, 관련 업무를 다루는 위소화의 말을 듣고 주의만 기울였다면, 재상 육지의 말에 귀를 기울였다면 좋았겠지만 덕종은 그 어떤 일도 하지 않고 그 어떤 반응도 보이지 않았습니다. 그러니 덕종이야말로 진짜 소인배입니다. 노기를 그리워하던 덕종, 이번엔 배연령을 안타깝게 여기는 덕종, 참으로 딱한 사람입니다.

04

이충
누가 더 백성을 쥐어짜는가

오창익　이제 이 책의 마지막 간신을 살펴볼 차례네요. 여러 유형의 간신들 중에서 세금을 걷는다는 명목으로, 백성들의 것을 빼앗아 군주의 비위만 맞췄던 간신들을 살펴보고 있는데요, 이번엔 어떤 사람을 소개해주실 건가요?

오항녕　이제 마지막 순서이니 우리 한반도로 돌아와보겠습니다. 마지막 이야기를 시작하면서 처음 만나고 싶은 사람은 김개시金介屎입니다.

오창익　개시介屎란, '개똥'이란 말이네요. '시屎' 자가 바로 '똥 시' 자이니 그냥 아명처럼 천하게 부르던 이름이 호적 이름이 되었네요.

오항녕　예전에는 그런 역설이 있었답니다. 귀하게 오래 살라고 일부러 험한 이름을 지었답니다. 아마 이 사람도 그랬나봅니다. 김개시는 원래는 나인이었다가 상궁이 되었습니다. 광해군이 쫓겨나는 인조반정이 일어날 때 김개시는 정업원淨業院에서 불공을 드리고 있다가 사변이 일어난 것을 듣고 민가에 숨어 있었는데, 군인이 찾아내어 참수했다고 합니다.

오창익 일개 상궁에 불과한 김개시에 대해서도 기록이 남아 있나요? 보통은 여성들에 대한 기록은 별로 없지 않나요? 왕비에 대한 기록도 적으니, 후궁이나 상궁이라면 더 드물 텐데요.

오항녕 예, 조선의 각종 기록물에서 여성에 대한 기록은 상당히 드뭅니다. 그런데 김개시에 대한 기록은 많은 편입니다. 사관의 말에 따르면 광해군이 근습近習들과만 어울린다고 했습니다. 근처의 익숙한 사람들, 잘 아는 사람들과만 어울린다는 말입니다. 근습이란 주로 내시나 궁첩宮妾 등, 가까이서 임금을 모시기에 친한 사람들을 말합니다. 특히 이이첨과 관련된 기록이 주목됩니다.

　광해군 5년 6월의 기록을 보면, "이때 사람들이 말하기를, '이이첨이 세 가지를 섬기는데, 세자빈을 섬기어 세자를 속이고, 정인홍의 제자를 섬기어 정인홍을 속이고, 김 상궁을 섬기어 왕을 속인다'고 했는데, 모두 진귀한 노리개와 좋은 보물을 바쳤다"고 합니다.

오창익 이이첨은 광해군 때, 권력의 정점에 있던 자가 아닌가요? 이런 사람도 김 상궁, 김개시를 통해 광해군을 속인다는 말 아닙니까. 앞서 살펴본 대로, 간신들은 궁궐의 안팎으로 네트워크를 구축하는 것이 기본적인 전략인데, 이 경우에도 딱 맞아떨어집니다.

오항녕 김 상궁은 원래 세자궁의 나인이었다고 합니다. 시녀였다가 왕비를 통해 어찌어찌해서 광해군의 잠자리를 시중들었다고 합니다. 그런데 김 상궁이 그 기회에 뭔가의 비방秘方으로 갑자기 광해군의 사랑을 얻었으므로 후궁들도 김 상궁과 어울리는 이가 없었고 결국 김 상궁이 왕비와도 틈이 생겼다고 합니다. 중요한 건 김 상궁 세력이 왕비를 능가할 정도였다는 점입니다. 광해군은 궁첩宮妾이 매우 많았고 그중에 상궁 김 씨가 우두머리였습니다. 그는 왕비를 가장 심하게 투기해 원수처럼 대했습니다.

오창익 대개 이럴 때면 저주 사건 같은 것이 터지지 않나요?

오항녕 그렇습니다. 궁중에 저주가 크게 일어났을 때 김 상궁의 침실에는 흉악한 물건이 가득했습니다. 왕비가 병이 들었을 때, 이것이 저주 때문이라는 소문이 돌았지만 광해군은 범인을 찾아내 처벌하지 못했습니다. 궁첩들이 간혹 서로 허물을 들추어내어 궁궐 안마당이 온통 싸움으로 가득했지만, 광해군은 '김 상궁과의 즐거움'을 잃지 않으려고 모두 묵인해주었다고 사관은 덧붙였습니다.

오창익 최순실이 박근혜의 권력을 끼고 저지른 국정농단의 경험을 보자면, 단순히 김 상궁이 광해군의 사랑을 믿고 오만을 부린 것 외에도 다른 파행이 있었을 듯한데요.

오항녕 광해군 때 궁궐을 지으면서 재정이 부족해지니까 곳곳에 조도관調度官이라는 것을 파견해서 백성들에게 세금을 닥닥 긁어오게 합니다. 수령들도 주된 임무가 세금 걷는 것이지요. 그 사이에서 매관매직이 이루어지는데, 김 상궁에게 아첨하여 임용된 인동 부사 지응곤池應鯤, 함안 군수 권충남權忠男, 양산 군수 김충보金忠保가 거론됩니다. 이들은 반정 후에 잡혀서 대구에서 최후를 맞게 됩니다.

오창익 김 상궁이 아예 관직 임용권까지 행사했군요. 박근혜 정권의 여러 요직을 실제로 임명한 것이 최순실이었던 것과 비슷합니다.

오항녕 그 밖에 궁궐 짓는 데 들어가는 석재, 목재, 철 등을 조달할 때 커미션이 있는 듯한 정황도 발견됩니다만, 기소할 명백한 증거가 없어서 제 책 『광해군, 그 위험한 거울』에는 상세히 적지 못했습니다.

반정이 나고 김 상궁을 처형한 뒤에 그의 일당들도 모두 처벌을 받습니다. 윤 숙의尹淑儀, 변 상궁邊尙宮에게는 사약을 내렸고 정 소원鄭昭媛은 스스로 목매어 죽었습니다. 나인 여옥女玉, 난향蘭香, 추영秋英, 생이生伊, 난이蘭伊, 숙진淑眞, 도란道蘭 등에게는 사약을 내렸습니다.

오창익 인조반정(1623)이 일어난 그다음 날, 인목대비는 광해군의 실정失政을 비판하는 교서를 발표했지요? 왕을 쫓아낸 다음, 왕을 부득이하게 끌어낼 수밖에 없었던 저간의 사정을 밝혀야 할 테니 광해군의 실정을 낱낱이 드러내야 했겠습니다.

오항녕 그렇지요. 반정反正이 의미 있는 일이려면 광해군의 실정이 어느 정도였는지를 가늠하는 게 가장 중요한 일이었죠. 인목대비의 교서 중에서 매우 중요한 건 교서의 순서로는 두 번째로 거론된 대목입니다.

바로 "민가 수천 채를 철거하고, 두 채의 궁궐을 건축하는 등 토목공사를 10년 동안 그치지 않았다"는 조목입니다.

이는 명백한 광해군의 실정인데, 광해군을 개혁군주로 보고 싶은 사람들은 그저 이 중요한 사실에 대해 눈을 감든지 아니면 어벌쩡하고 넘어가곤 합니다.

오창익 임진왜란을 거친 다음에 광해군이 집권했으니 불에 탄 궁궐을 보수해야 했을 테고, 왕조국가의 가장 중요한 상징인 궁궐 건축은 왕권 강화라는 측면도 있지 않을까요?

오항녕 맞습니다. 바로 얼마 전에 전란이 있었죠. 임진왜란 때문에 궁궐이 불탔던 것은 사실이지만, 그것보다 훨씬 더 중요하고 시급한 문제는 백성들의 삶이 도탄에 빠졌다는 것입니다. 전란이 있었으니 그 후유증으로 먹고살기 힘든 백성들에게도 일종의 숨 돌릴 틈 같은 것이 필요했습니다. 그래서 대동법 등 세제 개혁을 통해 백성들의 부담을 줄여야 한다는 논의가 선조 때부터 활발하게 진행되었던 거였습니다. 그런데 광해군은 백성의 삶은 도외시하고 대규모 토목공사에만 집착했습니다. 시대적 과제를 철저하게 도외시한 왕이었습니다.

오창익 맞습니다. 백성은 굶주리는데 궁궐만 근사하면 그야말로 속 빈 강정 꼴이겠지요. 광해군이 궁궐 공사에만 집착했다고 단언하시는데 과연 어느 정도였기에 그렇게 말씀하시는 건가요?

오항녕 대충만 살펴볼까요? 광해군 원년(1609) 10월, 궁궐 영건청宮闕

營建廳에서는 곧바로 창경궁 수리를 위한 준비에 들어갑니다. 광해군이 왕에 즉위하자마자 바로 벌인 일입니다. 궁궐 수리를 하자면 먼저 목재가 필요했겠죠?

전라도 부안, 충청도 서산 등지로 낭청郎廳이 목수들을 데리고 가서 벌채를 하게 했습니다. 그렇게 하려면 인부와 기술자의 삯도 마련해야 했겠지요. 이때 소요되는 수량은 포목이 2백여 동이고 쌀이 2천여 석이었습니다. 포목 2백여 동이면 쌀로 치면 2천 5백 석 정도입니다. 그러니까 쌀로 환산하면 4천 5백 석 정도입니다. 하삼도(충청도·전라도·경상도)에서 거둬들인 포목을 대체해 썼습니다.

그뿐 아니라, 구운 기와, 토목자재와 석재, 대장간에서 쓸 숯과 같은 물품들은 우선 도감에 남아 있는 포목과 소금을 가지고 각 고을에 나눠 보내어 무역해서 바치게 했습니다. 부족한 수량은 역시 호조에서 미리 조처하게 했습니다. 단청에 쓰일 재료 및 정철正鐵(무쇠를 불려서 만든 쇠붙이), 새끼줄, 생 칡 등의 물품도 배정해 문서를 보냈습니다.

오창익 당시의 생산력, 게다가 전쟁을 겪은 직후라는 걸 생각하면 창경궁 수리만으로도 엄청난 부담이었겠습니다.

오항녕 당연히 안팎의 비판이 쏟아졌습니다. 광해군으로서도 뭔가 응답이라도 하지 않으면 안 되는 상황이 되었습니다. 광해군이 제시한 첫째 이유는, 자전慈殿(임금의 어머니)인 인목대비가 행궁인 경운궁에서 지내고 있기 때문에 자전을 모실 창경궁이 필요하다는 것이었습니다.

한편, 이미 완성된 창덕궁은 전우殿宇를 비록 그 전의 제도대로 회복했으나 중랑重廊과 복각複閣이 답답하고 음침해서 한 곳도 환하게 소통된 곳이 없으며 침전寢殿은 궁인들이 드나드는 곳과 멀지 않아 잡다하게 떠드는 소리가 들린다는 지적이 있었습니다. 광해군 자신이 본래 심병心病이 있어서 사람들이 시끄럽게 떠드는 소리를 가장 싫어하므로 거처는 반드시 소통되고 확 트인 곳이어야 한다는 것이었습니다. 건강이 좋고 병이 없을 때라면 비록 침전에 거처하더라도 혹 견디어낼 수 있겠지만, 마음과 몸이 편치 못할 때에 다시 한가하고 조용하게 병을 요양할 곳이 없기 때문에 신책방新册房을 그 옛터에 따라서 짓게 했고 그 규모를 조금 더 넓게 한 것은 병을 조섭하는 별당으로 삼고자 해서라고 대답했습니다.

오창익 자기도 백성들 살림이 어려운 것은 알지만 어머니를 모시려는 효심에서 비롯된 일이고 자기의 병 때문에 어쩔 수 없다는 변명입니다.

오항녕 대동법 시행의 실무책임자였던 호조판서 황신黃愼은 궁궐 공사는 공납으로 충당되는데 공납 개혁을 위한 대동법과 배치된다고 궁궐 공사를 중단할 것을 간곡히 요구했지만 소용이 없었습니다. 오히려 신하들 중에는 광해군의 궁궐 공사에 영합하는 자들이 많았습니다.

이를테면, 황해 감사 유몽인柳夢寅은 광해군 4년에 쇠붙이를 별도로 마련했는데 그 수량이 무려 4만 근이나 되고 소금은 1천 석이나 되었답니다. 모두 궁궐 공사를 위해 긁어모은 것입니다. 영건청에 따르면, 여러 도의 감사 중에서 으뜸이었답니다. 광해군 입장에서는 이런 유몽인이 가상했겠죠. 광해군은 유몽인을 가자加資해줬습니다. 직급을 올려주는 것이지요. 낭청들에게 수시로 상을 줬음은 물론입니다.

오창익 황해 감사 유몽인이 단기간에 모은 철 4만 근과 소금 1천 근은 모두 백성들의 고혈을 짜낸 결과였을 겁니다. 광해군은 어떤 관찰사가 백성을 더 잘 짜내는가를 두고 경쟁을 시킨 것입니다.

오항녕 평안 감사 김신국金藎國도 숙마熟馬 1필을 상으로 받았습니다. 조정에서 정해준 분량보다 별도로 베 1천여 필, 쌀과 콩을 무려 1천여 석을 더 보냈기 때문이었습니다. 이에 대한 사관의 평가는 준엄합니다.

> "서쪽 변방은 사신을 접대하고 군량을 지원하고 있으므로 조금 거두고 절약해 쓰더라도 백성들의 힘이 지탱하기 어려울까 염려되는데, 더군다나 원래 정한 이외에 또 1천 필의 베와 1천 석의 쌀을 더 냈다는 말인가. 백성들의 살을 깎아내고 백성들의 골수를 빼내어 혼미한 임금의 총애를 굳히려고 꾀했으니 그 죄가 임금의 뜻에 영합하는 악행에 그칠 정도가 아니다."

결포結布라는 이름을 붙여 전세田稅를 추가로 걷고 호조의 비축 경비를 쏟아부어도 궁궐 공사 비용은 모자랐습니다. 광해군도 이 점을 잘 알고 있었습니다.

오창익 전란의 후유증 때문에 고통받고 있는 백성들에게 더 큰 고통을 주는 일을 그렇게까지 고집한 까닭을 모르겠습니다. 아무리 재정을 투입해도 생산기반이 전반적으로 붕괴된 상태라 궁궐 공사가 쉽지 않았을 텐데 그래도 계속 밀어붙인 건가요?

오항녕 광해군의 근심을 덜어준 게 바로, 호조판서 이충李冲이었습니다. 문제를 해결했다기보다는 광해군의 무모한 욕심을 계속 밀고 나가게끔 해줬다고 해야 맞겠습니다. 궁궐 공사의 진두지휘는 선수도감繕修都監이 했지만 재정 운용과 관련한 주무 관청은 호조였습니다. 1617년 6월, 광해군은 이충이 마련한 목면木棉 5백 동과 쌀 1만 석을 선수도감으로 보냈습니다. 선수도감에 보낸 것과 호조에 남아 있는 목면 3백 동과 쌀 3만 석은 경비 이외에 별도로 마련한 것이라고 했습니다. 이에 대한 사관의 논평입니다.

> "이충이 스스로 원하여 호조판서가 되어서 궁궐을 영건하면서 없는 것을 가지고 있는 것으로 만들어 교묘하게 명목을 만들어내었다. 그리하여 백성들에게서 거두어들이면서 숫자와 명목을 거짓으로 불려서 위로는 임금을 속이고 백성들로 하여금 도탄에 빠지게 하였다. 예전에 이른바 '백성들에게 마구 거두어들이는 신하를 두느니 차라리 도둑질하는 신하를 두는 것이 더 낫다'고 하는 것이 바로 이를 두고 한 말이다."

오창익 앞에서 봤던 말입니다. 국가 재정 운용의 원칙을 제시한 『대학』의 말씀이지요. "무거운 세금을 거두어들이는 신하를 둘 바에는 차라리 도둑질하는 신하를 두어라!"는 말씀입니다.

오항녕 맞습니다. 노魯나라 대부 맹헌자의 말이었지요. 이충은 공사가 한창이던 광해군 11년(1619) 3월에 죽었습니다. 그는 명종 때 이양李樑의 손자로 사론士論에 버림받았던 인물이었습니다. 외척과 혼인을 맺어 궁궐과 결탁하였으며 이이첨에게 붙어서 높은 품계로 뛰어올랐습니다. 위인이 흉험하고 탐욕스러운 데다 포학하여 사람의 목숨을 한 포기 풀이나 다름없이 여겼는데 언젠가 배에서 갓난아기가 우는 소리를 듣고는 그 아기를 강에다 던져버리기도 했었다고 합니다.

그는 진기한 음식을 만들어 사사로이 궁중에다 바치곤 했는데 왕은 식사 때마다 반드시 이

충의 집에서 만들어 오는 음식을 기다렸다가 수저를 들곤 했습니다. 당시에 어떤 사람이 시를 지어 조롱하기를,

사삼 각로 권세가 처음에 중하더니	沙蔘閣老權初重
잡채 상서 세력은 당할 자 없구나	雜菜尙書勢莫當

하였습니다. 각로는 대신大臣 한효순韓孝純을, 상서는 판서 이충을 지칭합니다. 한효순의 집에서는 사삼沙蔘으로 밀떡을 만들었고 이충은 채소에다 다른 맛을 가미하였는데 그 맛이 희한하였다고 합니다.

영건도감의 제조로 있던 때에는 역사의 감독을 매우 혹독하게 하고 환관들을 곡진하게 섬기며 온갖 방법으로 아첨해서 토목공사를 극도로 장엄하고 화려하게 하는 데에 일조하였습니다. 여기서 말하는 환관은 조귀수趙龜壽입니다.

오창익 아니, 잠깐만요. 말씀을 잘못 들은 것 같습니다. 이충이 임금을 극진히 모신 것은 알겠는데, 환관까지 극진히 섬기고 아첨을 했다고요. 도대체 환관의 위세가 그렇게 셌습니까?

오항녕   환관 조귀수는 임진왜란 때 선조를 호종護從한 공로로 작위를 받아 화성군花城君에 봉해졌습니다. 그러나 중간에 탄핵을 받아 횡성으로 쫓겨났는데 한양에 들어와 비밀리 궁궐 영선하는 일을 담당하기를 청했고 광해군이 전적으로 감독하는 일을 위임하였습니다. 조귀수가 매일 임금 가까이에 있으면서 일을 주도하다 보니 영건도감 관리의 근무 평가도 조귀수를 거쳐서 보고되었습니다. 조귀수의 기세가 하늘에 닿을 듯했던 겁니다.

궁궐 공사를 할 때는 영건도감이라는 관청이 주무 관청이긴 하지만 무엇보다 이런 일은 실세들이 개입하게 마련입니다. 내관 조귀수도 그 중 하나였습니다. 그러니 제조 이하 관원들은 실세 환관들에게 분주히 아첨했고 술자리를 베풀고 정성을 보였습니다. 환관들은 이렇게 대접받으며 뒷돈을 챙겨 궁궐 공사를 핑계로 몇 년 사이에 부자가 되었습니다. 심지어 환관의 종들까지 위세가 대단했습니다. 힘없는 사람들을 함부로 못살게 굴었습니다. 조귀수가 얼마나 부자였는지 사람들은 그가 사는 곳을 화성궁花城宮이라고 불렀다고 합니다. 하지만, 그 조귀수도 인조반정이 일어났을 때, 죄를 받아 죽임을 당했습니다.

오창익   궁궐 공사 자체도 문제였지만 단지 그 공사만의 문제는 아니었습니다. 공사가 시작되고 큰돈이 오가는 판이 생기니까 쉬파리 같은 것들이 붙어서 재산을 불려나갔군요.

오항녕   마침 광해군 9년의 공사 비용 자료가 남아 있어 궁궐 공사를 하던 영건도감이 3개월 동안 사용했다는 궁궐 공사 비용을 한 번 계산해보았습니다. 딱 3개월 동안만 들어간 비용이 쌀은 6천830여 석, 포목이 610여 동, 정철 10만 근이라고 하는데, 이를 계산해볼까요?

　① 쌀 6천830여 석+포 6백 동(≒7천 석 1동=50필, 1필≒3-4두 1석≒4필, 50
필≒12석)≒1만3천여 석.
　② 정철 10만 근(정철 1근에 쌀 1두 7승, 쌀 1석≒8근)≒1만 2천여 석.
　① + ② ≒2만 5천여 석.

　이게 석 달 동안의 비용이니까 한 달에는 약 쌀 8천 석 정도가 들어
간 겁니다. 1년으로 치면 쌀 10만 석입니다. 정철의 경우, 당시 무기를
담당하던 군기시軍器寺에서 1년 동안 거두는 공철貢鐵이 1만 근이었습
니다. 즉, 나라의 1년 치 무기 제조에 들어가는 철보다 열배나 되는 철
을 석 달 동안 궁궐 짓는 데 허비했습니다. 이 정도라면, 북쪽에서 새롭
게 흥기하는 후금後金에 대한 방비는 이미 포기한 것으로 봐야 합니다.

오창익　그렇게 계산하니까 규모가 짐작이 됩니다. 1년 치 군비의 열
배나 되는 비용을 궁궐 짓는 데 겨우 석 달 만에 써버렸다면, 오로지 왕
의 무모한 욕심으로 나라를 망친 것입니다.

오항녕　이로부터 2년 뒤인 광해군 11년의 기록에 따르면, 영건도감에
서 궁궐공사 1개월 비용을 4천 석으로 잡고 있습니다.
　양전量田을 거쳐 형편이 조금 나아졌던 인조 때에도 호조에서 거둬
들이던 전세田稅가 연간 8만~9만 석이었습니다. 아무리 적게 잡아도
궁궐 공사비가 조선 전세 규모의 반 또는 전부에 해당하는 셈입니다.
이는 전체 재정 중 15~25%에 해당합니다.

오창익 그런데 궁궐 공사가 자재만 있다고 가능한 것은 아니지 않습니다. 백성들의 강제노역도 만만치 않았겠지요.

오항녕 그렇죠. 공사를 하려면 사람이 있어야 합니다. 처음에는 만만한 승려들을 동원했습니다. 이른바 승군僧軍으로, 1천여 명이었다고 합니다. 하지만, 승려들만으로 공사가 되겠습니까? 기술자가 있어야 하지요. 광해군 10년경에 군장軍匠이 약 5천8백여 명에다 +a의 인원이 궁궐공사에 참여했습니다. 이 정도면 서울은 물론, 지방의 기술자들도 죄다 차출해야 합니다. 모든 경제력과 인력이 서울의 궁궐 공사에 집중되니 지방에선 필요한 물품을 조달하기도 힘들고 사업을 추진할 수 없는 지경이었습니다.

오창익 오로지 궁궐, 궁궐에만 모든 역량을 기울였군요. 이쯤 되면 광기까지 느껴지는데요.

오항녕 광해군은 상상 그 이상이었습니다. 궁궐 공사에 들어갈 재용이 부족하자 광해군은 군량을 동원하기 시작했습니다. 광해군 11년, 후금이 요동 지역에서 한창 기세를 올리고 있어 방비가 필요했던 시점이었습니다. 비변사에서 군량미를 궁궐 공사로 전용하는 데 대해 반대하자 광해군은 "각진各鎭의 소모장召募將이 거둔 곡식이 매우 많다고 하는데 이를 막고 있으니, 괴이하다"고 했습니다. 군사 요충지에 비축한 곡식을 가져다 궁궐 공사에 쓰라는 말입니다.
　이에 비변사에서는 "소모장이 둔전屯田에서 거둔 곡식은 군량에 관계된 것이니, 마땅히 해마다 수량을 조회하여 쌓아두고 불시의 수용에 대비해야 합니다. ……지금 영건의 재용이 떨어지려 하니, 부지런히 주선하여 보충할 방법에 대해 의당 할 수 있는 방법은 다 동원해야 할 것입니다. 그렇다면 각 진의 1년 종자와 식량으로 사용할 것을 제외하고 그 나머지를 적당히 헤아려 거두어 모아 즉시 올려보내게 해야 할 듯합니다"라고 보고했습니다. 광해군의 명령에 일부 승복하고 만 것입니다.

오창익 아무리 군량미라고 하더라도 왕의 겁박을 견뎌내긴 어려웠겠지요. 그래도 비변사에서 용기 있게 사리를 따지긴 했습니다.

오항녕 강화江華에 있는 훈련도감의 쌀 9천여 석도 궁궐공사에 사용했습니다. 비변사에서 "강화는 요새지입니다. 요새지로 삼지 않으려면 모르지만 삼으려고 한다면 반드시 먼저 군량을 비축해야 합니다. 그러니 본부의 쌀을 한 말이라도 어찌 가져올 수 있겠습니까?"라고 반대하지만, 이내 영건도감의 공사도 중지할 수는 없으니 우선 현재 있는 곡식과 상납하여야 할 쌀을 가져오도록 재촉하여 방출하라고 합니다. 광해군은 영건의 일이 다급하니 우선 먼저 5천 석을 가져다 사용하라고 했습니다. 이 정도면 뭐 하라고 있는 비변사이며 무엇 하라고 있는 임금인지 보는 사람이 혼란스러울 지경입니다. 사관의 탄식을 들어보세요.

> "이와 같이 적과 진루를 마주하고 있는 때에는 의당 영건의 곡식을 남겨 병사들을 먹일 수요로 삼아야 할 것이다. 그런데 도리어 소모진의 곡식을 옮겨 도감의 사용에 보충하려 하니 공사가 이렇게도 급하단 말인가. 애석한 일이다."

오창익 광해군 정권을 타도한 인조반정이 그저 인목대비의 교지를 통해 정당성을 갖는 게 아니라, 광해군 집권 내내 백성을 괴롭히고 적의 침략조차 아랑곳하지 않고 오로지 제 허영만 채우려 했던 광해군의 실정을 통해 정당성을 갖게 되는 거군요. 그런데 광해군이 이렇게까지 궁궐에 집착했던 까닭은 그저 과시욕 때문이었을까요. 이렇게 무리를 하면서까지 오로지 근사한 궁궐만 생기면 된다고 여긴 걸까요?

오항녕 광해군의 속내야 어찌 다 알겠습니까. 광해군은 매관매직, 금품을 주고 죄를 면제해주기, 조도사調度使를 지방으로 보내 추가로 세금을 징수하기, 강제 기부를 통해 석재와 집터를 몰수하기 등의 방법을 통해서도 궁궐 공사의 비용을 마련했습니다. 그런데 환관 조귀수가 대궐 같은 집을 짓고 살았던 것처럼 대규모 토목공사를 일으키면서 수많은 비용을 대고 물품과 자재를 조달하는 과정에서 비리 커넥션이 작동하고 있었습니다. 판을 크게 키우니, 그 판에서 뽑아 먹을 게 많았던 것입니다. 15년 동안 이렇게 민생과 재정을 파탄 낸 광해군이, 멀쩡하게 생애를 마치기는 어려웠습니다.

오창익 권세 권權 자는 저울추 '권'이기도 합니다. 권세를 부린다는 일, 곧 권력 작용은 마치 정의의 여신 디케가 한 손에 저울을 들고 있듯이, 끊임없이 저울질하는 일이어야 한다는 것입니다. 저울질하는 일은 경중輕重을 가리는 일, 대소大小로 구별하는 일이기도 합니다. 권력의 작용은 경중을 가리고 대소를 구별하는 일이어야 하는데, 광해군은 전혀 그러지 않았습니다.

뭐가 중요하고 급한지를 제대로 판단하지 않았고, 그런 판단의 결과가 민생 파탄으로 이어졌습니다. 그러니 광해군이 왕 자리를 보전하고 있는 것 자체가 백성들에겐 큰 고통이었던 것입니다.

오항녕 맞습니다. 자질이 없거나 부족하면, 권세를 부리는 일이 없어야 합니다. 왕정은 이런 점에서 약점이 있지만, 공화정은 자질 없는 사람을 골라낼 안전장치를 갖고 있습니다. 이걸 어떻게 잘 작동시키는가가 핵심입니다.

오창익 처음에는 저도 막연하게 '간신' 하면 그저 간신 수염이 난 사람만을 떠올렸는데, 간신이 얼마나 계획적이고 치밀하고도 집요한 사람인지 알게 되었습니다. 간신들이 상당한 실력을 갖춘 엘리트들이라는 것도 확인할 수 있었습니다.

　무능한 지도자와 간신들 때문에, 온 국민이 치욕을 경험했습니다. 단지 수치스럽고 모욕을 당했다는 데서 끝나는 게 아니라, 미국의 고고도 미사일방어체계인 사드(Thaad: Terminal High Altitude Area Defense) 배치를 둘러싼 갈등에서 보는 것처럼 많은 사람들의 먹고사는 문제나 안전 문제에도 큰 영향을 미치기 때문입니다.

오항녕 한반도의 평화를 위해, 미국과 중국 사이에서 균형자 역할을 하기 위해 지도자와 관료들의 임무가 매우 중요합니다. 본격적인 조사가 필요하지만, 최순실이 미국의 사드 체계를 개발한 록히트 마틴과도 연결되어 있고, 그런 연결이 가능했던 것이 바로 '간신'들의 비호와 적극적인 협력이었다는 소식을 들으면서, 간신이 어떻게 나라를 망가뜨리는지 분명히 확인할 수 있었습니다.

오창익 최순실 일당이 평창동계올림픽 같은 대형 국제행사를 자기 가솔의 돈벌이 수단으로 여겼던 것도 비슷한 대목입니다. 문화체육관광부의 간신들이 없었으면 불가능한 이야기입니다. 적폐를 청산해야 한다는 이야기가 많은데, 다시는 간신들이 농간을 부리지 못하도록 민주적, 시민적 통제를 어떻게 강화해야 하는지도 우리에게 중요한 숙제로 주어져 있습니다.

오항녕 결국, 우리의 민주주의를 어떻게 실질화할 것인가, 얼마나 제대로 작동시킬 수 있느냐의 문제이기도 합니다.

오창익 그런 점에서 박근혜 퇴핵이나 구속은 우리의 민주주의를 제대로 작동시키기 위한 첫 걸음에 불과할 겁니다. 이제부터가 진짜 중요한 시작입니다.

오항녕 오 국장님과 대화를 나누면서, 그저 옛일을 살펴보는 데서 멈추지 않고 옛사람들을 거울삼아 오늘의 우리 현실을 들여다볼 수 있어서 기뻤습니다. 다시 강조하거니와, 첫째, 간신은 결코 바보가 아닙니다. 말씀대로 가장 똑똑한 자들이 간신이 됩니다. 둘째, 간신은 현실에서는 한 인물인 듯이 나타나지만 항상 네트워크, 곧 세력으로 작동합니다. 시간이 지나 굳어지면 하나의 구조, 시스템이 되기도 합니다. 그것은 언론의 모습일 수도, 검찰이나 국정원의 모습일 수도 있습니다.

오창익 긴 시간, 감사합니다. 교수님과 대담을 나누면서 많이 배웠습니다. 이 여정을 함께해주신 독자 여러분께도 감사드립니다.